13

cosas

que las

mujeres

mentalmente

fuertes

no hacen

13

cosas

que las

mujeres

mentalmente

fuertes

no hacen

RECONOCE TU PODER, CANALIZA TU CONFIANZA Y ENCUENTRA TU VOZ PARA UNA VIDA LLENA DE SIGNIFICADO Y ALEGRÍA

AMY
MORIN

AGUILAR

13 cosas que las mujeres mentalmente fuertes no hacen
Reconoce tu poder, canaliza tu confianza y encuentra tu voz para una vida llena de significado y alegría

Título original: *13 Things Mentally Strong Women Don't Do*

Primera edición: julio, 2019

D. R. © 2019, Amy Morin
Publicado por acuerdo con HarperCollins Pubishers

D. R. © 2019, derechos de edición mundiales en lengua castellana:
Penguin Random House Grupo Editorial, S. A. de C. V.
Blvd. Miguel de Cervantes Saavedra núm. 301, 1er piso,
colonia Granada, delegación Miguel Hidalgo, C. P. 11520,
Ciudad de México

www.megustaleer.mx

D. R. © Penguin Random House, por el diseño de cubierta
D. R. © Daniel Guerin, por la fotografía de la autora
D. R. © Elena Preciado, por la traducción

ISBN: 978-607-318-157-0

Impreso en México – *Printed in Mexico*

El papel utilizado para la impresión de este libro ha sido fabricado a partir de madera procedente
de bosques y plantaciones gestionadas con los más altos estándares ambientales, garantizando
una explotación de los recursos sostenible con el medio ambiente y beneficiosa para las personas.

Penguin
Random House
Grupo Editorial

Para todas las mujeres que luchan por ser
un poco más fuertes de lo que fueron ayer

Índice

Introducción

Crecí manejando una cuatrimoto y atrapando lombrices para usarlas como carnada de pescar. Nunca me gustaron las muñecas. No me interesaba el maquillaje. Y odiaba ir de compras.

Pero mis rodillas raspadas, el cabello despeinado y las uñas sucias me dieron una maravillosa niñez. Mis padres me convencieron de que podía hacer las mismas cosas que los niños y lo intenté sin dudar. Ya fuera corriendo con los niños en el recreo o peleando hasta someterlos, la mayoría del tiempo fui capaz de llevarles el ritmo. Pero no trataba de probar nada. Sólo me divertía.

Recuerdo la primera vez que me encontré con la palabra *sexista*: estaba en primero de secundaria. Mi maestro de álgebra siempre hacía una pregunta extra relacionada con los deportes que no tenía nada que ver con las matemáticas. Si tenías la respuesta correcta, te añadía cinco puntos a la calificación del examen. Era frustrante que cinco puntos dependieran de saber quién corrió más yardas en el partido del domingo o quién anotó más puntos en los *playoffs* de la NBA del año pasado. Pero nadie se quejaba.

Un día estaba enferma y no fui a la escuela. Me perdí un examen de álgebra, así que al día siguiente me quedé después de clases para reponerlo. La pregunta extra era sobre un jugador de beisbol de las grandes ligas. Por fortuna, amaba este deporte y sabía la respuesta. Al día siguiente el maestro me devolvió el examen con mi calificación. Con tinta roja escribió: "0 puntos extras, tuviste bien la pregunta sólo porque uno de tus compañeros te la dijo".

Me horrorizaba que mi maestro pensara que había hecho trampa, pero no le dije nada. No sabía qué decir. Así que llevé el examen a casa y se lo mostré a mi papá.

Él escribió una nota para el maestro: "Amy tiene más de 10 000 tarjetas de béisbol y ve los partidos conmigo todas las semanas. Como tuvo bien la pregunta extra usted la acusó de hacer trampa. Ella sabía la respuesta de forma justa. Lo que no es justo es que haga preguntas extras que no tienen nada que ver con matemáticas. Es claro que trata de darles ventaja a los niños ya que la mayoría de las niñas de 13 años no ven deportes".

Le di la nota a mi maestro al día siguiente y me fui a sentar. Cuando terminó de leerla, anunció a la clase: "Ya no les daré preguntas extras porque el papá de alguien cree que soy sexista". Fue la primera vez que pensé en el sexismo.

El hombre no asumió que mis amigos me hubieran pasado las preguntas de matemáticas, sólo la de deportes. Y supuso que no había forma de que supiera la respuesta a una pregunta de beisbol a no ser que hiciera trampa. No puedo evitar preguntarme si habría pensado lo mismo si hubiera sido varón.

Eso pasó hace 25 años y quiero imaginar que los maestros ya no dan ventajas injustas a los niños. Pero las investigaciones muestran que todavía ocurre. Hablaremos sobre ello más adelante.

También me gustaría pensar que los estudiantes y padres ya no son tan tolerantes con algo así en estos días. En ese entonces nadie decía nada, ni siquiera los padres. Lo aguantábamos. Si el maestro no me hubiera acusado de tramposa no sé si mi padre habría hecho algo al respecto.

Mis ideas sobre el sexismo han cambiado desde la secundaria y por fortuna también nuestra cultura. Pero las mujeres siguen enfrentando retos únicos en la actualidad. Lo he visto en mi vida y en mi consultorio.

Mi interés en la fuerza mental es personal

Cuando llegué a mi primer empleo como terapeuta, estaba emocionada por ayudar a las personas a superar los retos que enfrentaban. Tenía una maestría y conocimientos recopilados de mis libros de texto, clases en la universidad y prácticas. Durante el primer año como terapeuta, mi madre falleció de forma repentina e inesperada. La búsqueda por aprender sobre fuerza mental se hizo algo personal.

Empecé a estudiar a todos los que entraban en mi consultorio de manera más profunda. Me di cuenta de que algunas personas eran más capaces de mejorar que otras. Se recuperaban más rápido, tenían esperanzas en el futuro y sin importar qué retos enfrentaran, persistían. Quería saber qué hacía que siguieran adelante.

Después, en un giro cruel del destino, en el tercer aniversario luctuoso de mi madre, Lincoln, mi esposo de 26 años, falleció de un paro cardiaco. Ser una viuda de 26 años es una experiencia surrealista. A veces la pena era abrumadora, pero sabía que permitirme experimentar emociones dolorosas era parte del proceso de sanación.

Entonces adquirí nuevos conocimientos sobre fuerza mental. Descubrí que las personas perseverantes en la vida no sólo tenían hábitos saludables, sino que de forma intencional evitaban los hábitos dañinos que las mantendrían estancadas.

Empecé a observar patrones claros en mi consultorio. La gente que tenía la intención de alcanzar su mayor potencial rechazaba hábitos contraproducentes. La clave para su progreso no era sólo lo que hacían, más bien era lo que *no* hacían.

Apliqué lo aprendido en mi propia vida mientras procesaba mi pena. Mi corazón tardó muchos años en sanar. Tuve la fortuna suficiente de encontrar el amor de nuevo, cuando conocí a Steve. Pero poco tiempo después de casarnos a Steve le diagnosticaron cáncer terminal. Comencé a pensar cosas como: "Esto no es justo ¿por qué tengo que seguir perdiendo a la gente que amo?"

Pero sabía que autocompadecerme era uno de esos malos hábitos que drenarían mi fuerza mental en el momento en el que más la necesitaba. Así que me escribí una carta recordando todos los malos hábitos que podrían mantenerme estancada en un lugar de miseria. Cuando terminé, tenía una lista de 13 cosas que las personas con fuerza mental no hacen. Leí la lista varias veces los siguientes días. El recordatorio de lo que no debía hacer me daba consuelo. Pensé que si esa lista me ayudaba, tal vez a otros también. Así que la publiqué en línea, esperando que mi mensaje sobre la fuerza mental resonara en alguien más.

En pocos días el artículo se hizo viral. Más de 50 millones de personas lo leyeron. Antes de darme cuenta, medios de comunicación como *Forbes* y *CNN* me llamaban para hacer preguntas. Mi artículo no explicaba el contexto de la lista, por lo que el mundo asumió que lo escribí porque dominaba todo sobre él. Pero la verdad, todavía necesitaba un recordatorio para evitar esas 13 cosas.

Agradecí mucho la oportunidad de escribir el libro *13 cosas que las personas mentalmente fuertes no hacen* para explicar la historia detrás del artículo viral. Cuando los lectores siguieron preguntando cómo enseñar fuerza mental a los niños, me emocioné al escribir *13 cosas que los padres mentalmente fuertes no hacen*.

Desde que empecé a hablar de fuerza mental he abordado muchas preguntas de mujeres, en especial a partir de las revelaciones del #MeToo. Y aunque los principios de la fuerza mental son los mismos para todos, nosotras sufrimos presiones culturales diferentes a los hombres. Por consiguiente, hay algunos malos hábitos específicos a los que somos más propensas comparadas con ellos.

Los tres componentes de la fuerza mental

La fuerza mental es como la fuerza física. Cuando se trata de fortalecerse y mejorar, los buenos hábitos son importantes. Pero los buenos hábitos no te llevarán tan lejos en la vida si van acompañados de malos hábitos.

Si quiero aumentar la fuerza física podría levantar pesas. Pero si en verdad quiero tener músculos definidos necesito dejar de comer tanta comida chatarra. Si no, mis ejercicios no serán tan efectivos. Es lo mismo con los músculos mentales. Necesitas buenos hábitos (como la gratitud) para fortalecerte. Pero si de verdad quieres ver resultados, también tienes que dejar los malos hábitos (como compararte con otras personas).

Es importante mencionar que tener una enfermedad mental no significa que eres débil. Así como alguien con diabetes puede fortalecerse de forma física, alguien con depresión puede fortalecerse de forma mental. Una enfermedad complica la generación muscular, pero es posible.

No eres fuerte o débil mental. Todos tienen fuerza mental en cierto grado. Y no importa qué tan fuerte seas, siempre se puede mejorar.

También es importante seguir entrenando tus músculos mentales. Si los descuidas o eres flojo, se atrofiarán.

Hay tres partes de la fuerza mental:

- **Pensamientos.** Es importante desarrollar un monólogo interno realista. Pensar demasiado cosas negativas como: "Nunca lo voy a lograr", te arrastrará al piso. Pero tampoco exageres pensando de forma positiva. Decir cosas como: "Esto será fácil", puede ocasionar que te encuentres poco preparada para alguna situación.
- **Sentimientos.** Aunque es saludable experimentar un amplio rango de emociones, no permitas que tus sentimientos te controlen. Si amaneces de malas, realiza acciones para sentirte mejor. Saber cómo calmarte cuando estás enojada puede prevenir que hagas algo de lo que te arrepientas. Mientras más fuerza mental tengas, más consciente estarás de tus emociones y de cómo afectan tus decisiones.

- **Comportamiento.** Sin importar en qué situación te encuentres, es fundamental actuar de forma positiva. Ya sea que vayas al gimnasio aunque estés cansada o que hables durante una reunión aunque estés llena de dudas, tus decisiones cambian tu vida. Incluso si no resuelves un problema, siempre puedes decidir mejorar tu existencia o la de alguien más.

Los tres aspectos de la fuerza mental están relacionados. Si piensas: "No tengo nada interesante que decir", te sentirás rara de hablar. Esto afecta tu comportamiento ya que permaneces en silencio. Por consiguiente tu creencia de que no tienes nada que añadir a la conversación se fortalecerá.

Todos caemos en patrones negativos como éste. Desarrollar fuerza mental interrumpe esos ciclos dañinos y te ayuda a generar mejores hábitos para que puedas vivir una vida más significativa.

Por qué me enfoco en las mujeres

Quise escribir un libro que retratara la fuerza de forma precisa. Aunque muchas personas consideran a los Navy SEALs como la personificación de la resistencia mental, las mujeres, que tienden a ser más cuidadosas y dar más valor a las relaciones, también pueden ejemplificar la fuerza mental. No tienes que suprimir tus emociones, negar tu dolor o llevarte al límite para ser fuerte.

Los estudios muestran que las mujeres consideran que la fuerza mental juega un papel importante en sus vidas. En 2015 y 2016 Kellogg encuestó a 6 000 mujeres en todo el mundo sobre fuerza interna. He aquí algunos de sus descubrimientos:

- El 92% dijo que la fuerza interior es importante en el mundo actual.
- El 90% considera que la fuerza interior es clave para tener éxito.

- El 71% siente que con más fuerza podrían alcanzar todo su potencial.
- El 82% desearía tener mayor fuerza interior.

Claro, las mujeres quieren tener fuerza mental, pero muchas no están seguras de cómo desarrollarla.

Escribí este libro con dos objetivos en mente:

1) Empoderar a las mujeres para desarrollar sus músculos mentales. Así podrán ser la mejor y más fuerte versión de ellas mismas.
2) Alentar a las mujeres a crear una reacción en cadena que inspire a otras.

Entrevisté a mujeres de todo el país y en este libro compartiré sus historias, retos y estrategias. También los casos de estudio de mi consultorio que muestran los resultados de dejar los malos hábitos que quitan fuerza mental.

Los siguientes 13 capítulos no son una lista de cosas que hacer o no. Todos nos involucramos en estas prácticas dañinas en algún momento (en especial en la adversidad).

A veces te sientes fuerte, poderosa e imparable, pero esos momentos pueden ser pocos. También es probable que vislumbres lo fuerte que puedes ser, como en esos momentos en los que casi hiciste un movimiento valiente. ¿No sería lindo recurrir a tu fuerza interior todo el tiempo para que puedas alcanzar tu máximo potencial? Este libro es para ayudarte a hacer justo eso.

No te voy a decir que realices actividades más agotadoras para vivir una mejor vida (ya hay muchos mensajes en el mundo insistiéndote que *deberías* hacer más para mejorar). En vez de eso, explicaré cómo dejar los malos hábitos que están drenando la fuerza que has conseguido con tanto trabajo. Te enseñaré a trabajar de forma más inteligente, no sólo más duro, para que puedas convertirte en la mejor versión de ti.

1

No se comparan
con otras personas

Cada flor florece a diferente ritmo.

SUZY KASSEM

Cara empezó con terapia porque sentía que no era tan feliz como debía. Era una enfermera de 28 años que amaba su trabajo en la unidad pediátrica de un hospital. Llevaba casi un año con su novio y estaba segura de que él era "el indicado". Tenía una magnífica relación con sus padres y con su hermano mayor. También muchos amigos.

Heredó una casa cuando murió su abuela, así que no tenía problemas económicos. Como no pagaba renta o hipotecas, finiquitó antes de tiempo sus préstamos estudiantiles.

A pesar de tener todo lo que quería, estaba insatisfecha y por eso se sentía culpable y desagradecida. Le preocupaba que su descontento fuera como una cachetada a sus padres que habían sacrificado mucho para darle las herramientas que necesitaba para construir una gran vida.

"Sé que mucha gente daría cualquier cosa por tener mi vida. Así que no entiendo por qué no estoy feliz", dijo.

Pasamos varias semanas hablando sobre su descontento y la discrepancia entre la forma en que se sentía y la forma en la que creía que *debería* sentirse. Estaba convencida de que sus amigas eran más felices que ella y pensaba que estaba haciendo algo mal.

Cuando hablaba con una amiga casada y con dos hijos, Cara se preguntaba si su vida progresaba con la rapidez que debería. Cuando pasaba tiempo con otra amiga que hacía ejercicio todo el tiempo, Cara se sentía como un "hipopótamo fuera de forma".

"Una parte de mí cree que debería tener amigas miserables para sentirme mejor", bromeó. Y aunque era una opción, no era probable que la ayudara mucho.

Mientras pensara que *debía* ser más feliz, no iba a disfrutar su vida. Para dejar de sentirse así, tenía que evitar comparar su nivel de felicidad con el que suponía que sus amigas habían conseguido.

Necesitaba concentrarse de nuevo en sus metas si quería sentirse satisfecha. Convertir la vida en una competencia de felicidad resultaba contraproducente.

Mi trabajo con Cara se centró en replantear sus pensamientos. Cuando pensaba cosas como: "Mi amiga tiene mejor vida que yo", debía recordarse: "Mi amiga tiene una vida diferente a la mía, no es mejor ni peor. Sólo diferente".

Cara también tuvo que aceptar que sus amigas podían ser más felices que ella a veces. Pero la vida está llena de altibajos y pensar que estaba en una competencia para ser la más feliz nunca le iba a dar una sensación de paz interna.

Conforme se hacía más consciente de sus emociones y practicaba el replantearse pensamientos, se dio cuenta de que no necesitaba ser tan feliz como sus amigas para tener una gran vida. Durante una de las últimas sesiones, dijo: "En vez de medir mi felicidad con la de mis amigas, estoy practicando sentirme feliz por ellas cuando me comparten sus pasiones y entusiasmo. Me ayuda a sentirme más satisfecha con mi vida".

¿Te comparas con otras?

Todas nos comparamos de vez en cuando. Después de todo, ¿cómo sabes si eres buena en el basquetbol o terrible en matemáticas si no hay alguien con quién medirte? Y aunque la comparación ayuda a identificar algunas fortalezas y debilidades, medir tu valor con el de otras personas es perjudicial para tu sentido de identidad. ¿Alguno de los siguientes puntos suena te suena verdadero?

- ☐ Creo que otras personas son más felices, más atractivas y tienen mejor vida.
- ☐ Trato la vida como si fuera una carrera y veo a la gente que me rodea como competidores.
- ☐ Siento envidia cuando otras personas tienen éxito.
- ☐ Paso mucho tiempo pensando si otras tienen más dinero que yo.
- ☐ Cuando conozco mujeres, de inmediato comienzo a compararme con ellas.
- ☐ Me siento mejor cuando me siento más atractiva que las mujeres a mi alrededor.
- ☐ Cuando reviso redes sociales, con frecuencia veo a otras mujeres para ver si lucen más felices, delgadas o afortunadas que yo.
- ☐ Trato de seguir el ritmo de mis amigas porque pienso que tienen mejor vida que la mía.
- ☐ Tengo miedo de ser la persona más tonta, pobre o la menos atractiva en la habitación.
- ☐ Me siento insignificante o insegura cuando conozco mujeres con cargos impresionantes.

Por qué lo hacemos

Cara creció con sus amigas más cercanas. Cuando eran jóvenes compartían sus sueños sobre el futuro y hablaban sobre todas las cosas diferentes que podrían conseguir mientras crecieran. Pero tras graduarse de la universidad tuvieron que seguir su camino. Cuando se embarcaron en diferentes viajes, Cara se preguntó si había tomado el "mejor". Durante una de sus sesiones dijo: "Todos sólo queremos ser felices, ¿no? Por lo que si alguien es más feliz que tú, significa que resolvió su vida mejor".

La creencia de Cara de que había una mejor ruta a la felicidad tenía que ser trabajada. En el fondo, creía que estaba compitiendo con las personas que la rodeaban por tener la mejor vida. Pensaba que ser más feliz que sus amigas significaba que iba ganando. Y cuando percibía que ellas eran más felices se sentía una perdedora.

Es fácil caer en la trampa de la comparación como lo hizo Cara. Las redes sociales han hecho más fácil que nunca seguir la vida de los demás y compararse. Y para muchas mujeres la comparación se ha convertido en un hábito difícil de romper.

HAY UNA PRESIÓN CULTURAL PARA SER MEJORES

Imagina que eres una estudiante en una clase. Haces un examen y el profesor te revela que obtuviste un 8. Toma un minuto para imaginar cómo te sentirías con ese 8. Ahora imagina que te enteras de que todos en la clase reprobaron. ¿Cómo te sentirías con el mismo 8?

¿Qué pasaría si te enteraras de que todos sacaron 10 y que tu 8 fue la nota más baja? Si eres como la mayoría de las personas, lo que sientes por tu calificación estaría influenciado por cómo les fue a los otros.

Casi todas hacemos esto en la vida diaria, observamos alrededor para ver cómo le va a la gente. Y hasta cierto punto tiene sentido. ¿Cómo sabes si eres lista si no te comparas con otros? ¿O cómo sabes si eres buena golfista, pésima en el boliche o excelente cocinera? Sin alguien con quien compararte es imposible.

Lo mismo con el dinero. ¿Eres rica o pobre? Bueno, depende, ¿no? Compárate con gente alrededor del mundo y es probable que seas rica. Contrasta tus bienes con los de un deportista profesional o las celebridades y te sentirás pobre.

Ver a otras personas nos da información sobre nosotras. Aprendemos mucho sobre nuestros talentos, fortalezas y debilidades al entender en qué posición estamos respecto a los demás.

Una de las formas engañosas en la que las compañías tratan de convencer a las mujeres de invertir en sus productos de belleza es mostrando modelos y actrices hermosas que parecen felices, saludables y ricas. Quieren que te compares con ellas para que sientas que te falta algo. Te prometen que si compras sus productos tendrás una mejor vida.

Hay mucha presión en las mujeres sobre ser hermosas. Los medios y los productos de belleza enfatizan la importancia de la apariencia. Esta industria creó lo que Renee Engeln, profesora de psicología en la Universidad Northwestern, llama "la enfermedad de la belleza". En su libro *Enfermas de belleza*, dice: "Una lluvia imparable de publicidad nos dice que lo único que tenemos que hacer para liberar la versión más bella de nosotras es gastar dinero. El rímel correcto puede cambiar tu vida, nos dicen. La crema antiarrugas correcta detiene el tiempo. Perder cinco kilos cambia de forma fundamental la naturaleza de tus relaciones y borra la neurosis".

Engeln les pidió a más de 200 universitarias que escribieran todo lo que pensaban mientras veían publicidad en revistas para mujeres. Algunas imágenes presentaban sólo productos, como un labial, y otras incluían modelos. Más de 80% hizo una comparación (por lo menos). He aquí algunos de los comentarios:

- Creo que sería más feliz si mis muslos fueran así de delgados.
- Dios mío, sí que es bonita. ¿Por qué no puedo ser tan bonita?
- Me gustaría tener un abdomen plano y perfecto como ella.

Trabajó con asistentes para analizar todos los pensamientos que enlistaron y aprendió que las mujeres con mayor insatisfacción por su cuerpo hicieron más comparaciones sociales. Concluyó: "Cuando ya te sientes vulnerable sobre cómo te ves, tu tendencia es buscar de manera constante más información sobre tu cuerpo".

LAS REDES SOCIALES PROPICIAN LAS COMPARACIONES

Instagram está lleno de gurús del ejercicio con abdominales de *six pack*. Los anuncios de Facebook proclaman expertas en negocios que pareciera que lo tienen todo. Y Pinterest promociona artistas que hacen que la decoración, ser anfitrión o cocinar parezcan algo muy fácil. Por eso es difícil mirar a estas mujeres y no pensar: "¿Por qué no puedo ser así?"

Maria es una de las mujeres que entrevisté para este libro. Dijo: "Estoy muy contenta de que no hayamos tenido redes sociales cuando era niña. Veo a mi hija de 15 años pasando horas tratando de sacar la *selfie* perfecta para subirla a Instagram. Cuando le pregunto por qué pasa tanto tiempo para una foto me dice: 'Quiero que la gente piense que me veo bonita. Pero no soy tan bonita como la mayoría de las chicas, así que me toma mucho tiempo encontrar un foto que me haga ver mejor de lo que me veo en la vida real'".

Claro, no sólo las jóvenes hacen comparaciones con las redes sociales. Hablé con una mujer de 38 años que dijo: "Veo de forma constante las fotos de mis amigas en Facebook y, en secreto, trato de encontrar fallas como canas o arrugas. En vez de ver sus fotos y alegrarme porque están disfrutando sus vacaciones o una noche fuera, sólo las reviso para ver si se ven mejor que yo".

Los hombres no son inmunes a hacer comparaciones sociales en las redes, pero las mujeres pasan más tiempo conectadas. También son más propensas a usar redes sociales que recaen en las imágenes, como Facebook, Pinterest o Instagram, mientras que los hombres son más propensos a usar Twitter y LinkedIn.

Las redes sociales pueden envolver tu perspectiva sobre otras personas. Un estudio de 2012 descubrió que mientras más tiempo pasas en Facebook, más propensa eres a concluir que otras personas tienen una vida mejor y más feliz que la tuya.

Un estudio de 2015 descubrió que el humor y la imagen del cuerpo de una mujer pueden verse afectados tras usar Facebook por

NO SE COMPARAN CON OTRAS PERSONAS

sólo 10 minutos, donde se suben 10 millones de nuevas fotos cada día. Mirar fotos en las redes sociales se asoció con niveles bajos de satisfacción corporal porque las participantes comparaban su rostro, cabello y piel.

Por qué es malo

Cara asumió que sabía todo sobre sus amigas, porque se conocían desde mucho tiempo atrás. Pensó que la vida de ellas era color de rosa como parecía en Facebook.

En una ocasión le pregunté si les había contado a sus amigas que iba a terapia. Admitió que no. La cuestioné si publicaba en las redes sociales que pensaba que todas parecían más felices que ella. De nuevo, admitió que no. Eso nos llevó a una conversación interesante sobre cómo sus amigas podrían estar lidiando con problemas similares y sólo no se lo habían contado y seguro no compartían sus problemas personales en las redes sociales.

Esto la ayudó a ver que estaba volcando su atención al lugar equivocado. En vez de enfocarse en lo que quería lograr, se distrajo con el éxito de sus amigas. Su preocupación por su aparente nivel de felicidad creó confusión y angustia innecesarias.

Las comparaciones no necesariamente se basan en hechos y pueden ser interminables. Siempre habrá alguien mejor que tú o que tiene más que tú. Gastar tu energía comparándote con otras no te motivará a hacer más. En vez de eso, te hundirá y retendrá.

LAS MUJERES SE SIENTEN MAL, LOS HOMBRES GANAN INSPIRACIÓN

Hay dos tipos de comparaciones sociales: ascendentes y descendentes. Las ascendentes son cuando ves gente que parece superior, más rica, más sana o más feliz. Puedes comparar tu cuerpo con el de una modelo o tu casa con la mansión al fondo de la calle.

Ver gente que parece más afortunada que tú genera confusión en tu bienestar psicológico. Te lleva a creer que vales menos, eres menos capaz, menos atractiva y menos agradable que otras. Los estudios han demostrado que la comparación social ascendente aumenta la depresión y la envidia.

Por el otro lado, la comparación descendente implica ver gente menos afortunada. Tal vez piensas en la amiga más gorda que tú para sentirte bien con tu cuerpo o pasas por un vecindario feo y experimentas cierta satisfacción porque vives en un lugar mejor.

Quizá piensas que compararte con alguien menos afortunado será bueno para ti. Al fin y al cabo ¿no te hará sentir mejor con lo que tienes? La respuesta es no. Los estudios demuestran que la comparación social descendente puede mejorar tu autoimagen de forma momentánea, pero a largo plazo ver hacia abajo genera preocupación y compasión, lo que te hará sentir peor.

Al final, no importa si te mides con alguien que lo tiene todo en orden o con individuos menos afortunados. De cualquier manera, limitarás la cantidad de fuerza mental que eres capaz de construir.

Aunque los hombres no son inmunes a compararse con otros, los estudios demostraron que las mujeres comparan su apariencia más rápido. Y son más propensas a hacer comparaciones ascendentes que empeoran su imagen corporal.

Un estudio de 2012, realizado por investigadores de la Universidad Marquette, examinó con quién es más probable que se comparen los seres humanos. A través de una serie de preguntas, los investigadores descubrieron que las mujeres tienden más a comparar su rostro y su cuerpo con el de la mujer idealizada. Y son más propensas a pensar que nunca lograrán resultados similares. Los investigadores sospecharon que esto se debe al énfasis que la sociedad hace en la belleza femenina.

Por el otro lado, los hombres son más propensos a comparar su físico con su cuerpo futuro. Así que en vez de desear lucir más atractivos, imaginan cómo conseguir resultados similares. A diferencia de las mujeres, que sienten que nunca serán capaces de lucir como la idealizada, los hombres tienden a creer que tienen el poder de mejorar su apariencia.

Así que cuando un hombre ve la imagen de otro más musculoso o con un físico ideal, es probable que se sienta inspirado. Pensará en hacer ejercicio o cambiar su dieta para verse igual algún día. Cuando una mujer ve imágenes de otra más atractiva, es más propensa a sentirse mal porque cree que no tiene oportunidad de conseguir resultados similares.

Además, el estudio es claro en una cosa: mientras más se comparan las mujeres, peor se sienten con su cuerpo. Y mientras peor se sientan consigo, es más probable que se comparen. Es un círculo vicioso.

Pero tal vez no necesites un estudio que te diga eso. ¿Cuándo fue la última vez que viste celebridades en una revista o gurús del ejercicio en redes sociales y pensaste "¡Wow, qué bien me veo!"?

SÓLO RECIBES UNA IMAGEN INSTANTÁNEA DE LA VIDA DE ALGUIEN

En 1996 Mindy McCready alcanzó un nivel de fama que sueña la mayoría de los cantantes. Su álbum debut, *Ten Thousand Angels*, vendió más de dos millones de copias y contenía cuatro sencillos que estuvieron en las listas de éxitos.

Además de su fabulosa carrera, su vida personal también parecía perfecta. Se comprometió con Dean Cain, el actor que interpretó a Superman en el éxito de televisión *Lois y Clark: Las nuevas aventuras de Superman*. Eran una hermosa pareja que parecía tenerlo todo.

Pero poco tiempo después se vino abajo. Su relación con Dean Cain terminó y su carrera también. Empezó a salir en las portadas por las razones equivocadas: conducir bajo influencia de alcohol, fraude con drogas prescritas y manejar con una licencia suspendida. Después, en 2005, su novio, Billy McKnight, la golpeó tanto que se le acusó de intento de homicidio.

McCready se reunió de nuevo con McKnight el tiempo suficiente para quedar embarazada de su primer hijo. Pero la relación no duró y McCready intentó suicidarse varias veces.

Luego comenzó una relación con David Wilson y se embarazó de su segundo hijo. Su lucha con el abuso de sustancias continuó y su relación con Wilson era una relación de rupturas-reconciliaciones.

En 2013 encontraron a Wilson muerto de una herida de escopeta que él se hizo. A McCready le quitaron a los hijos por sus problemas con el abuso de sustancias y un juez le ordenó entrar a un centro de rehabilitación.

Cuando le dieron los papeles para que sus hijos fueran enviados con su alejada madre, McCready no pudo más. Salió al pórtico y se dio un tiro. Sólo tenía 37 años.

No puedo evitar preguntarme cuántas mujeres se compararon con McCready en algún punto. Era hermosa, talentosa y famosa. Por un buen tiempo vivió una vida envidiable.

No tengo idea si era un alma atormentada desde el principio o si una serie de circunstancias complicadas la hundió, pero sí sé que ahora, sabiendo por todo lo que pasó, no querríamos cambiar de vida con ella.

La historia de Mindy McCready no es la única de alguien que parecía tener todo por fuera pero en realidad estaba derrumbada por dentro. Sospecho que hay mucha gente que ha deseado "ser gracioso como Robin Williams" o "cantar como Kurt Cobain". Es fácil pensar que alguien tiene una gran vida por lo que ves, pero nunca sabes qué tipo de batallas luchan en el interior. No es justo comparar tu vida real con la vida aparente de alguien más.

Qué hacer en vez de eso

Cara era una mujer inteligente que reconoció que compararse con otras personas no le ayudaba. Pero al mismo tiempo decía: "No lo puedo evitar. Veo lo que están haciendo mis amigas y empiezo a cuestionarme, incluso pequeñas cosas como lo que hago un viernes en la noche o mi cena".

Ya que las comparaciones de Cara surgían de las redes sociales, accedió a tomar un descanso de ellas por una semana para ver qué pasaba. Cuando regresó a terapia después de su semana libre de Facebook me dijo: "Noté que no estaba tan preocupada por lo que todos hacían cuando no usaba redes sociales".

No las quería dejar por completo, pero estuvo de acuerdo con monitorear su uso. El solo hecho de ser más consciente de la forma en que las redes sociales afectaban su ánimo y sus pensamientos le ayudó a ser más proactiva para reducir las comparaciones.

Cara reconoció que su actitud comenzó a cambiar y dijo: "Así como hay luz del sol para todos y una persona tomando el sol en la playa no afecta cuánto sol puedes tomar, también hay mucha felicidad".

Hay tres cosas principales para evitar caer en la trampa de la comparación:

1) Reduce las probabilidades de compararte con otras.
2) Cambia tu forma de pensar y trabaja las exageradas e injustas comparaciones que haces.
3) Lidia con el malestar que experimentas cuando otras personas tienen más que tú.

CREA UNA VIDA TAN RICA QUE NO TE IMPORTE LO QUE HACEN LOS DEMÁS

Un estudio publicado en 2017 en *Body Image* descubrió que cuando las mujeres tienen algo en mente son menos propensas a ser afectadas por comparaciones sociales. Cada participante en el estudio reconoció que las imágenes en los medios la hacían sentirse mal sobre ella. Pero cuando se les dio una tarea que realizar mientras veían las imágenes de una mujer idealizada, su humor e imagen corporal no se vieron afectadas.

Antes de ver las imágenes, se les pidió calificar su humor y la satisfacción con su apariencia. Después las dividieron en tres grupos: al grupo uno se le pidió memorizar un número complejo de ocho dígitos mientras veían imágenes de modelos atractivas, al grupo dos se le pidió memorizar un número simple mientras veían modelos atractivas y el grupo tres vio imágenes que no mostraban personas.

Después se les pidió calificar su humor y atractivo otra vez. Los investigadores descubrieron que las mujeres preocupadas por memorizar un número complejo no se vieron afectadas por las imágenes. Su humor permaneció estable y calificaron su atractivo de la misma forma.

Las mujeres que sólo tenían un número simple para recordar no lo hicieron tan bien. Tras ver las imágenes, su humor declinó y se calificaron como menos atractivas que antes.

Entonces ¿qué podemos concluir con este estudio? Que cuando tienes en qué ocuparte, la vida de los que te rodean te afecta menos. Eso no quiere decir que tengas que llenar tu vida de trabajos y distracciones, pero sí significa que crear una vida plena y rica puede prevenir que gastes tu tiempo preocupándote en si a alguien le va mejor.

Cuando te comparas con otra mujer, ya sea navegando en alguna red social o viendo a tu alrededor para ver cómo está vestida, atrápate. Piensa en cosas mejores que podrías estar haciendo con tu tiempo, como conocer gente a un nivel más profundo, leer un libro, aprender nuevas habilidades o practicar un pasatiempo. Recuerda que puedes dar pasos para crear una vida tan rica que la aparente buena fortuna de los demás no te distraerá.

RECONOCE LA DIFERENCIA ENTRE EL INTERIOR Y EL EXTERIOR

Imagina que estás creando un *collage* en una caja de zapatos. El exterior de la caja refleja cómo te ven los demás. Tal vez añadas imágenes de algunos de tus pasatiempos favoritos, actividades o intereses. O quizá te presentes con una sonrisa, feliz y trabajadora.

Ahora imagínate decorando el interior de la caja para reflejar cómo te sientes por dentro. Tal vez mostrarías tus miedos secretos, tus inseguridades escondidas y pensamientos oscuros. Quizá representarías algunas de esas cintas negativas que reproduces una y otra vez en tu cabeza.

Piensa en lo diferente que luce el exterior y el interior. ¿La gente se sorprendería de saber las cosas en el interior de la caja? Si eres como la mayoría de las personas, hay grandes posibilidades de que incluso tus seres queridos más cercanos se asombren de lo que hay.

Puedes hacer el ejercicio con una caja real. Agrega recortes de revistas para tener una representación física de las diferencias entre cómo te sientes en el interior y cómo te ven los demás en el exterior.

He realizado este ejercicio con mucha gente en el consultorio. Casi todos sienten como si sus seres queridos no conocieran la profundidad de su sufrimiento.

Ten eso en mente cuando te veas tentada a compararte con otras personas. Sólo ves el exterior de sus cajas. No tienes idea de cómo se ve el interior en realidad.

Las redes sociales presentan una nueva forma para mostrar el exterior de la caja. La mayoría de las personas sólo enseñan al mundo sus mejores momentos, recuerdos felices y grandes logros. Es fácil pensar que conocemos el interior de una persona basados en lo que vemos en el exterior.

Tal vez el gurú del ejercicio que idolatras pasa todo el tiempo entrenando y no tiene tiempo para sus amigos o familia. O la mujer con un espíritu aventurero no tiene una vida familiar estable. Ten eso en mente la próxima vez que estés tentada a comparar cómo percibes a alguien en el exterior.

PON ATENCIÓN A LAS PALABRAS SENTENCIOSAS
QUE HACEN LA DIFERENCIA

Las comparaciones basadas en hechos son automáticas. No puedes evitar notar cuando una mujer es más delgada, más alta o tiene el cabello más largo que tú. Pero los juicios que haces sobre esos hechos son opcionales. Y ellos tienen el poder de hacerte sentir mal.

Mido 1.63 m. Cuando conozco a alguien que mide 1.93 m no puedo evitar notar que esa persona es más alta que yo. Identifico ese hecho de forma automática y no tengo control sobre eso.

Pero sí controlo los juicios que hago sobre el hecho de que soy más baja. Pensar: "Nadie me toma en serio porque soy muy chaparra", es una decisión que afectará mi humor y mi comportamiento.

Los hechos no te hacen sentir mal. Pero sí las conclusiones a las que llegas por esos hechos. Tu meta no tiene que ser prevenir todas las comparaciones. En vez de eso, ponte el objetivo de sentirte menos afectada por ellas.

He aquí algunas palabras que debes buscar:

- **"Debería" y "No debería".** *Debería ganar más dinero. No me debería vestir tan desaliñada.* "Debería" marca la diferencia entre realidad y expectativas. Practica aceptar lo que es, en vez de insistir en que las cosas deberían ser diferentes.
- **"Desearía."** *Desearía tener tantos amigos como ella. Desearía que mi esposo me tratara como su esposo la trata.* Ten cuidado con lo que "deseas" y practica reconocer las cosas buenas que ya tienes en tu vida.
- **Palabras acompañadas de "más".** *Mi amigo es más rico. Mi jefa es más bonita. Mi hermana es más lista.* Sé consciente de cuando estás comparando y pregúntate si es un hecho o una opinión.

Entonces, en vez de clasificar gente en categorías como "mejor o peor" o "bueno o malo", trata de cambiar tus pensamientos a "hechos y opiniones". Decir: "Maneja un carro más caro que el mío", puede ser un hecho. Pero: "A todos les gusta más su carro. El mío es una vergüenza", es una opinión. El simple hecho de reconocer la diferencia entre hechos y opiniones sirve como un buen recordatorio de que los juicios que haces sobre estas comparaciones sólo son tu opinión.

PIENSA: SON PERSONAS CON OPINIONES, NO COMPETIDORES

Mi antigua paciente, Brandi, empezó en terapia porque se sentía abrumada. Había manejado bien su demandante trabajo y su ocupada vida social hasta que una de sus colegas acogió el minimalismo. La mujer vendió muchas de sus posesiones, se mudó a un hogar más pequeño y cambió su auto por una bicicleta. Al ver eso, Brandi dijo: "Desde que vi a mi colega hacer cambios en su vida, no dejo de pensar en cómo sería mi vida si me deshiciera de cosas. Desearía tener menos cosas que me aten".

Fue la primera vez que escuché a alguien expresar envidia hacia alguien que tenía menos posesiones que ella. Le pregunté qué le impedía ser una minimalista y me dijo: "Ni siquiera sabría cómo empezar".

Le sugerí que en vez de sentir envidia hacia su colega, se acercara a ella y hablara sobre su viaje hacia el minimalismo. Al preguntarle qué había aprendido o de qué disfrutaba deshacerse, Brandi podría aprender más sobre el significado de ser minimalista.

Brandi accedió a conversar con ella y después de la plática me dijo: "En realidad no suena tan divertido. Lava ropa diario porque no tiene mucho que vestir. Tiene que ir a la tienda todos los días porque carga la despensa en su mochila cuando anda en bicicleta. Tampoco me gustaría deshacerme de mis objetos sentimentales. Creo que me arrepentiría después".

Brandi logró llegar a esa conclusión cuando empezó a ver a su colega como alguien con opiniones y no como una competidora. No estaban en una carrera para ver quién podía tener menos cosas o quién se sentía más libre. En vez de eso, tenían diferentes ideas sobre cómo vivir su vida.

Pensar en otras personas como tu competencia te pone en conflicto con ellas. Comenzarás a ver a todos como rivales y te preguntarás de forma constante si eres mejor que las personas que te rodean.

Cambiar ese modo de pensar puede ayudar a tu autoestima (y también a tus relaciones). Si alguien tiene algo que quieres, velo como una inspiración, no como tu competencia.

Un estudio publicado en 2018 en *Computers in Human Behavior* descubrió que las personas que piensan: "Esta persona tiene una opinión sobre un problema con el que estoy lidiando", disfrutan de una mejor salud mental que quienes piensan: "Esta persona es más capaz que yo para resolver el problema". Los investigadores descubrieron que ver a los demás como personas con opiniones fomenta optimismo e inspiración, en vez de depresión y envidia.

Si ves a alguien como una persona con distinta opinión, en vez de percibirla como mejor que tú, aprenderás de ella.

Así que en vez de lanzarte al abismo pensando que alguien es más afortunado o feliz, pregúntate lo siguiente:

- ¿Qué información de esta persona podría serme útil?
- ¿Qué puedo aprender de ella?
- ¿Qué opiniones, ideas o conocimientos tiene diferentes a los míos?

Carrera

Cuando se trata del ámbito profesional, es fácil pensar que deberías hacer tanto dinero como tu amigo o avanzar más rápido que tus colegas. Pero el camino de tu carrera es tuyo y de nadie más. Cada industria, compañía y equipo es diferente. No tiene sentido comparar tu experiencia en el lugar de trabajo con el de alguien más.

No tienes control al cien por ciento de tu carrera. No decides si te dan un ascenso. No puedes hacer que la gente se apunte para tus servicios. No previenes una crisis económica. Por eso cuando comparas tu carrera con la de alguien más y dices cosas como: "Obtuvo el trabajo porque es mejor que yo", puedes estar equivocada.

Esto no significa tolerar discriminación en el trabajo. Por ejemplo, la diferencia de sueldos por género. Mucha gente dice que las mujeres ganan menos porque se toman más tiempo libre cuando tienen un bebé o trabajan pocas horas porque son las principales cuidadoras de los niños o adultos mayores en la familia. Pero estudios han descubierto que entre 5 y 7% de la brecha de salarios entre hombres y mujeres se debe a la discriminación.

Si ganas menos que un colega hombre con menos experiencia pregunta por la discrepancia. Puedes descubrir que hay una razón legítima para que gane más. Pero si sospechas que a las mujeres se les paga menos por discriminación de género, aboga por una igualdad de salarios.

Familia

¿Recuerdas cuando tu madre le daba a tu hermano un *brownie* más grande que el tuyo? Tal vez decías: "¡Eso no es justo!" Comparar lo que te dan con lo que otro familiar tiene es algo normal en la infancia. Pero las comparaciones no siempre terminan al crecer. De hecho, pueden empeorar.

Quizá tu hermana sacaba mejores calificaciones y ahora gana más dinero que tú o tu abuela siempre te recuerda que tu primo es el miembro de la familia más exitoso.

Si tienes familiares que todavía dicen cosas como: "Bueno, tu hermana consiguió trabajo en cuanto salió de la universidad", recuérdales (con gentileza) que son dos personas diferentes. Sólo porque comparten ADN y una historia no significa que están comparando manzanas con manzanas. Cada individuo tiene un conjunto de habilidades, talentos y experiencias de vida. Y deja claro que no estás compitiendo con nadie, incluidos tus hermanos.

También existe la posibilidad de que te sientas tentada a comparar tu familia con otra. Tal vez escuchaste sobre unas vacaciones y pensaste: "Desearía que nuestra familia se llevara lo suficiente bien para tener unas buenas vacaciones como ésas". O quizá ves fotos en redes sociales de otras fiestas familiares y deseas que las celebraciones de tu familia fueran cálidas y acogedoras.

Pero así como cada individuo es único, cada familia también. Invierte tu energía en apreciar las relaciones que tienes en vez de desperdiciar tiempo deseando que tu familia fuera como la de alguien más.

Vida social

Una chica de 24 años llamada Beth respondió a mi petición de entrevistar mujeres para este libro. Cuando hablé con ella me dijo: "Todas mi amigas están entrando al movimiento #MeToo y compartiendo sus historias. Son más valientes que yo. Yo fui abusada cuando era una niña. No le he dicho a nadie. Ni siquiera mis amigas saben lo que pasó".

Durante años, Beth sintió mucha pena por lo que le pasó. Ahora siente más vergüenza porque no quiere dar un paso al frente como sus amigas. Le rogué que buscara terapia para hablar de lo que había sufrido y sus preocupaciones por no ser lo suficiente valiente. Compararse con sus amigas podía tener serias implicaciones para su salud mental porque su decisión de permanecer en silencio no significaba que era una cobarde (hablaremos más de esto en el capítulo 11). Sólo tenía un camino diferente al de sus amigas y dependía de ella decidir qué era mejor.

Tus amigas tienen un gran impacto en cómo te ves. Es importante mantener las cosas en la perspectiva apropiada y reconocer que las decisiones, éxitos o fallas de tus amigas no se deben usar para medir cómo te sientes contigo.

En mi consultorio, con frecuencia veo gente que se rodea de amigos que reafirman sus creencias. Alguien que siente mal consigo puede escoger amigas que les va mejor en la vida para que sus creencias sobre ser una perdedora se reafirmen. Por otro lado, a veces veo personas que escogen amigos que sufren con la vida porque les ayuda a sentirse mejor.

Considera con cuidado por qué te rodeas de ciertas personas. ¿Elegiste una variedad de amigas? ¿O escogiste cierto tipo de ellas?

Ya sea que voltees a tu círculo amistoso para determinar quién se divierte más o comparar el matrimonio de alguien con el tuyo. Las comparaciones lastiman tus relaciones. Es imposible disfrutar la compañía de una amiga cuando sólo estás pensando que es más afortunada o atractiva que tú.

Negarte a las comparaciones te hace más fuerte

Pasé el primer año de preparatoria luchando en clase de geometría para encontrar el área de cilindros y el volumen de pirámides. Después de un examen que casi todos reprobaron, uno de mis amigos le preguntó a la maestra: "¿No podría calificar en campana?" Mi maestra dijo: "No. Cuando era niña mi maestro de matemáticas calificaba de esa forma. Así que en vez de esforzarme en ser buena, sólo tenía que ser mejor que el resto". Obtener la calificación más alta de la clase no era un reto para ella.

Tenía un buen punto. Esforzarte por ser mejor que los demás es diferente a esforzarte para dar lo mejor de ti. Cuando te comparas con alguien más, puedes sentirte satisfecha en cuanto creas que estás "ganando". Pero te podrías estar vendiendo barato.

Toma a Katie Ledecky como ejemplo. Es la mejor nadadora del mundo, tal vez la mejor atleta del mundo. Ha establecido 11 récords mundiales.

Si se comparara con otras nadadoras, se conformaría con saber que va a ganar. Pero Ledecky trata de mejorar de manera constante, incluso cuando vence a sus competidoras por 10 segundos o más. Su meta no sólo es ganar, se esfuerza por dar lo mejor de sí.

Si se enfocara en la competencia tal vez terminaría copiando a las otras nadadoras. Por ejemplo, la mayoría se tranquiliza desde el principio. Pero Ledecky hace lo opuesto. En una entrevista con el *Washington Post*, dijo: "Siempre tengo miedo de ser la última y de que me falte mucho. Trato de controlarme para no matarme (al principio). Se trata de encontrar un balance y tener confianza en saber que hiciste lo necesario para llegar a la meta y recorrer los 800 o 1 500". Ser una pionera la ha recompensado.

La vida no es una competencia. Tratar de opacar a los demás drenará tu fuerza mental. Cuando dejes de compararte serás libre para enfocarte en tu mejor esfuerzo. No te sentirás amenazada pensando que alguien más va a ganarte.

Lucha por ser la mejor versión de ti, en vez de mejor que alguien más. Decide que la única persona con la que te puedes comparar es con la persona que eras ayer.

Solución de problemas y trampas comunes

Una trampa común es pensar que compararte te guía a ser mejor. Pero tus comparaciones secretas no son competencias saludables (porque los demás no saben que están jugando). Por ejemplo, los retos para perder peso funcionan bien cuando todos compiten por una meta específica. Saber que tu colega bajó dos kilos más que tú te alentará a esforzarte más la siguiente semana, pero eso es muy diferente a envidiar en secreto el físico de tu compañera.

Cuando te comparas con otros dentro de tu cabeza, nadie está jugando contigo. Tratas de llevar un marcador contra gente que ni siquiera está compitiendo.

Un inconveniente de las competiciones es que no son para siempre. Al terminar esta fase, la motivación cae con rapidez.

Otra trampa común es tratar de escapar de la molestia que sientes cuando alguien parece superior. Puedes evadir a un amigo que acaba de obtener un buen trabajo o dejar de ir al gimnasio si tu hermana consigue perder el peso que ganó en el embarazo (porque hacer ejercicio te recuerda que no eres tan delgada como te gustaría). Pero evitar tu incomodidad no la desaparece. De hecho, tus celos, tristeza o enojo pueden empeorar si no los atiendes.

Cuando te sientas molesta, reconócelo. Respira y admite que te sientes mal. Dependiendo de la situación, habla con la persona con la que te estás comparando. Decir: "Estoy feliz por ti, pero tu éxito me recuerda cuánto trabajo tengo que hacer", puede limar asperezas.

ES ÚTIL

- Reconocer cuando te estás comparando con otros.
- Reformular tu lenguaje de comparación.
- Separar pensamientos fácticos de juicios.
- Competir contra ti.

NO ES ÚTIL

- Usar palabras como: *debería, desearía* o *mejor*.
- Usar comparaciones descendentes para mejorar tu humor de forma temporal.
- Ver a todos como tu competencia.
- Usar las redes sociales para comparar tu vida con la de otras mujeres.

2

No insisten en la perfección

Es importante estar dispuesta a cometer errores.
Lo peor que puede pasar es que te hagas memorable.

SARA BLAKEY

Shelby era una mujer de 35 años que empezó con terapia porque sufría ansiedad. Fue ama de casa durante los últimos ocho años, pero cuando sus dos hijos comenzaron a ir a la escuela, volvió al mundo laboral.

Al principio estaba feliz de haber vuelto al trabajo. Le gustaba su empleo y su sueldo. "Se sentía muy bien salir de casa y ayudar a mantener el hogar otra vez", dijo.

Pero en pocos meses las cosas cambiaron. Estaba abrumada y estresada. "Siento que todos esos años como ama de casa me hicieron débil", expresó.

Shelby quería impresionar a su jefe, así que llegaba temprano al trabajo. Se dormía tarde empacando *lunches*, lavando ropa y limpiando la casa después de acostar a los niños. Luego, cuando acababa con todo, volvía al papeleo inconcluso del trabajo.

Cuando llamó a mi consultorio para agendar la primera sesión, la recepcionista le preguntó qué preocupación quería poner para abrir su expediente. Shelby señaló: "Creo que no fui hecha para ser una madre trabajadora".

Shelby pasó muchas sesiones hablando de las razones por las que no debería trabajar. Decía cosas como: "Estoy de malas con más frecuencia" y "no cocino en casa para mi familia. Mi hogar no está tan limpio como quiero y eso me estresa".

Me explicó que su madre siempre fue ama de casa: "No creo que mi mamá durmiera. Mantenía la casa impecable. Hacía pan en su horno para nuestros sándwiches. Y nunca la escuché quejarse ni una sola vez".

También descubrí que Shelby había sido una atleta estrella y una estudiante ejemplar. "Fui a la universidad con una beca por jugar tenis y tenía promedio de 10 en la escuela."

Sus padres siempre la felicitaban por ser atlética y buena estudiante. Estaban orgullosos de sus logros y para ella era importante complacerlos.

La escuela y el deporte se le daban bien. Cuando se casó y tuvo hijos, sobresalió como ama de casa. Pero ahora que había vuelto al mundo laboral descubrió que no había suficientes horas al día para ser una madre perfecta, una esposa perfecta y una empleada perfecta.

Por primera vez en su vida sentía que no lo lograba. Cuando quería mejorar en la escuela, sólo estudiaba más. Cuando quería ser mejor en la cancha de tenis, sólo practicaba más. Ahora no había opción.

Pero en vez de dejarlo pasar, se esforzó más. Estaba ansiosa porque no era capaz de sacar 30 horas de trabajo en un día de 24. Pensó que no conseguir sus metas y sentirse exhausta reflejaban falta de fuerza mental.

Shelby esperaba que yo le ofreciera algún alivio.

—¿No hay alguna pastilla que me pueda ayudar? —preguntó.

—¿Qué esperas con exactitud de una pastilla?

—Bueno, no sé si prefiero algún medicamento que calme mi ansiedad o una pastilla que me dé un empuje de energía para hacer más cosas en menos tiempo.

Pero no había una pastilla mágica para el estrés de Shelby. La clave para sentirse mejor era aprender a darse un descanso.

Como madre trabajadora, tratar de cumplir con todas las cosas que hacía cuando era ama de casa tuvo un precio (le costó su sueño y tiempo para pasar con su familia) y empezó a afectar su bienestar psicológico.

El tratamiento de Shelby implicó varias estrategias: cambiar la forma en que se evaluaba, reducir su carga de trabajo e incorporar prácticas de autocuidado en su vida. Repartió algunos quehaceres a su familia. Los niños empacaban sus *lunches* y lavaban los platos. Su esposo se involucró más para ayudar también. Y Shelby cambió el diálogo interno que le decía que tenía que ser perfecta.

Tuvo que aceptar que debía bajar sus expectativas sobre ella, no aumentar su desempeño. No ser tan dura con ella no fue fácil, pero una vez que se dio permiso de hacer menos, comenzó a sentirse mejor.

¿Insistes en la perfección?

Algunos perfeccionistas tienen expectativas poco realistas de sí, mientras que otros se esfuerzan para alcanzar estándares idealistas establecidos por alguien más. De cualquier forma, luchar por la perfección no es saludable. ¿Alguna de estas afirmaciones te suena familiar?

- ☐ Cuando veo el espejo noto todas las cosas que me gustaría cambiar de mí.
- ☐ Al trabajar en una meta me enfoco en los resultados más que en el camino al éxito.
- ☐ Si intento algo nuevo y no soy buena lo dejo.
- ☐ Las críticas se sienten como ataques personales, incluso cuando son críticas constructivas.
- ☐ Cuando termino un proyecto noto las pequeñas imperfecciones más que las cosas que me gustan.
- ☐ A veces procrastino porque tengo miedo de que mi trabajo no sea perfecto.

☐ Me cuesta trabajo terminar un proyecto porque siempre pienso que lo puedo mejorar.

☐ No me gusta que la gente vea mi casa cuando las cosas están fuera de su lugar.

☐ Paso mucho tiempo pensando cómo mejorar mi apariencia.

☐ Experimento ansiedad cuando siento que no tengo el control absoluto.

Por qué lo hacemos

Shelby reveló que se sentía mejor con ella cuando otras personas le decían que estaba haciendo un buen trabajo. Dijo: "Nadie, nunca, dice que estás haciendo un buen trabajo cuando vas a la mitad. Tienes que ser la mejor para sobresalir de verdad".

Pero también reconoció que los elogios por ser la mejor no eran satisfactorios. De hecho, era una espada de doble filo.

Mientras más lograba, más esperaban de ella y le preocupaba cometer un error que arruinara todo.

Como muchas mujeres con las que he trabajado, Shelby se preocupaba de forma constante por decepcionar a la gente o quedarse corta en sus metas. Sin importar qué tanto se esforzara, nunca se sentía lo suficientemente buena.

El estrés de verse, actuar, sonar y ser perfecta se manifiesta de muchas formas. Aunque la presión puede empezar de manera externa, muchas mujeres adoptan un diálogo interno que promueve la perfección.

SE ESPERA QUE LAS MUJERES HAGAN TODO
SIN DERRAMAR UNA GOTA DE SUDOR

En la mayoría de las entrevistas que hice para este libro surgió un tema constante: casi todas las mujeres mencionaron que se sentían bajo mucha presión por hacer todo y verse bien mientras lo hacían.

Leann, de 54 años, lo resumió todo al decirme: "Esperan que trabaje tiempo completo, lleve la casa, organice calendarios, envíe correos, haga todas las compras y me comunique con la escuela. Me ven como si fuera una desgraciada cuando pido ayuda. Se espera que las mujeres tengamos de dos a tres empleos de tiempo completo. De los hombres se espera que trabajen 40 horas y corten el pasto".

Aunque las mujeres han entrado con éxito al mundo laboral, sus responsabilidades domésticas no han cambiado. En la mayoría de los hogares en el mundo todavía se espera que lleven la mayor parte de la organización de la casa a pesar de tener empleos de tiempo completo.

Los estudios demuestran de forma constante que las mujeres hacen la mayoría de las labores domésticas, preparación de comida y encargarse de los niños. Incluso en parejas del mismo sexo, una de las personas tiende a tomar las tareas masculinas y la otra las femeninas. Esta última lleva la carga de las responsabilidades domésticas.

Un estudio de 50 años que abarcó 19 países, desde Australia hasta Israel, descubrió un movimiento general dirigido a la igualdad de género entre 1961 y 2011. En países donde el trabajo de casa era más igualitario, como los escandinavos, Estados Unidos, Canadá y Australia, los investigadores notaron una disminución en la convergencia de género a finales de 1980.

En países donde los hombres tienden a ser el sostén de la familia, las mujeres pasan mucho más tiempo en tareas del hogar. En promedio, las mujeres en España e Italia hacen la mayoría de los quehaceres. Las italianas pasan cuatro horas y veinte minutos cada día en las tareas domésticas, mientras que sus esposos sólo 17 minutos.

En Alemania las mujeres pasan tres veces más tiempo cocinando y limpiando que los hombres. Eso es una mejora respecto de lo que sucedía en 1960, cuando invertían 14 veces más tiempo en tareas del hogar por día que los hombres.

Para poner esos números en perspectiva, las mujeres en Estados Unidos pasaban siete veces más tiempo en quehaceres que los hombres en 1965. En 2010, sólo el doble de tiempo.

No es probable que a las mujeres les guste limpiar más que a los hombres. Lavar ropa y trastes no es divertido para nadie. Pero ellas sienten presión por tener una casa impecable (porque se les juzga por el desorden). Muchas sienten que tener pilas de ropa sucia o platos significa que son malas esposas, madres o personas.

En los últimos 15 años cientos de mujeres han entrado en mi consultorio para hablar sobre lo abrumadas que se sienten por sus responsabilidades en el hogar. Sólo recuerdo un par de hombres expresando sentimientos similares. Muchas pacientes llegan a terapia buscando estrategias para ser más eficientes o más productivas, porque piensan que son incompetentes en un mundo que insiste en que las mujeres pueden "hacerlo todo".

Claro que la presión no se limita a la limpieza de sus hogares. También está la carga de lucir perfectas. Entrevisté a una estudiante de 21 años sobre la vida en la universidad y me dijo: "Me despierto dos horas antes sólo para estar lista en la mañana. Los chicos pueden salir de la cama e ir a clases en pijama y a nadie le importa. Pero yo siento que debo arreglarme el cabello, maquillarme y siempre verme de cierta forma si quiero que me tomen en serio".

Una encuesta realizada por *Today* descubrió que la mujer estadounidense promedio gasta 55 minutos diarios en arreglarse (¡dos semanas al año!). La autora Renee Engeln aborda este tema en *Enfermas de belleza*: "Una encuesta de *Women's Health* cubrió ese descubrimiento con lo que parece una hipocresía. ¿Cuál fue su respuesta al problema femenino de dedicar mucho tiempo a la belleza? Consejos para ahorrar tiempo cambiando una loción de manos normal por una que duraba más".

Claro que la encuesta conducida por *Today* sólo se refiere a la rutina matutina del peinado y el maquillaje. Si añades cuánto tiempo gastan en otros rituales de belleza (como pintarse el cabello, uñas, depilaciones) el número anual de semanas dedicado al arreglo y cuidado personal se despegaría por los cielos.

Para las mujeres, verse bien no es sólo cuestión de vanidad. En 2016 investigadores de las universidades de Chicago y de California en Irvine descubrieron que quienes no invierten tanto tiempo y dinero en su apariencia corren el riesgo de perder una cantidad considerable de dinero. Como en estudios previos, descubrieron que la gente atractiva gana sueldos más altos. Pero su investigación también encontró que las prácticas de cuidados costaban casi toda la diferencia de salario entre mujeres de diferentes atractivos. El maquillaje, el peinado y la ropa hacen una gran diferencia. Para los hombres, la discrepancia era insignificante.

Michelle Obama habló de la doble moral en los códigos de vestimenta en la Conferencia Mundial de Desarrolladores de Apple en San José, California, a principios de 2017. Sobre su experiencia asistiendo a eventos con su esposo, dijo: "La gente toma fotos de mis zapatos, de los brazaletes, de los collares, nadie comenta que durante ocho años él usó el mismo esmoquin, los mismos zapatos. Él también estaba orgulloso de eso. Decía cosas como: 'Mmm, ya estoy listo. Estoy listo en 10 minutos, ¿a ti cuánto tiempo te lleva?'"

Responsabilizarse por los quehaceres de la casa y lucir hermosa es una carga. Muchas mujeres se sienten obligadas a alcanzar expectativas irreales que las llevan a tratar de ser perfectas.

EL PERFECCIONISMO SURGE DE UN PENSAMIENTO RETORCIDO

Un estudio de 2009, publicado en *Journal of Occupational and Organizational Psychology*, descubrió que una proporción de mujeres mayor que de hombres siente como si no alcanzara los altos estándares en el trabajo y la familia. En el trabajo, 38% de mujeres dijo que no alcanzaba los estándares que se ponía, comparado con 24% de hombres. En el hogar, 30% de mujeres se sentía incompetente, comparado con 17% de hombres.

Algunas mujeres se sienten presionadas a ser perfectas para complacer a otros o para satisfacer las irreales expectativas sociales. Otras sienten la presión de ser perfectas por dentro. Claro que para muchas... es una mezcla de ambas.

Por ejemplo: Gwyneth Paltrow. Ganó un premio de la Academia y un Globo de Oro por mejor actriz. A pesar de eso, continúa lidiando con el sentimiento de no ser lo suficientemente buena. En una entrevista con el *Daily Mail*, Paltrow dijo: "Nunca creo que estoy bastante delgada o tonificada o que mis senos sean grandes lo suficiente o lo que sea. Todas cargamos estas cosas basadas en cómo la sociedad espera que nos veamos".

Paltrow habló sobre su perfeccionismo en una entrevista con *Vogue* en 2010. Dijo: "A veces pienso que tendré que meterme a un manicomio, me pongo muy mal. Me odio por eso. Es como, ¿qué tiene de malo? Relájate". Es claro que no importa qué tanta fama, dinero o belleza tengas, cuando eres perfeccionista, nunca sentirás que eres lo suficientemente buena.

Hay muchas razones para que las mujeres se convenzan de que deben ser perfectas. He aquí algunas muy arraigadas en nuestro subconsciente.

- **Deseo de ser amadas y aceptadas.** Las perfeccionistas con frecuencia piensan que si son "lo suficientemente buenas" de alguna forma serán amadas y aceptadas por los demás.
- **Disposición biológica.** El perfeccionismo está en las familias. Los investigadores piensan que puede haber un componente genético que hace a ciertas personas más susceptibles que otras.
- **La forma en que te criaron tus padres.** Si tus padres siempre te elogiaron por tener calificaciones perfectas y no por estudiar mucho, o por anotar muchos goles en el partido en vez de por el esfuerzo, quizá aprendiste que un resultado perfecto es lo más importante.
- **Sensacionalismo del éxito.** El eslogan "hazlo en grande o vete a casa" se ha convertido en un mantra para muchas personas en búsqueda de dinero, fama y éxito. Cualquier cosa menor a la perfección se siente como un fracaso.

- **Historia traumática.** A veces una situación fuerte en la infancia lleva al perfeccionismo. Una mujer puede pensar que si es perfecta no será abusada o que si es capaz de mantener todo controlado (todo el tiempo) evitará que la lastimen otra vez.

Por qué es malo

Shelby quería ser la madre, esposa y empleada perfecta. Pero la ironía es que su perfeccionismo la dejaba de mal humor y abrumada, lejos de ser la mujer ideal que quería.

Un día dijo: "Creo que debería renunciar a mi trabajo". Cuando exploramos su deseo de renunciar, no pensaba que era lo mejor para su familia, sino que se sentía inepta. Aunque hacía su mejor esfuerzo (y un buen trabajo), no quería hacer nada si no era perfecto. Y por un largo tiempo creyó que su búsqueda por perfección era una característica admirable.

Como Shelby, muchas mujeres piensan que el perfeccionismo es una medalla de honor. Pero esperar más de lo que eres capaz de dar es un problema serio que evita que vivas una vida plena. Para muchas, la búsqueda de la perfección puede ocasionar daños físicos, financieros, emocionales y sociales en su vida.

LAS MUJERES MUEREN POR LUCIR PERFECTAS

Entrevisté a una chica de 23 años llamada Simone que tenía un largo historial siendo perfeccionista. Mientras crecía fue estudiante del cuadro de honor, una atleta estrella, en general una ciudadana modelo. Dijo: "Desde afuera, estoy segura de que todos pensaban que sólo era una persona feliz que sobresalía, pero era miserable por dentro. Sentía que si cometía un error arruinaría mi vida". Desarrolló un desorden alimenticio en su adolescencia, algo que con frecuencia sucede con jóvenes perfeccionistas.

"Era anoréxica. Pero por mucho tiempo la gente decía que me veía bien. Mi doctor fue el primero en sugerir que podía tener un problema." Ahora se refiere a sí misma como una "perfeccionista en recuperación", pero dice que todavía le cuesta trabajo relajarse un poco. "Cuando empiezo a sentir que las cosas se vuelven un poco caóticas en mi vida, mis tendencias perfeccionistas comienzan a volver. Es como si sintiera que no comer me diera cierto control."

Como Simone, muchas mujeres llegan muy lejos tratando de obtener la imagen ideal de belleza. Y con frecuencia eso las conduce a dietas peligrosas, atracones de comida y vomitar, ejercicio compulsivo o ayuno. Un estudio de 2008 conducido por la Universidad de Carolina del Norte en Chapel Hill descubrió que 65% de las mujeres entre 25 y 45 años reportó comportamientos de desórdenes alimenticios. Un adicional 10% reportó síntomas consistentes con desórdenes alimenticios. Es decir, 75% de todas las estadounidenses tiene pensamientos, sentimientos o comportamientos no saludables relacionados con el alimento o con la talla de su cuerpo.

Un estudio de 2013, publicado en *Journal of Eating Disorders*, descubrió que las mujeres que querían bajar una talla estaban más preocupadas por no cometer errores y mantener todo organizado, además tenían niveles más altos de falta de autoconfianza que las demás.

Con frecuencia, el perfeccionismo y otros problemas de imagen corporal van de la mano. En vez de aceptar que tienen partes del cuerpo que no les gustan, muchas mujeres se esfuerzan por alcanzar la perfección. Un estudio de RealSelf.com encontró que una de cada cinco estadounidenses considera las cirugías plásticas en algún momento. Y la tendencia a buscar ayuda de un doctor cosmético ha aumentado 200% desde el año 2000. Un enorme 90% de las mujeres entre los 18 y 24 años está infeliz con al menos una parte de su cuerpo. Y ese número baja sólo un poco con la edad. El 85% de las mujeres entre los 55 y 64 dice estar infeliz con al menos una parte de su cuerpo.

Esto no significa que quienes buscan cirugías plásticas o van muy lejos para mejorar su apariencia no sean mentalmente fuertes. Si sientes que realizarte un procedimiento ayudará a que te sientas muy bien para hacer mejor las cosas, más poder para ti. Pero incluso si la cirugía plástica te dejara perfecta, no curaría problemas de autoestima.

Entrevisté a una mujer llamada Brittany que trabaja en la industria publicitaria. Dijo: "He aprendido mucho sobre las mujeres porque lidiamos con modelos cada mes en nuestra revista. Incluso las más hermosas se sienten inseguras. Eso me dio un respiro nuevo de seguridad y confianza para darme cuenta de que todas estamos un poco asustadas".

LAS EXPECTATIVAS IRREALES LLEVAN A UNA ESPIRAL EN PICADA

Idiota. Sólo te avergüenzas a ti misma. Lo arruinaste todo otra vez. Nunca alcanzarás tus metas. Ser bombardeada con ese tipo de negatividad de alguien te causará daño. Pero cuando la crítica viene de ti, nunca tendrás un descanso.

Las mujeres con altas expectativas son capaces de apreciar su éxito. Cuando alcanzan un nuevo peldaño o consiguen algo nuevo, lo festejan. Las perfeccionistas nunca se sienten satisfechas. Se concentran en errores, se preocupan por lo que pudieron haber hecho mejor y evalúan las mejoras que deben hacer. De forma irónica, su sentimiento de no ser lo suficientemente buenas crea una espiral hacia abajo que evita que den lo mejor de sí.

He aquí otras desventajas de ser perfeccionista:

- **Comportamiento contraproducente.** Un estudio de 2016, publicado en *Personality and Iindividual Differences*, descubrió que el perfeccionismo lleva a comportamientos contraproducentes, como darse atracones, procrastinar y conflictos interpersonales.

- **Alto riesgo de *burnout*.** Estudiantes y atletas perfeccionistas están en riesgo de agotamiento. Un estudio de 2017, publicado en *Learning and Individual Differences*, encontró que estudiantes universitarios perfeccionistas tienen peor autorregulación, menos compromiso y pocos logros.
- **Miedo a intentar cosas nuevas.** Los perfeccionistas tienden a usar la "evitación del afrontamiento". Eso significa que no hacen cosas cuando creen que podrían fallar o cometer un error.
- **Alto riesgo de problemas de salud mental.** Los perfeccionistas son más propensos a sufrir ansiedad, depresión, desórdenes alimenticios y otros problemas de salud mental.
- **Mayores riesgos de muerte.** Un estudio de 2011, publicado en *Journal of Health Psychology*, descubrió que la gente que clasifica alto en la escala de perfeccionismo es 51% más propensa a morir antes que las personas que clasificaron bajo. Los perfeccionistas sanan con más lentitud de ataques al corazón y tardan más en recuperarse cuando tienen problemas como la enfermedad de Crohn y colitis ulcerosa.
- **Menos probabilidades de triunfar.** Por lo general las mejores personas en cualquier campo no son perfeccionistas. En vez de eso, las personas que logran más son las más propensas a tomar riesgos, aprenden de sus errores y aceptan que el fracaso es parte del proceso.
- **Mayor riesgo de suicidio.** Un estudio de 2014, publicado en *Review of General Psychology*, encontró que profesionales perfeccionistas, incluidos médicos, abogados y arquitectos, son más propensos a suicidarse. Sin importar qué tan exitosos sean, el fracaso, arrepentimiento y el miedo a cometer errores los puede llevar al límite.

Qué hacer en vez de eso

Durante una de sus citas, Shelby dijo: "Leí un artículo sobre el balance entre trabajo-vida. Creo que sólo necesito esforzarme más en encontrar ese equilibrio". Estaba convencida de que podía aprender consejos y habilidades de productividad que la ayudarían a sentirse menos exhausta e irritable. Era como si quisiera ser perfeccionista al equilibrar vida y trabajo. Pero no se daba cuenta de que esforzarse más no era la solución. No había un equilibrio mágico entre vida y trabajo más allá de su alcance.

Para sentirse mejor, era necesario cambiar el mensaje que se daba todos los días. En vez de insistir en ser mejor madre, trabajadora y esposa, debía aceptar que ser una madre trabajadora significaba renunciar a algunas cosas y no podía dar lo mejor de sí... a menos que empezara a preocuparse por ella.

Hay muchas cosas que puedes hacer para superar tendencias perfeccionistas. Pero antes de que cualquiera de esas cosas funcione, debes reconocer que ser perfeccionista perjudica más de lo que ayuda.

IDENTIFICA EL COSTO DEL PERFECCIONISMO

Con frecuencia, el perfeccionismo lleva al autosabotaje. Aunque suena ridículo por fuera. Después de todo, ¿por qué arruinarías de forma deliberada las oportunidades de alcanzar tus metas en el intento de ser perfecta? Es una manera fácil de liberarse de la tensión y la ansiedad que puedes sentir al cometer un error.

Trabajé con una mujer perfeccionista exitosa en casi todas las áreas de su vida. Pero no lograba bajar el peso del embarazo tras el nacimiento de su hijo. Dijo: "Me mantuve motivada algunas semanas, pero exploté. Comí de todo durante varios días. Estaba enojada. ¿Por qué no conseguía llegar a mi peso?"

Al explorar sus tendencias más de cerca, descubrimos su terror a fracasar. Cuando tomaba decisiones sanas y veía progreso, se sentía ansiosa de no ser capaz de mantenerlo así. Pensaba: "Me pregunto cuánto va a durar esto" o "¿qué pasa si me equivoco?" Para aliviar su ansiedad comía. Después, no se tenía que preocupar por cuánto podría mantener la "dieta perfecta".

No lo hacía de forma consciente. Sólo pasó. Tuvimos que investigar un poco para identificar el patrón y las tendencias perfeccionistas.

Aunque no todas se autosabotean de manera activa. Algunas perfeccionistas procrastinan para su propio perjuicio. Tienen seis novelas a medio terminar en el cajón que nunca terminan porque sienten que no son lo suficientemente buenas.

No importa cómo se presente el perfeccionismo en tu vida, es importante identificar cuánto te cuesta. He aquí hay algunas preguntas a considerar:

- ¿Evitas salir con tus amigas cuando sientes que no te ves bien?
- ¿Tus inseguridades dañan tu relación romántica?
- ¿Esperas que tus hijos sean perfectos?
- ¿Gastas más de lo que puedes en cosméticos y ropa?
- ¿Evitas invitar gente a tu casa porque te preocupa que no luzca bien?

No puedes cambiar tus expectativas de ti a menos que reconozcas las formas específicas en que el perfeccionismo te causa más daño que beneficio. Invierte tiempo en crear tu lista y piensa en cómo afecta el perfeccionismo cada área de tu vida.

PREGÚNTATE "¿QUÉ SIGNIFICARÍA...?"

Cuando te atrapes pensando que tienes que ser perfecta, ya sea porque quieres alcanzar los estándares que te pusiste o que los demás te vean como perfecta, piensa qué implicaría quedarse corta. Pregúntate "¿qué significaría...?"

Usé esta estrategia en mi consultorio con una mujer que sentía que debía ser perfecta en el trabajo. A pesar de recibir críticas positivas de su supervisor, pensaba que no era lo suficientemente buena. Trabajó más y más horas, pero mientras más se esforzaba menos competente se sentía. Para ayudarla a descubrir el significado detrás de su perfeccionismo le pregunté "¿qué significaría...?" varias veces hasta que llegamos a la raíz del problema. Descubrimos esto:

- **Pensamiento original:** Este reporte no es tan bueno.
- **¿Qué significaría que tu reporte no fuera tan bueno?** Si mi reporte no es tan bueno, mi jefe pensará que soy estúpida.
- **¿Qué significaría que tu jefe pensara que eres estúpida?** Que nunca me ascenderán.
- **¿Qué significaría que no te ascendieran?** Que soy incompetente.

Su perfeccionismo escondía el miedo a no ser competente. Se convenció de que lo podía hacer mejor y la gente se daría cuenta de que valía la pena para el puesto (aunque en el fondo no se creía lo suficientemente inteligente o buena para estar ahí).

Todas deseamos ser amadas, aceptadas y vistas como competentes, como alguien que tiene algo que ofrecer. El perfeccionismo con frecuencia encubre los miedos de que, de alguna forma, no somos lo suficientemente buenas.

Una joven con la que trabajé trataba de impresionar a otros. Invirtió incontables horas y dinero en lucir bien y se preocupaba de manera constante por cómo la veían. Un día, antes de ser anfitriona en un evento social, estaba súper estresada por todo lo que debía preparar. Así que exploramos el significado detrás de su pensamiento perfeccionista. Llegamos a esto:

- **Pensamiento:** Tengo que impresionar a todos en esta fiesta.
- **¿Qué significaría que no los impresionaras?** La gente pensaría que no encajo o no me ajusto a ella.

- **¿Qué significaría que la gente pensara que no encajas?** No va a querer asociarse conmigo.
- **¿Qué significaría que no quisiera asociarse contigo?** Que no le agrado a la gente.

Así concluyó que su mejor oportunidad de atraer amigos y pareja sentimental era parecer perfecta por fuera, porque por dentro se preocupaba por no agradarle a la gente.

Cuando pienses que tienes que ser perfecta, pregúntate: "¿Qué significaría si no lo fuera?" Cada vez que lo hagas, quitarás una capa. Con el tiempo, descubrirás la principal inseguridad detrás de tu búsqueda por perfección.

RECONOCE TUS DEFECTOS

Suena como un cliché decir que los defectos te hacen única. Pero a veces esas cosas que te hacen diferente te ayudan a tener éxito.

Por ejemplo, Cindy Crawford. De niña, los niños se burlaban de ella por tener un lunar en la cara y su hermana la molestaba diciéndole que era una "marca fea". Ella quería quitárselo pero su madre la convenció de no hacerlo.

Al final, su lunar se convirtió en una característica que le ayudó a lanzar su carrera en el modelaje. En una entrevista con *Into the Gloss*, Crawford dijo: "Es lo que hace que la gente me recuerde y que muchas mujeres que también tienen marcas de belleza se identifiquen conmigo. Te separan del resto".

Tal vez tener orejas más largas de lo que te gustaría o una cicatriz en el brazo por un accidente en bicicleta en la primaria no te conseguirá un contrato de modelaje. Pero sí te dará algo de carácter y no son cosas que tengas que esconder, arreglar o cambiar.

Trabajo con mucha gente a la que le han dicho que "haga una lista de todas las cosas que le gustan de sí". Aunque es importante recordar tus cualidades, también es importante aceptar tus imperfecciones.

Crear una lista de defectos no es para avergonzarte. Es un ejercicio de honestidad y coraje.

Divide tu lista en dos partes, lo que puedes cambiar y lo que no. El color de tus ojos, estatura y talla de zapatos entran en la categoría de "cosas que no puedes cambiar". Pero es probable que las cosas en la otra columna vayan más allá de tus características superficiales.

Tal vez eres pasivo-agresiva con tus amigas cuando te sientes ofendida. O quizá tienes poca paciencia con ese colega que hace muchas preguntas. Todos tenemos algunos hábitos no tan perfectos.

Practica aceptar las imperfecciones que no puedes cambiar para poner tu energía en las cosas sobre las que sí tienes el control. En vez de perder tiempo preocupándote porque tus pies son muy feos para usar sandalias, trabaja en algo que puedas cambiar, como en cuánto dinero gastas.

Quizá decidas que esa lista sólo es para tus ojos, pero compartirla (a veces) te empodera. No tienes que anunciar tus defectos de forma pública, pero admitirlos con alguien como tu esposo o una amiga refuerza el hecho de que la gente aún te ama, con defectos y todo. De hecho, los más cercanos a ti ya saben que no eres perfecta.

ESCRÍBETE UNA CARTA BONITA

La mayoría no toleraría a una amiga, colega o pareja que nos pusiera apodos o nos menospreciara. Pero con frecuencia nos insultamos. Ya sea que te llames perdedora de forma repetida o que siempre te concentres en tus defectos, golpearte con tus imperfecciones te causará un daño. La mejor forma de combatir esa voz negativa en tu cabeza es reemplazándola con autocompasión.

Kristin Neff, profesora de la Universidad de Texas en Austin y una de las principales investigadoras de la autocompasión, dice: "Tener compasión por uno mismo en realidad no es diferente a tenerla por otros". Es tratarte con amabilidad y reconocer que el sufrimiento, el fracaso y las imperfecciones son parte de la experiencia humana.

Aunque hay muchas formas de ser más amable contigo y darte un descanso de pensar que debes ser perfecta, uno de mis ejercicios favoritos es escribirte una carta. Así como escribirías una carta alentadora a una amiga que pasa por un momento difícil, escríbete palabras alentadoras.

Puede ser algo así:

"A veces la vida es difícil, pero tú puedes con esto. Aunque te quieras rendir o haya veces en las que sientas que has estropeado todo, vas a estar bien. La vida no se trata de no cometer errores. Se trata de avanzar, con defectos y todo, y disfrutar cada paso del viaje."

Guarda la carta en tu bolsa, en tu pantalón o cuélgala en el espejo del baño. Léela con frecuencia, es especial cuando estés pasando por un momento difícil. Leer tus palabras de apoyo te ayudará a desarrollar un diálogo interno más amable. En vez de recriminarte por tus errores, entrenarás a tu cerebro para hablarte más como lo harías con una amiga de confianza.

Carrera

Cuando me acercaba a mi graduación de la universidad, apliqué para un puñado de empleos. Para mi buena suerte, me llamaron a entrevistas en cada puesto aplicado. Y para mi mayor fortuna me ofrecieron empleo en los cinco lugares.

Escogí el que tenía el mejor horario y sueldo inicial. Tras unos años, apliqué para otro empleo. Conseguí una entrevista y una oferta de trabajo poco tiempo después.

Recuerdo decir: "He obtenido cada trabajo para el que he aplicado", como si fuera algo de que presumir. No lo era. Primero, había una escasez de trabajadores sociales, por lo que muchos empleadores estaban emocionados de tener gente que aplicara (hasta donde sé, fui la única persona que aplicó). Segundo, obtener cada empleo para el que te postulas tal vez signifique que no te estás esforzando por alcanzar tu mayor potencial.

Ser rechazada significa que estás buscando algo mejor y más grande. Significa que sales de tu zona de confort y te estiras para ver qué tan lejos puedes llegar.

Pero a veces es tentador evitar los fracasos para mantener un récord perfecto. Ser rechazada es tolerable.

Toma en cuenta que al final de tu vida no habrá nadie que te dé un premio por "nunca fallar". Y no es probable que la gente te recuerde como "la mujer que obtuvo todos los empleos a los que aplicó". Pero te pueden admirar por ser valiente y esforzarte por ir más allá de tu zona de confort y dar lo mejor de ti.

Familia

El perfeccionismo salpica tus relaciones familiares con facilidad. Después de todo, tus hijos son una extensión de ti, ¿no? Y si quieres vivir una vida perfecta, necesitarás una pareja perfecta para completar el paquete.

Pero esperar que tu familia sea perfecta puede generar estragos en su relación. Aunque presiones a tus hijos para que sólo saquen 10 o insistas a tu pareja que lave mejor el carro, tu insistencia en la perfección no hará que la consigas.

De hecho, mientras más esperes que otros sean perfectos es más probable que fracasen en alcanzar tus expectativas. Si esperas más de las personas de lo que te dan, se esforzarán por un tiempo. Pero en cuanto vean que es una causa perdida, se rendirán. Dejarán de intentar cumplir tus expectativas, porque saben que están condenadas a fallar de todas formas.

Sé consciente de cómo reaccionas cuando tu pareja olvida comprar leche en el camino de vuelta a casa. Y pon atención en la manera de responder cuando tu hijo saca una mala calificación. Actuar con mucha severidad ante los errores de tu familia no los motivará a esforzarse más. En vez de eso, los alejarás y dañarás la relación.

Vida social

Una antigua paciente empezó con terapia porque se sentía frustrada con su vida social. Dijo: "Creo que necesito nuevos amigos que no sean unos perdedores".

Cuando le pregunté por qué pensaba que eran así, respondió: "Me gusta hacer planes con algunas semanas de anticipación para poder agendarlos, pero la mayoría de ellos no planea con tanta antelación. Cuando se trata de hacer una reservación o comprar boletos para un evento, yo tengo que hacer todo el trabajo". No había ninguna razón real por la que necesitara planear con tanto tiempo, sólo le gustaba hacerlo.

Pensaba que era muy organizada y una excelente "planificadora", pero en realidad estaba muy ansiosa. En un esfuerzo por controlar su ansiedad, trataba de controlar todo a su alrededor. Tenía poca tolerancia con la gente que no hacía lo que ella quería según su horario.

El tratamiento implicó dejar las expectativas de que sus amigos fueran perfectos. Tenía que ver que las reuniones sociales no siempre iban a ser perfectas, al menos no a su nivel de perfección. La mayoría de sus amigos eran espontáneos y no les importaba si tenían reservaciones en los mejores restaurantes o si tenían boletos para todos los eventos. Sólo querían pasar tiempo juntos y divertirse sin sentir que tenía que ser planeado con meses de anticipación.

Algunas veces bajar tus expectativas sobre otras personas ayuda a conservar las relaciones. Si insistes en que otras personas se comporten de tal forma para llenar tu necesidad de perfección, terminarás decepcionada. Reconoce que otras personas tienen diferentes estándares y que tus amigas no tienen ninguna obligación de cumplir las expectativas que estableciste para ellas.

La disposición a ser imperfecta te hace más fuerte

Sophie Gray parecía tenerlo todo, era joven, hermosa y rubia. La modelo de Instagram tenía más de 400 000 seguidores y cada día publicaba fotos de sus abdominales de *six-pack* y consejos de alimentación y ejercicio. Su audiencia respondía con *hashtags* como #METASDEVIDA y #CUERPOPERFECTO.

Pero Sophie sentía que vivía una mentira. Mientras invertía todo en aparentar que tenía una vida perfecta, veía otras cuentas de Instagram con envidia. Y sentía que su vida se hacía pedazos.

Luchaba en secreto con una ansiedad devastadora. Un día todo llegó al límite. Tuvo un ataque de pánico en el aeropuerto y no pudo tomar un vuelo de conexión. Ella y su novio tuvieron que rentar un auto y manejar 38 horas a casa.

Sabía que muchos de sus fans también tenían ansiedad y sintió que las fotos de su abdomen perfecto no les ayudaban. "No quiero empeorar el dolor y la ansiedad de nadie con mis fotos de lo que llaman una vida o cuerpo perfecto", dijo a la revista *Marie Claire*. "Quiero llegar con entendimiento y compasión a mis seguidores que sufren ansiedad y ayudarlos. Y de esa forma sentiré que cada experiencia que he tenido con mis 'problemas' vale la pena."

Sophie decidió mostrar fotos reales de ella en línea, a veces sin maquillaje. Empezó a cubrir su abdomen y decidió mostrar cómo era su verdadera vida.

En su blog explicó lo bien que se sentía ahora que no sucumbía a la presión de mantener la fachada de perfección. En vez de eso se concentró en ser real y ayudar a otros a amarse por lo que son, no por cómo lucen.

Renunciar a la idea de que tienes que ser perfecta no significa que te quedarás corta. Todavía puedes tener expectativas altas para ti. Pero también puedes amarte por lo que eres, con defectos y todo. La verdadera fuerza mental está en permitirte un descanso de vez en cuando. Implica perdonarte cuando cometes un error y saber que vas a estar bien, incluso si fallas.

Solución de problemas y trampas comunes

Es difícil exponer tus defectos si has construido una imagen de perfección. Si caíste en el papel de la hija perfecta de niña, quizá sea difícil salir del molde. Cuando los padres dicen cosas como: "Susan siempre ha sido una chica tan buena" o "siempre podemos contar con Susan", es tentador asegurarte de que estás a la altura de esas expectativas.

Nadie quiere arriesgarse a caer de la gracia de su familia o decepcionar a sus padres. Pero deja de llenar el papel de la hija perfecta. Puede significar decir no a ciertas cosas que te piden tus padres o hablar sobre tus errores o fallas frente a ellos.

Otra trampa común es posponer la felicidad. Muchas mujeres piensan: "Disfrutaré la vida cuando me asciendan" o "seré feliz cuando por fin empiece mi propio negocio". Pero la vida está pasando justo ahora. Disfruta el viaje y acepta las imperfecciones a lo largo del camino.

Muchos perfeccionistas han perfeccionado el arte de esconder su confusión interna. Como consecuencia, no les dicen a sus doctores o terapeutas sobre sus luchas porque temen bajar la guardia. Si tu perfeccionismo te cuesta tanto trabajo que interfiere con tu funcionamiento diario, busca ayuda profesional. Es muy tratable y entre más pronto recibas ayuda, más rápido empezarás a sentirte bien.

ES ÚTIL

- Identificar el costo de tu perfeccionismo.
- Preguntarte "¿qué significaría?" para llegar al centro del problema.
- Admitir tus defectos a ti y a alguien más.
- Escribirte una carta amable y leerla con frecuencia.
- Reconocer cuando esperas mucho de otras personas.

NO ES ÚTIL

- Esperar que otras personas sean perfectas.
- Usar palabras severas para criticarte.
- Asumir que no debes tener defectos para tener éxito.
- Esconder tus defectos de otros.

3

No ven la vulnerabilidad como una debilidad

Vulnerabilidad es lo último que quiero que veas en mí, pero lo primero que busco en ti.

BRENÉ BROWN

Verónica empezó con terapia porque quería ayuda para manejar su ansiedad. Cuando le pregunte qué tipo de cosas le causaban ansiedad, dijo: "Casi todo, trabajo, situaciones sociales, reuniones familiares, lo que sea".

Aunque dijo que *todo* la hacía sentirse ansiosa, mientras más hablábamos más claro fue el hecho de que su ansiedad se disparaba cuando estaba en situaciones sociales. Después, cuando la sesión de una hora casi había terminado, se levantó y de forma casual dijo: "Oh, tal vez debí mencionar que tengo síndrome de Tourette. ¡Nos vemos la próxima semana!".

Las confesiones de alcoba son comunes en terapia. Justo cuando la gente está a punto de irse, con frecuencia cuando tienen la mano en la perilla de la puerta, sueltan una revelación mayor y escapan. Así que, cuando Verónica regresó la siguiente semana, le pedí que me hablara más de su síndrome al comienzo de la sesión.

Dijo: "Ah, no es gran cosa. Tengo algunos tics faciales, pero la gente nunca lo nota en realidad". Había encontrado formas muy astutas de esconder sus tics, que consistían en su mayoría en ligeros gestos y estrujarse la nariz. A veces se frotaba los ojos. En otras ocasiones se rascaba la nariz. Ya había notado que estaba inquieta durante la primera sesión y sospeché que estaba relacionado a su ansiedad. Pero ella hizo un gran trabajo escondiendo sus tics.

Verónica tenía un historial de tics vocales también, aclaraba la garganta de forma constante. Sus tics vocales sólo eran aparentes cuando estaba muy ansiosa, así que para mantenerlos a raya evitaba cosas que le ocasionaran alzas de ansiedad, como hablar en público.

Verónica dijo: "Me preocupa que la gente piense que mis tics son una cosa seria. Estoy acostumbrada a ellos, pero me preocupa que la gente piense que estoy loca". Evitaba situaciones sociales cuando le era posible, y cuando no podía evadir una situación iba muy lejos para esconder sus tics. Como consecuencia, sólo una fracción de su atención iba a la conversación. La mayor parte de su energía la gastaba tratando de evitar que la gente notara sus tics faciales.

No había duda de por qué se sentía ansiosa. Estaba guardando un secreto.

Las únicas personas con las que socializaba eran sus amigos y familiares que sabían que tenía síndrome de Tourette. Se sentía sola y aislada. Quería involucrarse en una relación romántica, pero evitaba las citas porque tenía "mucho miedo".

Para Verónica era importante socializar y la mejor forma de superar sus miedos era enfrentándolos. Pero antes de poder hacer eso necesitaba saber que no tenía que esconder sus tics con cada persona que conocía.

Accedió a intentar abrirse más sobre su síndrome con otros, sólo como un experimento. No tenía idea de cómo reaccionaría la gente ya que nunca se lo había dicho a nadie desde que era una niña.

Empezó platicándoselo a un supervisor: "Tal vez has notado que estoy inquieta algunas veces. Quería explicarte que es porque tengo síndrome de Tourette y cuando me pongo nerviosa mis tics faciales

NO VEN LA VULNERABILIDAD COMO UNA DEBILIDAD

empeoran". Para su alivio, su supervisor fue amable y comprensivo. Fue algo grande para ella, porque había temido que sus tics iban a ser percibidos como una debilidad (y cualquier debilidad en el trabajo puede ser considerada una desventaja).

Después les dijo a algunos colegas. Nadie reaccionó de más o hizo un escándalo por eso. Algunos de ellos conocían gente con tics o con síndrome de Tourette, otros le hicieron preguntas o le revelaron sus problemas secretos.

Con cada revelación exitosa, Verónica ganaba un poco de valentía y seguridad en su habilidad para socializar. Se sentía menos presionada a disfrazar sus tics y ya no sentía necesidad de evitar actividades sociales.

Durante una de nuestras últimas sesiones dijo: "Todavía pienso que otras personas le darán mucha importancia. Pero esconderlo por tanto tiempo y después contarlo como 'un gran anuncio' significa que yo le daba más importancia de la que en realidad tiene".

¿Ves la vulnerabilidad como una debilidad?

Mucha gente cree que la vulnerabilidad es una debilidad, pero bajar la guardia no significa que seas suave. De hecho, la voluntad de abrirte significa que sabes que eres fuerte lo suficiente para arriesgarte a salir herida. ¿Alguno de los siguientes puntos te suena familiar?

☐ Tengo muchos conocidos pero no hago amigos de verdad.
☐ Prefiero mantener conversaciones superficiales y no me gusta hablar de mí o de mi pasado, ni siquiera con gente que conozco bien.
☐ Tengo problemas para confiar en la gente.
☐ Creo que si la gente conociera a mi verdadero yo, no le gustaría.
☐ Hay ciertas partes de mi vida que creo que tengo que mantener en secreto de los demás.

☐ Temo que alguien me lastime si permito que se acerque demasiado.

☐ Es raro que comparta mis verdaderas opiniones porque temo que la gente me juzgue.

☐ A veces estoy muy necesitada de relaciones porque me aterra ser abandonada o lastimada.

☐ Me da miedo amar a alguien más de lo que esa persona a mí.

☐ Evito ponerme en situaciones donde puedo fallar o ser rechazada.

Por qué lo hacemos

Verónica confesó que crecer siendo una niña con síndrome de Tourette fue en verdad difícil. Dado que es una condición que afecta más a los hombres que a las mujeres, nunca conoció a otra que lo padeciera. Dijo: "Chicos con el síndrome con frecuencia se convierten en los payasos del salón cuando son niños. Incluso atraen más atención como una forma de salir adelante. Como niña, sentía que eso no era una opción. Me daba miedo ser la niña rara o la que sobresale por las razones equivocadas".

Ser adulto introduce nuevos problemas. Dijo: "Algunas madres de mis amigos o personas de mi ciudad natal que saben que tengo el síndrome han preguntado si mis hijos lo tendrán también. A los hombres con Tourette que conozco nunca les hacen esa pregunta. De hecho, si yo les preguntara, estoy segura de que ni siquiera sabrían si es genético".

Verónica nunca había estado en una relación larga y no sabía si quería tener hijos. Pero como mujer sentía que se le daba mucha importancia a sus capacidades reproductivas. Temía que si dejaba que la gente supiera de su enfermedad habría más conversaciones sobre si "genéticamente valía la pena reproducirse". Así que en vez de abordar el problema pensó que sería más fácil esconder sus tics.

Aunque tal vez no padezcas una condición como Tourette que escondes del mundo, es probable que tengas por lo menos una vulnerabilidad que mantienes en secreto. Tal vez te sientes cohibida por tus habilidades en matemáticas. O quizá creciste con un padre alcohólico. Lo que sea, es probable que haya una parte de ti o de tu pasado que escondes o enmascaras.

NINGUNA MUJER QUE SE RESPETA QUIERE LUCIR DÉBIL

Tengo amigas que trabajaban en una gran corporación financiera. La vicepresidenta de la compañía dio a luz un viernes. Regresó al trabajo el siguiente lunes.

No haber tomado un solo día de maternidad era una medalla de honor para ella. Se sentía orgullosa por el hecho de ser física y emocionalmente capaz de volver al trabajo justo después de haber dado a luz. Era como si le diera miedo que vieran como una debilidad el pasar tiempo con su bebé o tomarse días para recuperarse. Mi amiga que trabajaba en la misma institución dijo que nunca la presionaron para hacer eso. De hecho, dijo que muchos de los jefes estaban sorprendidos de que regresara a trabajar.

Tal vez esta supervisora creía que tenía que ir en contra de la noción de que las mujeres son el sexo débil. Pero fue muy lejos. Su esfuerzo por probar que no estaba necesitada, que no era incompetente o inútil, podría haber cruzado la línea de lo dañino.

A pesar de que el "autocuidado" se ha convertido en una palabra de moda, aceptar que necesitas cuidarte todavía puede sentirse como una debilidad. ¿Alguna vez has negado que estabas dormida cuando alguien te llamó y te despertó? ¿Alguna vez te has forzado a ir al trabajo aunque estés enferma porque pensaste que quedarte en casa sería como una debilidad?

Tus "máscaras" tienen un propósito. Pueden intimidar a tu oponente si eres una atleta. O ayudarte en una cita con el doctor donde te enteras de malas noticias sobre los resultados de algún familiar. Pretender que estás bien evita que te lastimen las emociones dolorosas y las personas que las provocan.

Muchas mujeres aprendieron a poner barreras protectoras en su niñez. Cuando la bravucona se ensañaba contigo y después te hacía burla por llorar, aprendiste a pretender que esas palabras duras no dolían. O cuando le dijiste a tu amiga un secreto y ella se lo contó a toda la escuela, no volviste a confiar información personal a nadie. Esos pequeños momentos te enseñaron sobre las personas y qué tanto les permitirías entrar en tu vida.

Tus relaciones en la infancia con tus cuidadores también tienen un papel importante en qué tan vulnerable estás dispuesta a ser. Si creciste con padres amorosos y confiables que te enseñaron excelentes habilidades emocionales y comunicativas, es probable que confíes en otras personas.

Pero si tus padres, maestros y cuidadores fueron fríos, distantes o abusivos, es probable que esperes que la gente te trate mal. Y tal vez concluiste que estar cerca de las personas no tiene sentido, ya que de todos modos al final te lastimarán.

Llevas esas creencias a la adultez, cuando es seguro bajar la guardia o cuando está bien dejar que la gente se acerque. Si te dañaron mucho o muy seguido, hay altas probabilidades de que te sobreprotejas.

LAS MUJERES SON JUZGADAS CON SEVERIDAD POR SER EMOCIONALES

Una de las entrevistadas para este libro fue una chica de 26 años llamada Heather. Cuando le pregunté sobre sus experiencias en el trabajo me contó la presión que sentía por no demostrar emociones en el mundo corporativo. Dijo: "Soy del tipo de persona que muestra sus emociones. Pero muy pronto aprendí que no puedes expresar miedo o tristeza en el trabajo. Soy una llorona. Y cuando alguien hiere mis sentimientos no puedo evitarlo, lloro. Así que tengo que ir al baño y llorar para que nadie vea y después tengo que tratar de que no se den cuenta de que lo hice. Pero es difícil cuando tienes la máscara corrida por las lágrimas".

Aunque ambos sexos sienten presión por lucir fuertes en el exterior, las mujeres sienten esa presión de forma diferente. En general, a las niñas se les enseña que está bien llorar, pero a los niños les dicen que deben ser fuertes. De adultos, las mujeres tienden a llorar más que los hombres.

Pero las mujeres no pueden llorar en público, en especial en el trabajo. Hacerlo puede ser el beso de la muerte, lo que significa que las mujeres llevan la carga emocional de retener las lágrimas en el trabajo.

Kimberly Elsbach, profesora de la Universidad de Negocios UC Davis, ha conducido muchas investigaciones sobre el llanto de las mujeres en el trabajo. Descubrió que con frecuencia son vistas como "débiles, poco profesionales y manipuladoras" cuando derraman lágrimas en el trabajo. Se les juzga con severidad tanto por hombres como por mujeres.

Es una dinámica extraña. Les decimos a las niñas pequeñas que está bien llorar y, en general, la mayoría de la gente acepta que es una catarsis saludable. Pero al mismo tiempo declaramos: "Sólo no lo hagas en público, en especial en el trabajo". Las expresiones emocionales en la oficina están prohibidas, sobre todo porque parece que otras personas se sienten incómodas.

La tristeza no es la única emoción ligada a un estigma femenino. La ira trae un montón de problemas. En general, la gente tolera a hombres enojados, pero no mujeres enojadas.

Un estudio publicado en 2015 en *Law and Human Behavior* examinó la percepción de hombres enojados contra mujeres enojadas. El experimento contó con 210 estudiantes que participaron en un jurado simulado por computadora que se llevó a cabo con un programa de mensajería instantánea.

A los participantes se les asignaron otros seis jurados virtuales en el estudio. Se les presentó el caso de un asesinato en la vida real y se les pidió deliberar con los otros miembros del jurado en un chat. A través de las deliberaciones, reportaron su veredicto y su nivel de seguridad en la decisión.

Sin que los participantes supieran, el guion del chat ya estaba escrito por los investigadores. En cada chat, cuatro de los otros jurados estuvieron de acuerdo con el veredicto del participante y uno en desacuerdo. El jurado en desacuerdo (al que se referían como el jurado oponente) era un hombre llamado Jason o una mujer llamada Alicia. El jurado oponente no mostraba ninguna emoción o bien usaba expresiones claras de ira, escribía cosas como: "EN SERIO, ESTO ME HACE ENOJAR" y "OK, ESTO SE ESTÁ VOLVIENDO MUY FRUSTRANTE". Durante la discusión, un jurado cambiaría de veredicto para estar de acuerdo con el jurado oponente.

Después de deliberar, los participantes reportaban su veredicto final y medían qué tan seguros se sentían con su decisión. También completaron una encuesta para reportar cómo percibieron a los otros jurados.

Cuando el jurado oponente era un hombre que expresaba ira, los participantes eran más propensos a dudar de su propia opinión, incluso cuando eran mayoría. Pero si el jurado oponente era una mujer que expresaba ira, los participantes eran más propensos a estar más seguros de su opinión contraria. Los participantes veían la ira del hombre como poderosa y persuasiva. Pero la de la mujer era contraproducente.

Por desgracia, para muchas mujeres esto ha sido una realidad en el trabajo. Cuando un hombre alza la voz en una reunión, se le ve como un líder. Cuando una mujer alza la voz, se le ve como si "estuviera fuera de control".

En un esfuerzo por evitar ser apodadas la "mujer emocional y loca" de la oficina, muchas mujeres ponen barreras para prevenir que alguien detecte sus emociones.

Actuar como si estuvieras feliz todo el tiempo (pero no súper feliz) puede tener ciertos beneficios. Pero rechazar ser vulnerable también tiene desventajas.

Por qué es malo

Para Verónica se había convertido en su segunda naturaleza disfrazar sus tics y evitar situaciones sociales donde la gente se pudiera dar cuenta. Como consecuencia, no ponía mucha energía en formar y mantener relaciones, todos sus esfuerzos se iban a esconder su secreto. No desarrolló lazos estrechos con gente nueva.

Una vez dijo: "Envidio a mis amigas de la infancia. Todas han tenido un montón de nuevas amistades a lo largo de los años. Pero yo siento que estoy estancada. No me puedo acercar con nadie nuevo".

Cuando rechazas que se te acerque gente nueva y evitas que conozcan tu verdadero yo, lo más probable es que todas tus relaciones se mantengan superficiales (si te va bien). De la misma forma, si tienes miedo de avergonzarte, te costará trabajo salir de tu zona de confort y alcanzar tu mayor potencial.

MOSTRAR UN EXTERIOR DURO PREVIENE CONEXIONES SIGNIFICATIVAS

Mi antigua paciente Dawn tenía un historial de relaciones dañinas y asumió que era porque atraía al tipo equivocado de hombres. "Siempre escojo a la persona incorrecta", dijo.

Habló sobre su relación actual, un romance inestable con un hombre llamado Craig. Estaba convencida de que Craig la engañaba. Cuando no estaban juntos, le llamaba o mandaba mensajes de forma incesante para acusarlo por hablar con otras mujeres.

En respuesta a sus constantes acusaciones, Craig evitaba pasar tiempo con ella. Él buscaba consuelo con sus amigos o familiares, lo que reforzaba la idea de que no la amaba.

Dawn había caído en un patrón común en mucha gente que tiene miedo a la vulnerabilidad: mientras más emocional se sentía, actuaba de forma más loca. Detrás de todos los gritos, acusaciones y amenazas había una gran burbuja de ansiedad que le decía que saldría lastimada.

Dawn orquestó este patrón de estira y afloja en cada relación en la que había estado. Su frenético miedo de ser abandonada la llevó a alejar a las personas. Hacía reales sus mayores miedos en cada relación que tenía.

La ansiedad de Dawn surgió de su rechazo a ser vulnerable. Si sólo pudiera decir: "Me siento ansiosa porque creo que no quieres estar conmigo. Necesito consuelo", tal vez Craig actuaría distinto. Después se podrían acercar más y tener una relación más sana. Pero ella tenía que estar dispuesta a expresar sus emociones.

La suposición de Dawn de que atraía a los hombres incorrectos estaba mal. En vez de eso, apartaba a los hombres buenos de su vida con su comportamiento. Como muchas mujeres con las que he trabajado, Dawn luchaba para formar conexiones significativas porque sus inseguridades evitaban que tuviera relaciones sanas.

Aunque hay muchas formas en que tu miedo a la vulnerabilidad daña tus relaciones, he aquí algunos ejemplos comunes:

- Nunca te acercas demasiado en relaciones románticas porque te da miedo ser rechazada.
- Nunca les dices a tus parejas cuando lastiman tus sentimientos.
- Nunca invitas a conocidos a eventos sociales porque te da miedo que no les gustes tanto como ellos a ti.
- Evitas contarles a las personas sobre tu vida personal porque te da miedo que no les vayas a gustar.

Si crees que ser vulnerable te hace débil, no importa cómo se manifieste, tus relaciones nunca serán tan cercanas como podrían ser. Ya sea que luches con la intimidad romántica o tengas pocos amigos cercanos, mantendrás a la gente a cierta distancia para prevenir que te haga daño.

UNA MENTALIDAD FIJA TE MANTIENE ESTANCADA

Rechazar ser vulnerable no sólo daña tus relaciones. También interfiere con tu habilidad de vivir la vida con plenitud.

Evitar el fracaso y prevenir errores con frecuencia surge del miedo a la vulnerabilidad (algo a lo que las mujeres son más propensas que los hombres). De acuerdo con Carol Dweck, autora de *Mindset*, las mujeres tienden más a desarrollar una mentalidad fija por normas sociales. Aprenden que sus errores son provocados por defectos y no por comportamientos que se pueden mejorar.

La investigación de Dweck descubrió que las diferencias de género en la reacción al fracaso se pueden encontrar en la niñez. Los niños son más propensos a asumir que una mala calificación en un examen significa que no pusieron atención. Las niñas tienden a pensar que obtuvieron una mala calificación porque no son tan inteligentes.

Dweck dice que esta diferencia se debe a que los adultos responden de forma diferente a las chicas que a los chicos. Su investigación encontró que en varones, los maestros son más propensos a dar retroalimentación basada en el esfuerzo y en habilidades cuando tienen éxito. Por lo que si un niño falla, es más probable que el maestro le diga: "Necesitas estudiar más la próxima vez". Pero si tiene un logro le dirá: "Eres listo".

Las niñas son más propensas a recibir retroalimentación en la que sus fallas son provocadas por su falta de habilidad y sus éxitos son por buen comportamiento. Por eso es más probable que el profesor le diga a una chica: "Te fue bien en el examen porque pones atención en clase".

Entonces... con razón las mujeres temen ser vulnerables. Si crees que cada error significa que eres incompetente, serás más propensa a prevenir fracasos o esconder tus errores.

Una mentalidad fija evita que la gente alcance su mayor potencial. He aquí algunos peligros:

- **Evitarás riesgos en vez de vencerlos.** En vez de aplicar por un ascenso o ir por la presidencia de la asociación de padres, te quedarás en tu zona de confort para evitar el estigma del fracaso.
- **Reaccionarás a las críticas en vez de aprender de ellas.** Ya sea que te enojes por la crítica que alguien te da o la ignoras porque no te gusta, no puedes aprender de otras personas a menos que estés dispuesta a considerar lo que tienen que decir.
- **Te sentirás amenazada por el éxito de los demás en vez de inspirarte.** Si crees que el talento natural es algo con lo que naces, puedes crecer con resentimiento hacia la gente que parece tener más habilidades que tú.

Qué hacer en vez de eso

Verónica quería salir al mundo y conocer gente nueva. Pero esto significaba que tenía que arriesgarse a salir herida. Algunas personas podrían no entender su condición, verla extraño, hacer preguntas descorteses o hacer suposiciones sobre ella. Pero salir al mundo también significaba encontrar asombrosas relaciones con gente nueva.

Para ayudarla a dar el salto que necesitaba, escribió una carta sobre las razones por las que era una buena idea ser más vulnerable. Después, antes de salir a una nueva situación, leía la carta. Se recordaba que incluso si alguien no la aceptaba, estaría bien.

Es difícil ponerte en una posición en la que otras personas te pueden juzgar, pero vale la pena. No tienes que enfrentar todos tus miedos al mismo tiempo. En vez de eso da pequeños pasos para ser un poco más vulnerable cada día.

IDENTIFICA TU ARMADURA

El miedo a la vulnerabilidad se manifiesta de muchas formas. Mientras que una persona es perfeccionista (como lo hablamos en el capítulo 2) para no sentirse incompetente, alguien más puede actuar como un cactus para evitar que la gente se acerque mucho. Sin importar qué forma tomen, estos escudos son para minimizar daño y dolor.

Considera la armadura que usas para mantenerte a salvo. Seguro tienes una estrategia para la oficina y otra para la casa. Es probable que esas estrategias se hayan convertido en una segunda naturaleza y tal vez no tienes idea de que las usas.

Todas creamos reglas para protegernos de salir heridas. Por ejemplo:

- Si no hablo en las reuniones, nadie pensará que soy tonta.
- Si evito hablar de mi infancia, nadie preguntará por mis padres.
- Si excedo las expectativas de mi jefa, no verá que no pertenezco a aquí.
- Si actúo como si no estuviera interesada, nadie verá que tengo mucho miedo de intentarlo.
- Si lloro cuando él comienza a hablar sobre cosas que no quiero escuchar, se detendrá.

Una forma útil de descubrir la armadura que usas es hacerte estas preguntas: ¿Cuál es la emoción más dolorosa que podría sentir? ¿Qué hago para evitar esa emoción?

Alguien que piensa que la vergüenza es intolerable puede quedarse sentado en silencio en la esquina del cuarto y evitar ser el centro de atención a toda costa. Mientras que una persona que piensa que la soledad es la emoción más difícil puede saltar a una nueva relación en cuanto la anterior termina.

También descubrirás algunas de tus armaduras pensando en tu ira. La ira es un escudo poderoso. Se siente mejor estar enojado que triste o lastimado. La ira te da energía, pero debajo de la superficie acecha el miedo, la vergüenza y el dolor.

Si alguien te critica y lo atacas llamándolo idiota, es posible que estés escondiendo el dolor que te causó su crítica. O cuando le gritas a tu pareja, tal vez estás saliéndote del tema que no quieres discutir. Aunque no tiene nada de malo estar enojado, es importante considerar cómo la ira puede cubrir emociones dolorosas.

APRÓPIATE DE TU HISTORIA

Si alguien tiene el derecho de esconderse bajo una piedra y nunca salir es Monica Lewinsky. Todo el mundo supo que tuvo una aventura con el presidente. Sus conversaciones sobre sus momentos íntimos fueron grabadas en secreto y reproducidas en todo el mundo.

Por si eso fuera poco, tuvo que testificar sobre los actos sexuales en los que participó con el presidente bajo juramento. Cada detalle fue discutido y escudriñado, junto con el infame vestido azul.

Por desgracia para Monica, la historia explotó en 1998, casi al mismo tiempo que el internet entraba a todas las casas. Fue una de las primeras historias en llegar a gente alrededor del mundo con sólo un clic. Fue denigrada, objeto de burlas y ciberacosada (mucho antes de que existiera el término de *ciberbullying*). Los paparazzi la seguían sin descanso y fue avergonzada y humillada por sus acciones.

Tras dejar la Casa Blanca, Monica tuvo problemas para encontrar empleo, las compañías no querían estar asociadas con la amante del presidente. Cuando trató de vender bolsos de mano, los medios la acusaron de tratar de capitalizarse por su notoriedad. Tuvo un perfil bajo durante años, pero la tormenta de los medios continuó por casi una década.

Con el tiempo, fue a una universidad en Inglaterra, donde obtuvo una maestría en psicología. En cuanto regresó a Estados Unidos, luchó por encontrar empleo y se descubrió en un lugar oscuro. Evitaba el ojo público como fuera posible pero continuaba en sus intentos de salir adelante.

Después, en 2010 escuchó sobre Tyler Clementi, un estudiante de primer año en la Universidad Rutgers cuyo compañero de habitación lo había transmitido en secreto besándose con otro chico. Tyler fue avergonzado y humillado en redes sociales y pocos días después brincó del puente George Washington y se mató.

Monica entendía la angustia que Tyler debía sentir porque ella también tuvo sus momentos más privados circulando por el mundo. En un artículo para *Vanity Fair*, Monica dijo: "Tras la tragedia de Tyler, mi sufrimiento tomó un nuevo significado. Pensé que si compartía mi historia ayudaría a otros en sus momentos más oscuros de humillación".

"Cumplí 40 el año pasado. Ya es momento de dejar de darle vueltas a mi pasado (y al futuro de otras personas). Estoy determinada a tener un final diferente para mi historia. Por fin decidí levantar la cabeza para tomar de vuelta mi narrativa y darle un propósito a mi pasado".

Poco tiempo después, Monica decidió hablar en contra de la cultura de humillación. Dio una charla TED que ha sido vista 12 millones de veces.

Como dice Brené Brown, una de las principales investigadoras sobre vergüenza: "El coraje comienza cuando nos mostramos y nos dejamos ver". Y eso era con exactitud lo que Monica estaba dispuesta a hacer. Se puso de pie con valentía y aceptó su historia. Salió al mundo y se expuso a más ridiculizaciones, pero lo hizo para alentar a otros a crear un mundo más compasivo con la esperanza de que menos gente volviera a experimentar la vergüenza y humillación que ella sintió.

Aunque tu historia no incluya humillación pública a escala global, todavía tienes una historia que contar y, justo como Monica, puedes buscar un propósito en las luchas que has soportado, en vez de esconder tus vulnerabilidades y no permitir que salgan.

Tal vez escojas un camino diferente para decidir un final diferente para tu historia. O quizá estás dispuesta a hablar sobre lo que has aprendido para evitar que otros repitan tus errores. Cualquiera que sea tu historia, apropiarte de ella requiere que seas vulnerable. Tienes que reconocer tus errores, afrontar tus miedos y arriesgarte a salir lastimada.

SÉ CONSCIENTE DE QUE ERES VULNERABLE

Durante la primera sesión con una antigua paciente, me dijo: "Cuando estoy en una primera cita con alguien siempre le explico que fui abusada de niña. Así, descubro en ese momento si la persona podrá con mi pasado". No es necesario decirlo, no tenía mucha suerte en el departamento del amor.

Tras conocerla un poco más, fue claro que no sólo les decía a sus posibles parejas sobre su abuso sexual. Les contaba a amigos, conocidos, colegas y desconocidos virtuales sobre su horrífico pasado. Pensaba que anunciarlo significaba que era auténtica. En realidad sacaba su historia porque no había sanado.

Sentía que cargaba con un peso, un secreto oscuro, y pensaba que la gente podía saber que había algo mal con ella sólo con verla. Así que, en un intento por aliviar su ansiedad, compartía detalles privados de su historia con casi todos los que conocía.

Mientras alguien más podía decir: "Hola, soy abogada", ella anunciaba: "Hola, soy una persona herida con un pasado doloroso". Se sentía aliviada una vez que lo dejaba salir de su pecho, pero otras personas no estaban seguras de cómo manejar esa información. Unas se retiraban y otras mostraban empatía. De cualquier modo, dañaba sus relaciones, románticas y de otros tipos.

La terapia la ayudó a sanar algunas heridas emocionales que nunca había atendido de forma correcta. Parte del proceso de sanación era aprender a reconocer que el abuso le había ocurrido, no representaba lo que era. Con el tiempo se sintió más cómoda y con menos necesidad de decirles a todos los que conocía sobre su pasado traumático. Aprendió que podía mantener detalles sobre su vida privada sin albergar un gran secreto.

Hay una gran diferencia entre privacidad y discreción. La privacidad es voluntaria. La discreción no.

Sé consciente de quién eres cuando compartes información privada. No tienes que ser vulnerable con todos los que conoces. Deberías formar una relación de confianza primero antes de compartir muchos detalles de tu vida personal. Cuando puedas hacer eso, te apropiarás de tu historia, en vez de que tu historia se apropie de ti.

PRACTICA SER VULNERABLE

Nadie se despierta un día y de pronto se hace capaz de ser humilde, escuchar críticas o bajar su guardia. Permitirte ser vulnerable es una habilidad. Y como cualquier otra, necesita práctica.

He aquí algunas preguntas que te ayudarán a ser más vulnerable:

- **¿Qué se interpone en el camino para ser vulnerable?** ¿Te da miedo que te hagan sentir muy incómoda? ¿Te da miedo lo que puedan pensar los demás? ¿No estás segura de cómo empezar? Identificar los obstáculos te ayudará a superarlos.
- **¿Con qué personas puedo ser más vulnerable?** Selecciona con cuidado a las personas con las quieres o puedes ser más vulnerable. Tu pareja, una amiga cercana o un miembro de la familia siempre son un buen lugar para empezar.
- **¿Qué cosa pequeña puedo hacer hoy para ser un poco más vulnerable?** Para algunas personas, invitar a un vecino por un café requiere mucha valentía. Después de todo, podría decir que no. Para otros, pedir ayuda es un gran paso. Identifica algo que puedas hacer y pon manos a la obra.
- **¿Cómo puedo cuidarme cuando soy vulnerable?** Piensa en las estrategias saludables que usarás para cuidarte cuando empiecen a surgir emociones incómodas. Ir a caminar, hacer respiraciones profundas, escribir un diario y ver una película divertida son algunas cosas que podrías hacer para controlar tus emociones de forma segura.

No tienes que comenzar a ser más vulnerable abriendo viejas heridas o cavando en las partes más oscuras de tu pasado. Más bien, empieza en tus conversaciones diarias con la gente. He aquí hay algunas frases que podrías incorporar para reflejar vulnerabilidad:

• Lo siento.
• Necesito ayuda.
• Cometí un error.
• Tengo miedo.
• Hirieron mis sentimientos.
• Me equivoqué.

Con la práctica, ser vulnerable se hace más fácil. Eso no significa que no saldrás herida algunas veces, pero ganarás seguridad en tu habilidad para manejar la incomodidad y estarás en camino a vivir una vida más rica y plena.

Carrera

La idea de que nunca deberías "permitir que te vean sudar" tiene sentido, en especial en el trabajo. Pero enmascarar tus debilidades, suprimir tus emociones e insistir en que tienes todo bajo control tiene un costo. Después de todo, es tonto pretender que las emociones, los problemas personales y experiencias pasadas no juegan un papel en el trabajo.

Quizá pienses que la vulnerabilidad no tiene lugar en la oficina porque las mujeres muy emocionales no son tomadas en cuenta. Pero no es necesario que derrames lágrimas en una junta para ser más vulnerable. Puedes hacerlo sin desnudar tu alma ante tu jefe. He aquí algunos ejemplos:

• Hablar en una junta cuando tienes una idea sobre cómo mejorar algo.

- Disculparte si lastimas a alguien.
- Mostrar compasión hacia una persona que tiene un momento difícil.
- Intentar algo nuevo, incluso cuando sabes que puedes fracasar.
- Anunciar tu última compañía emprendedora en redes sociales.
- Decirle a la gente sobre tu nueva idea para un producto.
- Ponerte en contacto con alguien para una posible colaboración.

Familia

Cuando una paciente descubrió que su hijo usaba el bacín entrenador de baño en la guardería se molestó. Lo había intentado en casa sin mucho éxito porque el pequeño no había mostrado ningún interés en el entrenador de baño. Dijo: "Creo que las trabajadoras de la guardería lo están apresurando para no tener que cambiar tantos pañales".

De inmediato empezó a buscar opciones de guarderías. "Quiero encontrar gente que tenga el mejor interés en mi hijo", dijo. Pero ninguna de las guarderías que contactó tenía vacantes.

Tras unos días se calmó y fue a hablar con la maestra sobre sus preocupaciones. Descubrió que su hijo había mostrado interés después de que sus compañeros empezaron el entrenamiento para ir al baño. Las trabajadoras felicitaban y animaban a los niños cada vez que usaban con éxito el baño y su hijo parecía que quería entrar en acción.

Después de escuchar la historia se sintió avergonzada. Había llegado a la conclusión de que el personal de la guardería era flojo o trataba de opacarla de algún modo. Pero debajo de su ira había dolor. Se había sentido como una madre incompetente y pensó que las trabajadoras la estaban eclipsando. Escuchar a la maestra requirió vulnerabilidad.

Es muy difícil ser vulnerable cuando sientes que tu papel como madre, esposa, hija o hermana está amenazado. Y si tu instinto es ponerte a la defensiva, puedes perder la oportunidad de crecer y hacerte más fuerte.

Cuando te sientas herida, evita llegar a conclusiones y enojarte. Respira y haz un esfuerzo consciente en ser más vulnerable.

Vida social

La tecnología ha cambiado la forma en que interactuamos con la gente. Con frecuencia se hacen invitaciones sociales a través de mensajes de texto o redes sociales. Y en vez de preguntar: "¿Quieres ir de compras conmigo?", mucha gente opta por decir cosas como: "Voy a ir de compras. Avísame si quieres ir". Escribir de esta forma significa que no tienes que afrontar el rechazo.

Y aunque también significa que no pones a alguien bajo el reflector, decir: "Puedes ir conmigo si quieres", es una manera de protegerte. Si la otra persona no responde o dice que está ocupada, duele menos que escuchar un "no" directo.

Hay muchas formas de ser más vulnerable en tus relaciones. He aquí algunos ejemplos:

- Di "te amo" primero.
- Envía una nota a alguien para decirle cuánto significa para ti.
- Habla cuando tus sentimientos estén heridos.
- Discúlpate cuando cometas un error.
- Comparte tus fracasos y momentos vergonzosos.

Ser vulnerable te hace más fuerte

Desde *Comando especial* y *Vivir con Mr. Cooper* hasta *The Talk* y *Love Inc.*, Holly Robinson Peete ha sido un ícono de la televisión por 30 años. Está casada con el mariscal de campo de la NFL Rodney Peete y juntos tienen cuatro hijos.

Pero su viaje no siempre ha sido fácil. Y a Holly no le da miedo hablar en público sobre los momentos difíciles que ha enfrentado su familia.

En el año 2000 uno de sus hijos gemelos fue diagnosticado con autismo. La presión extra de criar un hijo con necesidades especiales llevó su relación al borde del divorcio.

En una entrevista en 2010 con la revista *Redbook*, Holly dijo que ella y Rodney empezaron a distanciarse y describió el papel que jugó en la confusión. "Necesitaba ayuda, pero seguía pretendiendo que no. Así que Rodney llegaba a casa y yo sólo era muy independiente, como: 'Haz lo que tengas que hacer, yo lo llevo a la escuela, haré esto y lo otro'. Rodney nunca tuvo oportunidad de involucrarse. Le pedía que se involucrara, pero después no lo dejaba hacerlo."

Holly y Rodney buscaron ayuda con un terapeuta y su relación mejoró. Ella dijo: "Es como el dicho 'lo que no te mata te hace más fuerte'. El problema con el autismo es que no sabes si las cosas van a salir bien. Sólo tienes que modificar las expectativas. Y para eso necesitaba a Rodney, necesitaba un compañero en esa travesía".

No tenía por qué decirle a nadie sobre los momentos difíciles de su familia. Es una actriz famosa y él un exitoso atleta de la NFL retirado. Podrían actuar como si sus vidas fueran fáciles y glamorosas.

Pero decidió ser abierta sobre las dificultades que enfrentaban. Quería ayudar a otras familias que experimentaban el reto de criar a un hijo con necesidades especiales.

Su voluntad de ser auténtica y vulnerable le dio tanto cariño del público que le ofrecieron un lugar en la televisión con un *show* llamado *For Peete's Sake*. Aunque le ha costado algunas críticas por ser "aburrido" según gente como la presentadora Wendy Williams, ha dejado claro que se apega a sus valores y muestra cómo es la vida para una familia que cría a un hijo con necesidades especiales.

Aceptar los momentos que enfrentas y las emociones que experimentas no sólo te ayudará a ti. También a quienes apenas comienzan su travesía.

Si vas por la vida siempre a la defensiva, tratando de protegerte del dolor, nunca crearás tu mejor vida. Para vivir con plenitud, tienes que estar dispuesta a salir al mundo y arriesgarte a quedar herida. Ser vulnerable te ayudará a construir fuerza. Mientras más fuerte seas, más seguridad tendrás en tu habilidad de tomar riesgos emocionales.

Solución de problemas y trampas comunes

Después de compartir algo muy personal o tener una conversación honesta sobre tus sentimientos con alguien, hay grandes posibilidades de que al día siguiente despiertes en estado de pánico pensando que revelaste mucho. Pero una "cruda de vulnerabilidad" es normal si eres nueva en esto. Recuerda: es muy probable que tus miedos y pensamientos catastróficos estén exagerados. No olvides que ser vulnerable te puede ayudar a largo plazo.

Dicho eso, habrá veces en las que tal vez cruces la línea y seas demasiado vulnerable. Quizá un colega usó en tu contra algo que dijiste cuando ambos estaban aplicando para el mismo ascenso. O puede que te volvieras muy cercana a alguien con mucha rapidez (y luego te diste cuenta de que no era una buena persona). No dejes que tus errores te lleven a construir un muro permanente alrededor de ti. Aprende de ellos y no seas tan dura contigo.

Otra trampa común en la que cae la gente es confundir hacerse el duro con ser fuerte. Suprimir tus errores o negar tu dolor es hacerse el duro, no ser fuerte. Se requiere fuerza para reconocer tus debilidades y admitir tus errores. Encontrar el coraje para salir al mundo es una señal de fuerza y el proceso te ayudará a continuar construyendo músculo mental.

ES ÚTIL

- Identificar la armadura que usas para protegerte de heridas emocionales.

- Apropiarte de tu historia y no dejar que ella se apropie de ti.

- Practicar la vulnerabilidad de forma regular.

- Incorporar lenguaje vulnerable en tus conversaciones diarias.

NO ES ÚTIL

- Mantener un exterior duro para que la gente no te lastime.

- Suprimir tus emociones todo el tiempo.

- Evitar riesgos emocionales y sociales porque crees que no puedes manejar el rechazo y la decepción.

- Explotar en ira para esconder tu dolor.

4

No dejan que la falta de confianza evite que alcancen sus metas

*No pongas atención a las voces interiores que crean dolor
o te hacen sentir menos competente, lista o capaz.*

SANAYA ROMAN

Dominique sobresalió como artista en la preparatoria, pero en realidad nunca pensó en vivir del arte, al menos no hasta que se preparó para regresar al mercado laboral después de haber sido ama de casa.

Le encantaba personalizar los libros de sus hijos con ilustraciones coloridas y brillantes. Con frecuencia sus amigos le pedían hacer libros para sus hijos también. Siempre estaba feliz de hacerlo y no aceptaba dinero por su trabajo.

Ahora pensaba en empezar un negocio como ilustradora, pero no estaba segura de que su trabajo fuera lo suficientemente bueno para cobrar por él. Tras varios meses de pensarlo, no se pudo forzar a hacerlo.

Su incapacidad de actuar se convirtió en una fuente de contención en su matrimonio. Su esposo deseaba que ganara algo de dinero para quitarle presión. Dominique quería hacerlo, pero no estaba segura de que el autoempleo fuera lo mejor.

Así es como llegó a mi consultorio. Se sentía estancada y mal de que su miedo estuviera afectando a su familia. "No estoy segura de que pueda manejar mi negocio", dijo.

Cuando le pregunté por qué, respondió: "Porque no tengo idea de cómo operar un negocio. Ni siquiera estoy segura de que sea buena artista. Y no sé si pueda ganar dinero".

Entonces la interrogué: "¿Qué pensarías si alguien empezara un negocio similar y dijera 'sé todo lo necesario sobre manejar mi negocio; soy la mejor artista y estoy segura de que me haré rica'?" Dominique sonrió y dijo: "Pensaría que está confiándose de más y tal vez no sabe de lo que está hablando".

Eso abrió la puerta a una conversación sobre los peligros de la arrogancia y el exceso de confianza. Discutimos que la falta de confianza era normal y cómo podría ser una ventaja.

Entonces Dominique dijo: "¿Crees que lo puedo hacer?" Para su desaliento le respondí: "No importa si *yo* creo. Si esto es importante para ti, importa que *tú* creas que puedes hacerlo". Necesitaba aprender a confiar en su juicio.

Después de una larga pausa dijo: "Creo que puedo hacerlo. Pero tengo una irritante voz en la cabeza que me susurra: 'Vas a fracasar'". Así que desarrollamos un plan:

- **Incrementar su coraje.** Dominique necesitaba algo de coraje para equilibrar su falta de confianza. Le sugerí que escribiera toda la evidencia que apuntaba a que podía tener éxito. Desde "mi esposo tiene fe en que lo lograré" hasta "mis amigos aman las ilustraciones que les hago". La alenté a leer esa lista cuando quisiera echarse para atrás.
- **Aprender más sobre tener un negocio.** Dominique debía saber cómo operar un negocio desde casa, por ejemplo qué historial de impuestos tener y cómo anunciarse. Decidió unirse a la organización local de mujeres dueñas de negocios para recibir

más conocimiento. Aprender de otras le dio confianza y seguridad en que lo lograría.

- **Entrar en acción con un pequeño paso a la vez.** Una de las mejores cosas del negocio de Dominique es que no costaba nada lanzarlo. Estudió cómo podía avanzar, construir un sitio en internet, identificar un sector al cual dirigirlo, crear una cuenta en redes sociales para el negocio, etcétera. Enfocarse en cada pequeño objetivo evitaba que se sintiera abrumada.

Vi a Dominique sólo unas cuantas veces más en el transcurso de los siguientes meses. Pero con cada visita tenía progreso que reportar. Al final de nuestro tiempo juntas, su página de internet funcionaba y contactaba autores de libros para niños para ofrecer sus servicios. Y aunque todavía se sentía con falta de confianza sobre su negocio, estaba determinada a intentarlo.

¿Luchas con falta de autoconfianza?

Las conversaciones que tienes contigo aumentarán tu confianza para salir adelante o te quitarán la fuerza mental que necesitas para actuar. Y aunque todas lidiamos con la falta de confianza de vez en cuando, algunas personas se convencen de no alcanzar sus metas. ¿Alguna de las siguientes frases te suena familiar?

- ☐ Con frecuencia busco el consejo de otras personas porque no confío en mi propio juicio.
- ☐ No puedo trabajar si alguien me está viendo porque me da miedo estar haciendo algo mal.
- ☐ Antes de intentar algo nuevo pienso en todas las razones por las que podría fracasar.
- ☐ Con frecuencia me imagino avergonzándome.
- ☐ Me convenzo de no hacer cosas fuera de mi zona de confort.
- ☐ Necesito la aprobación de alguien más antes de tomar un riesgo.

☐ Me pongo apodos y me menosprecio.

☐ Siento que otras personas tienen más fe en mí que yo.

☐ Creo que mi falta de confianza es una señal de que no debería seguir adelante con algo.

☐ Tengo problemas tomando decisiones porque dudo que pueda triunfar.

Por qué lo hacemos

Durante una de sus sesiones, Dominique habló sobre las razones por las que dudaba de ella. Dijo: "Entré a un concurso de arte en preparatoria. No gané nada, ni siquiera una mención de honor en ninguna categoría. Eso me hizo pensar que tal vez no era tan buena como creía".

Aunque había recibido muchos elogios y críticas positivas a lo largo de los años, recordaba más las censuras, errores y fracasos.

La falta de confianza surge cuando pensamos en experiencias negativas del pasado o imaginamos cosas malas ocurriendo en nuestro futuro. Con mucha frecuencia esas imágenes mentales son exageradas o distorsionadas, pero creemos que son reales.

NOS ENSEÑAN QUE LOS NIÑOS SON BRILLANTES Y LAS NIÑAS SE ESFUERZAN MUCHO

Aunque la falta de confianza puede interponerse en el camino de quien sea, las mujeres son más propensas a lidiar con este problema. Una de las principales razones es que los pequeños crecen creyendo que los niños son inteligentes y las niñas le echan ganas.

Un estudio publicado en *Science* descubrió que a los seis años las niñas creen que los hombres son más listos y más talentosos que las mujeres. No es extraño que las chicas sean menos propensas a soñar en grande.

En la primera parte del estudio, a los niños se les contó una historia sobre alguien que es "súper inteligente". Después a los niños se les enseñó la foto de dos hombres y dos mujeres y se les pidió que identificaran a la persona inteligente. Los individuos en las imágenes aparentaban ser de la misma edad, igual de felices y estaban vestidos como profesionistas.

A los cinco años, tanto niños como niñas fueron más propensos a asociar la brillantez con su género. Los niños escogían en su mayoría hombres y las niñas, mujeres.

Pero cuando se aplicó el ejercicio a pequeños de seis y siete años, hubo un cambio significativo en sus respuestas. Casi todos pensaron que la persona brillante era un hombre. Los resultados fueron los mismos cuando se les mostraron imágenes de niños en vez de adultos.

De forma interesante, las respuestas cambiaron cuando les pidieron que seleccionaran a quien le iba mejor en la escuela (en contraposición a ser brillante). Las niñas fueron más propensas a escoger niñas, lo cual significa que su percepción de inteligencia no se basa en desempeño académico. Los investigadores sospecharon que las niñas asumían que la brillantez surgía más por un talento innato o IQ, más que por trabajo duro o logros.

En la segunda parte del estudio, a los niños se les dio la opción de jugar uno de dos juegos de mesa: uno para niños que son muy muy listos y otro para niños que se esfuerzan mucho. Los niños y niñas de cinco años fueron igual de propensos a escoger el juego para niños listos. Pero a los seis y siete años, las niñas optaron por el juego para niños que se esfuerzan, mientras que los niños continuaron prefiriendo el juego para niños listos.

Los autores del estudio dijeron: "Estos estereotipos desalientan a las mujeres a perseguir carreras de prestigio, por eso no están bien representadas en campos cuyos miembros estiman la brillantez".

¿De dónde sacan la noción de que las mujeres no son brillantes? Los estereotipos emergen casi al mismo tiempo que los niños empiezan a ir a la escuela. ¿Es posible que nuestro sistema de educación pública refuerce la idea de que las niñas se esfuerzan más pero que los niños son más inteligentes?

De forma histórica, gran parte de los grandes artistas, científicos y líderes han sido hombres. Por lo que muchas de las personas brillantes de las que aprenden los niños son varones. Y aunque los fabricantes de juguetes están tratando de terminar con los estereotipos de género, nos queda un largo camino para que las niñas pequeñas vean que pueden ser más que princesas cuando crezcan.

Si esa idea fue inculcada en ti cuando eras pequeña, aunque sea de forma sutil, es claro por qué eres más propensa a sufrir falta de confianza. Con razón las niñas no aspiran a ser tan ambiciosas como los niños.

HAY UNA DESCONEXIÓN ENTRE LO QUE DIJERON NUESTROS PADRES Y LO QUE NOS ENSEÑÓ LA SOCIEDAD

Una mujer de 32 años que entrevisté para este libro me dijo: "Me siento atrapada entre una generación de mujeres con derechos limitados y una futura generación más equitativa. Se me dijo que podía hacer lo que quisiera. Al mismo tiempo, me crio una generación que valoraba servir a sus maridos y levantaba sus platos de la comida. Tengo ciertos derechos por los que estoy agradecida, pero también veo discriminación, lo que hace que me dé cuenta de que todavía enfrento barreras que dificultan tener éxito".

Es probable que a la mayoría de las mujeres les dijeron: "Puedes hacer lo que quieras". Sus padres, maestros y otros adultos prometieron que eran tan buenas como los niños.

Pero la sociedad todavía no entiende ese concepto. Las mujeres apenas están representadas en posiciones de liderazgo y son más propensas a jugar papeles de apoyo en la mayoría de aspectos de la sociedad. Los hombres tienen más probabilidades de ser físicos, CEO y presidentes.

Aunque hemos visto mujeres ganar más oportunidades, todavía enfrentan dificultades en muchas áreas. La desconexión entre lo que se ha dicho a generaciones de mujeres y lo que vemos en realidad genera algunas preguntas.

Una encuesta de Kellogg encontró que 57% de las mujeres siente falta de confianza con mucha frecuencia. Eso significa que muchas no buscan las oportunidades que podrían ayudarlas a alcanzar su máximo potencial personal y profesional.

El énfasis en los logros también influye en la falta de confianza. Suena inspirador decirles a las chicas que pueden ser lo que quieran, pero a menos que les digamos cómo lidiar con los fracasos, errores y contratiempos, no les estamos dando las habilidades que necesitan para triunfar.

Por qué es malo

Dominique pasó toda su vida soñando con formas de vivir siendo artista. Pero su falta de confianza dañó su habilidad para crear. Dijo: "Desde que pensé en empezar un negocio me he sentido ansiosa. Y esto frena mi creatividad".

Al principio creyó que su ansiedad era una señal para no convertir su arte en un negocio. Justificaba esto diciendo: "Debería seguir como un pasatiempo". Pero en el fondo sabía que no había nada que le gustara más. Y si podía ganar dinero haciendo lo que amaba estaría viviendo su sueño.

Es fácil hacer lo mismo que Dominique: convencerte de que tu falta de confianza es tu intuición diciendo que no deberías ir hacia adelante. Pero sólo porque te preguntes si algo va a funcionar no significa que no deberías intentarlo.

LA FALTA DE AUTOCONFIANZA CAUSA DAÑO PSICOLÓGICO

Annette es una mujer de 28 años que entrevisté para este libro. Cuando le pregunté sobre su autoconfianza dijo: "Tengo una voz en la cabeza diciendo que no puedo hacer nada bien. Todo empezó con una mala relación". Hace dos años se involucró con un hombre del que todos le advirtieron. No escuchó y siguió saliendo con él. "Resultó un gran error. Tenía un mal temperamento y me pegó. Pero el abuso verbal era peor. Todos los días me decía que nunca triunfaría por mi cuenta y que no podría vivir sin él."

Tras un año de relación, Annette encontró el coraje para dejarlo. Dijo que estaba aterrada por lo que podría hacerle, pero tenía pánico de lo que podría pasar si se quedaba más tiempo.

Dijo: "Él ya no está aquí para abusar de mí de forma verbal, pero todavía escucho su voz diciéndome que no soy lo suficientemente buena y empiezo a repetirme que no hago nada bien. Se quedó en mí. No ayudó que algunos familiares me dijeran 'te dije que no era un buen hombre' después de dejarlo. Tenían razón. Me dijeron, pero yo no escuché. Ahora no me atrevo a confiar en mi propio juicio la mayoría del tiempo".

Incluso si nunca has sido víctima de violencia doméstica, es probable que por lo menos una persona te haya dicho que no eras lo suficientemente buena o que no triunfarías. A veces esas palabras se quedan en nuestro cerebro y continúan acechándonos.

Piensas, sientes y te comportas de forma diferente cuando estás segura a cuando te falta confianza. Con el tiempo, la falta de confianza seria daña tu salud mental. Un estudio de 2012, publicado en *Personality and Individual Differences*, encontró que la falta de confianza lleva a:

- **Más incomodidad con la incertidumbre.** La incertidumbre es parte de la vida. Pero la gente que lidia con poca autoconfianza siente que la incertidumbre es intolerable.
- **Mayor necesidad de aceptación de los demás.** Personas con poca autoconfianza son tan aprensivas sobre tomar una mala decisión que buscan que otros la tomen por ellas.
- **Baja autoestima.** La gente que no confía en su juicio se siente mal consigo misma. La duda afecta su desempeño y el fracaso ocasiona que su autoestima caiga aún más.

- **Niveles más altos de ansiedad y depresión.** Personas con falta de autoconfianza creen que tienen poco control sobre los resultados en su vida y son más propensas a experimentar ansiedad crónica y depresión.
- **Más procrastinación.** Personas con falta de confianza posponen el trabajo que requiere tomar decisiones porque les provoca ansiedad. También tienden a cambiar de opinión, lo que retrasa la terminación de su trabajo.

LA FALTA DE CONFIANZA SE CONVIERTE EN UNA PROFECÍA REALIZADA

Cuando crees que no puedes hacer algo, hay grandes posibilidades de que estés en lo cierto. Repetirte que vas a fracasar es la forma más rápida de asegurarlo. Por desgracia, las mujeres tienden a quedarse cortas.

Un estudio de 2003, conducido por investigadores en la Universidad Cornell, encontró que las mujeres subestiman sus habilidades mientras que los hombres sobrestiman las suyas. Cuando a los participantes se les preguntó por sus habilidades científicas, ellas se evaluaron con promedio de 6.5 y ellos con 7.6. Después de contestar preguntas sobre ciencia, las mujeres predijeron que obtendrían 5.8 preguntas correctas de 10 mientras que los hombres estimaron que tendrían 7.1. En realidad, su promedio fue casi el mismo, las mujeres obtuvieron 7.5 de 10 y los hombres 7.9.

Invitaron a los estudiantes a participar en una competencia científica antes de saber sus resultados. Sólo 49% de mujeres se inscribió, en cambio el porcentaje de hombres fue 71.

Esto podría explicar por qué las mujeres son menos propensas a pedir ascensos. Cuando piensan que no pueden hacer algo, no se molestan en intentarlo. Y subestiman lo que son capaces de hacer.

La falta de confianza también provoca que las mujeres sean menos propensas a negociar salarios más altos. Si no crees en ti, es difícil pedir más dinero.

Ya sea que quieras dejar de fumar o mejorar tu relación, la falta de confianza evitará que tengas éxito. Se convierte en un círculo vicioso difícil de romper.

He aquí un ejemplo de patrones dañinos creados por la falta de confianza en una mujer que está dando una presentación en el trabajo:

- **Pensamiento:** Esta presentación me pondrá en ridículo.
- **Sentimientos:** Miedo y vergüenza.
- **Comportamiento:** La mitad de su energía mental se dirige a criticarse durante la presentación. Ve alrededor de la habitación buscando gente que parezca en desacuerdo con su desempeño. Se confirma que nadie está interesado en lo que está diciendo y termina de hablar antes.
- **Conclusión:** Después de la presentación piensa: "Sabía que no lo podía hacer". Al final, su creencia de que es una mala oradora se refuerza y continuará lidiando con su falta de confianza.

Aquí hay otro ejemplo, pero ahora en una cita:

- **Pensamiento:** Soy muy mala haciendo conversaciones cortas. No puedo pensar en nada interesante qué decir.
- **Sentimiento:** Ansiedad.
- **Comportamiento:** Sale con temas al azar porque no soporta un segundo de silencio incómodo.
- **Conclusión:** Tras la cita, reconoce que habló de muchas cosas sin ser capaz de hacer preguntas que la ayudaran a conocer al hombre. Concluye que es una conversadora terrible.

La falta de confianza hace que cometas errores o que concluyas que nunca vas a triunfar. Esta forma de pensamiento dificulta el tomar buenas decisiones y el ciclo continúa. A veces es complicado reconocer esos patrones y ni hablar de escapar de ellos.

Qué hacer en vez de eso

Durante una de sus sesiones, Dominique explicó todas las razones por las que estaba convencida de que no pertenecía al mundo de los negocios. Dijo: "Se supone que las mujeres de negocios son seguras. Yo no tengo seguridad en mí, por eso no creo que funcione mi negocio de ilustración".

Por un lado Dominique tenía razón. Si no sentía que sus imágenes fueran buenas, le costaría trabajo cobrarle a la gente por su trabajo. Pero por el otro lado, un poco de falta de confianza no era del todo malo. Siempre y cuando la transformara en acción positiva, podría hacer avanzar su negocio.

Nuestro trabajo juntas no era para eliminar toda su falta de confianza. Si esperábamos hasta que estuviera cien por ciento segura, nunca se habría movido. En vez de eso, nos enfocamos en avanzar a pesar de su falta de confianza.

Dudar de ti no te retendrá de forma necesaria. Pero no tenerte confianza y sentir desesperanza sobre tu situación evitarán que alcances tus metas.

REGISTRA TUS EMOCIONES

Los pensamientos alimentan emociones. Pensar en cosas malas, como tener un accidente o ser despedida, dispara sentimientos de temor. Imaginarte disfrutando una maravillosa vida o pensar en tus siguientes vacaciones atrae sentimientos de felicidad.

Al revés también funciona. Tus emociones influyen en tus pensamientos. Si te sientes ansiosa por algo, piensas en todas las cosas que pueden salir mal. Cuando te sientes emocionada por una oportunidad, imaginas los mejores escenarios.

Por esto es importante estar consciente de tus emociones y cómo éstas influyen en la forma en que ves una situación. Estudios demostraron que los sentimientos de ansiedad, incluso cuando no está relacionada para nada con lo que debes de hacer, ocasionan que vayas a la segura. Por ejemplo, si estás preocupada por los recientes estudios de laboratorio de tu abuelo, serás menos propensa a tomar riesgos en el trabajo.

Un estudio de 2001, publicado en *Behavior Research and Therapy*, demostró que la ansiedad en un área de tu vida salpica otras áreas. Los investigadores les pidieron a estudiantes que predijeran cómo les iba a ir en un examen próximo. Los jóvenes que experimentaban niveles altos de ansiedad por algo, incluso cuando no tenía nada que ver con la clase, predecían que les iría mal en el examen. Su ansiedad sin relación incrementaba su falta de confianza en otras áreas de su vida.

La ansiedad no es la única emoción que aumenta la falta de autoconfianza. La tristeza también hace que vayas a lo seguro.

En un estudio de 2004, conducido por investigadores de la Universidad Carnegie Mellon, los participantes se dividieron en varios grupos. Uno vio una escena triste de la película *El campeón* (donde el maestro muere). Tras ver la escena, se les pidió escribir cómo se sentirían si estuvieran en esa situación. Este ejercicio de introspección se usó para inducir sentimientos tristes.

Después, a algunos participantes se les pidió establecer precios para unos marcadores que iban a vender. A otros se les preguntó cuánto pagarían para comprarlos.

Cuando se compararon con el grupo de control, los participantes tristes en el grupo que vendía pidieron menos dinero por sus marcadores. En el grupo que compraba gastaron más para adquirirlos.

Aunque sus sentimientos no tuvieran nada que ver con la tarea asignada, los grupos tristes mostraron diferencias significativas en sus decisiones económicas. Los investigadores sospecharon que los participantes tristes se conformaban con menos porque dudaban de su habilidad para manejar el rechazo.

Así que si estás atravesando momentos difíciles, es posible que no te atrevas a intentar cosas nuevas o a negociar un aumento porque piensas que no podrás manejar otro golpe a tu autoestima.

Estar consciente de tus emociones y etiquetar tus sentimientos como tristeza, felicidad o ansiedad te ayudará a identificar que tu falta de confianza puede ser irracional. Aprender a decirte: "Está bien, me siento ansiosa ahora, quizá me estoy subestimando" o "estoy triste hoy, así que tal vez estoy sobrestimando lo doloroso que es el rechazo", te ayudará a ganar una perspectiva más realista.

REÚNE EVIDENCIA

No toda la falta de confianza es del todo negativa. Si intento entrar a un equipo profesional de futbol, pensar: "De ninguna forma voy a entrar al equipo", podría ser un pensamiento acertado. Pero si aplico por un trabajo como terapeuta y entro a la entrevista pensando: "De ninguna forma me van a contratar", podría no ser un pensamiento acertado.

Así que, de antes que declares que toda tu falta de confianza es una verdad absoluta o ridícula, considera los hechos. Pregúntate: "¿Cuál es la evidencia de que esto es cierto?" y "¿cuál es la evidencia de que esto no es cierto?" Ver la realidad en papel te ayudará a decidir si necesitas cambiar tu forma de pensar o de comportarte.

Por ejemplo, una mujer piensa que no puede triunfar si vuelve a la universidad medio tiempo. Dibuja una línea en medio de una hoja de papel y su evidencia reunida se verá así:

Evidencia de que no tendré éxito en la universidad	Evidencia de que tendré éxito en la universidad
No he estudiado en más de 10 años.	Estoy motivada a hacerlo bien.
Tengo problemas con la autodisciplina.	Me emociona tener un título.
Fui una estudiante promedio en la preparatoria.	Terminé un programa de certificación el año pasado.
Soy desorganizada.	Puedo hacer un plan para mantenerme en curso.
No soy buena escribiendo ensayos.	Puedo pedir ayuda para escribir y editar ensayos.
Me rindo con facilidad cuando me retraso.	Tengo 20 horas a la semana para dedicarle a la escuela.

Ver la evidencia en papel te ayudará a determinar qué tan precisa es tu falta de confianza. Aunque al principio creas el 100% de lo que te dice, después de leer los hechos tal vez baje a 60%. Reducir tus creencias sólo un poco puede ser clave para ayudarte a entrar en acción.

Si tu falta de confianza está arraigada a la verdad, da pasos para incrementar tus oportunidades de triunfar. Ganar más habilidades, practicar y obtener experiencia son una forma para incrementar tus oportunidades de éxito.

Toma el caso de Dominique por ejemplo. Era un hecho que no sabía mucho sobre negocios. Así que aumentar su confianza sobre convertirse en autoempleada significaba hacer algo para incrementar sus conocimientos sobre negocios.

Si tu falta de confianza es en su mayoría irracional, lo mejor que puedes hacer es cambiar tu forma de pensar. Recuerda la evidencia que muestra tus posibilidades de triunfar cada vez que pienses que estás destinada al fracaso.

ACEPTA UN POCO DE FALTA DE CONFIANZA

La autora *bestseller* del *New York Times*, Cheryl Strayed, compartió que lidia con falta de confianza. A pesar del éxito masivo de sus libros, ser elegida para el Club de Lectura de Oprah y que su autobiografía se convirtiera en una película protagonizada por Reese Witherspoon, sigue dudando de su habilidad para escribir. En una entrevista en 2014 con la revista literaria *Booth*, dijo: "Escribir siempre está lleno de inseguridad, pero en el primer libro de verdad tuve una gran falta de autoconfianza y fue más difícil mantener la fe. Para cuando escribí *Salvaje* ya estaba familiarizada con el sentimiento de duda y autodesprecio, por lo que sólo pensé: 'Está bien, así se siente escribir un libro'".

A veces es mejor aceptar que la falta de confianza es parte del proceso. Sigue avanzando en vez de gastar tu energía obligándote a sentir seguridad. Usa tu incertidumbre para reforzar tu esfuerzo y tal vez incrementes tus oportunidades de triunfar.

Ten en mente que confiarse de más puede ser tan dañino como la falta de confianza. Alguien que piensa: "Ese examen estará bien fácil", quizá no estudie. O una persona que dice: "¡Me irá de maravilla en la entrevista!", no se molestará en prepararse.

Un estudio de 2006, publicado en *Journal of Applied Psychology*, encontró que cuando la autoconfianza aumenta, el tiempo de estudio y el desempeño en un examen disminuyen. Los estudiantes con un poco de falta de confianza fueron más propensos a tener éxito a pesar del IQ.

La investigación también demostró que un poco de falta de confianza ayuda a los atletas a desempeñarse mejor. Por ejemplo, los golfistas muy confiados juegan peor. Además, los individuos que se sienten cien por ciento confiados corren riesgos mayores sin reflexionar en sus acciones. Personas confiadas de más son propensas a estar satisfechas y, como resultado, no buscan la preparación necesaria para triunfar.

Está bien tener falta de confianza porque puede empujarte a trabajar más y hacerlo mejor. Cuando piensas que es posible fallar pondrás más esfuerzo. No esperes hasta que te sientas cien por ciento segura de que las cosas van a funcionar. Recuerda que puedes sobresalir incluso cuando sientes que te falta confianza en ti.

CONSIDERA EL PEOR ESCENARIO

Una de mis amigas hace *standup* además de sus actividades. Quiso hacerlo por años, pero la falta de confianza la paralizaba. Sabía que podía hacer reír a la gente en situaciones sociales, pero no sabía si la gente la encontraría graciosa en el escenario.

Al final tuvo que preguntarse: "¿Qué es lo peor que podría pasar?" El peor de los escenarios era que la gente no se riera. Eso significaría que un lugar lleno de gente no pensara que era graciosa, eso es todo. Se podría sentir avergonzada por un rato, pero no sería el fin del mundo.

Ya que lo pensó, la decisión de seguir adelante fue fácil. Con mucha frecuencia el peor escenario no es tan malo.

¿Qué pasa si vas a la universidad y fracasas? Perderás algo de dinero y tiempo, pero eso sería mejor que pasar toda la vida deseando haberlo intentado.

Aquí hay otro escenario: ¿Qué pasaría si inicias un negocio y fracasas? Lo mismo, perderás dinero y tiempo. Tal vez pierdas mucho dinero. Eso sería duro, pero no sería el fin del mundo. Incluso si pierdes tu casa, estarás en una situación difícil por un tiempo, pero puedes manejarlo.

¿O qué tal si tomas un trabajo nuevo y lo odias? Tal vez puedas regresar a tu antiguo empleo. O tal vez renuncies y hagas otra cosa. No sería ideal, pero tendrías opciones.

De forma irónica, el torbellino emocional (al que te expones cuando piensas que no soportarás el fracaso o tomar una mala decisión), por lo general, es más doloroso que el peor de los escenarios al que le temes. Eres más fuerte de lo que piensas y puedes aguantar la vergüenza, el rechazo o el fracaso.

Carrera

A pesar de su fama internacional e incontables premios, Maya Angelou todavía tenía una gran falta de confianza. Una vez dijo: "Cada vez que escribo un libro, cada vez que enfrento ese camino amarillo, el reto es muy grande. He escrito 11 libros, pero cada vez pienso 'oh oh, ahora sí lo van a descubrir. Jugué con todos y me van a descubrir'".

Aunque mucha gente siente falta de confianza, la mayoría no habla de eso. Así que puedes ver alrededor de un lugar y pensar que todos se sienten confiados, pero la verdad es que sin importar qué tan seguro o exitoso se vea alguien en el exterior, hay grandes posibilidades de que lidie con cierto nivel de falta de confianza en el interior.

Pero a veces pensar que estás sola en tu falta de confianza hace que te sientas fuera de lugar. Puedes pensar que todas las mujeres en una conferencia tienen la vida resuelta. O asumir que tus colegas saben más que tú porque parecen seguras. Estas suposiciones te llevan a compararte (como lo hablamos en el capítulo 2) y decidir que no perteneces al mismo lugar donde hay gente tan segura (hablaremos más sobre esto en el capítulo 13).

Asumir que todos los demás están seguros de sí también ocasiona que no apliques para un ascenso o cambio de puesto. Quizá pienses que sólo necesitas esperar porque con unos logros más o un poco de experiencia extra te sentirás segura. Pero tal vez nunca te sientas cien por ciento segura de ti. Entra en acción ahora, en tu carrera, incluso si dudas un poco de ti.

Cuando veas que estás pensando en todas las razones por las que vas a fracasar, intenta argumentar lo contrario. Pregúntate: ¿y qué tal si esto resulta mejor de lo que había imaginado? Cuando pasas unos pocos minutos pensando en el hecho de que podrías superar tus expectativas, equilibras tus predicciones catastróficas.

Familia

¿Soy una buena madre? ¿Hago suficiente por mis padres? Ésas son buenas preguntas. Reflexionar en cómo tratas a tu familia te da una percepción de los cambios que quieres hacer.

Pero a veces las mujeres se preocupan tanto por sus inseguridades que dañan sus relaciones. Fue el caso de una de mis pacientes. Dudaba de su habilidad para tomar decisiones parentales sanas, así que acudía a su esposo por ayuda, incluso en las cosas más pequeñas.

Lo llamaba mientras él iba de regreso a casa para preguntar cosas como: "Los niños quieren cenar pizza. Acaban de comer pizza el viernes, ¿está bien si les doy otra vez?" Su esposo le dijo en repetidas ocasiones que confiaba en su juicio y que quería que tomara esas pequeñas decisiones por su cuenta. Pero ella tenía tanto miedo de equivocarse que continuaba buscando su aprobación. Actuaba más como una niñera adolescente que como una madre fuerte y amorosa. Y eso afectó la relación con su esposo.

Pedir confirmación cuando la necesitas es parte de ser vulnerable (como lo hablamos en el capítulo anterior). Pero requerir confirmación constante tiene un costo para tu relación. Es importante confiar en ti lo suficiente para tomar una decisión sana por tu cuenta y no dañar tus relaciones familiares.

Vida social

La gente que escoges para que te rodee ayuda a mejorar tu seguridad o a aumentar tu falta de autoconfianza. ¿Tus amigas apoyan tus buenas ideas? ¿O señalan las razones por las que nunca triunfarás?

Tener amigas honestas y amorosas es importante. Después de todo, es bueno contar con amistades que te digan si tienes un pedazo de espinaca entre los dientes. Pero a veces la gente se rodea de individuos que critican sus planes o señalan los defectos (tal vez por celos o por su negatividad general ante la vida). Amigas como ésas pueden ser dañinas para tu bienestar psicológico.

También es fácil quedar atrapada en una rutina social, pasando tiempo con las mismas personas, haciendo lo mismo una y otra vez. Y la falta de confianza con frecuencia es la causa de eso. Tal vez tienes miedo de invitar a alguien nuevo a pasar tiempo contigo. O quizá te preocupa aventurarte fuera de tu círculo social porque dudas de tu habilidad para hacer nuevas amistades.

Considera cómo tus amigas influyen en tu seguridad. Aunque no quieras depender de ellas para sentirte bien contigo, tampoco necesitas gente cercana que te genere más falta de confianza.

Evitar que la falta de confianza se interponga en tu camino te hace más fuerte

¿Cuántos años pasarías tratando de superar un problema específico? Si tus esfuerzos fracasaran de forma repetida, ¿dudarías de tu habilidad para cambiar?

Annie Glenn era 85% tartamuda, significa que no expresaba bien el 85% de las palabras que trataba de decir. Eso hacía su vida diaria muy complicada.

Le costaba tanto trabajo decir las palabras que no podía tomar un taxi porque era imposible comunicar la dirección. No podía contestar el teléfono ni pedir ayuda para encontrar algo al comprar en una tienda.

Una vez su hija piso un clavó y Annie llamó al 911. No pudo decir ni una palabra. Incapaz de conseguir ayuda, le dio el teléfono a un vecino, quien pidió una ambulancia.

Sin lugar a dudas nunca quiso estar bajo los reflectores. Pero se casó con John Glenn, senador de Estados Unidos y el primer astronauta estadounidense en orbitar la Tierra. Todos, desde jefes de noticieros hasta presidentes, querían hablar con Annie.

Había probado terapia de lenguaje una y otra vez, pero no podía dejar de tartamudear.

En un artículo en el *Washington Post*, Annie contó los días en que estuvo bajo los reflectores pero sin ser capaz de comunicarse con claridad. Dijo: "Fueron tiempos muy complicados para mí. En tiempos de dificultad o derrota, es fácil pensar que en verdad no tenemos opciones. Que estamos atrapados. Sé que yo me sentí así. Había tratado y fracasado muchas veces".

Annie no perdió la esperanza de vencer el tartamudeo. A los 56 años, vio a un doctor en televisión hablando de un programa que ayudaba a la gente a superar este problema. Se inscribió y pasó tres semanas aprendiendo a hablar otra vez.

Durante su tratamiento no tenía permitido contactar a su familia, así que cuando llamó a John, él se sorprendió por su progreso. Ella confesó que su esposo lloró porque no podía creer que pudiera hablar. En su autobiografía, John cuenta que una de las primeras cosas que Annie le dijo fue: "John, he querido decirte esto por años. Por favor, recoge tus calcetines".

Después de su increíble transformación, Annie se convirtió en profesora adjunta del Departamento de Patologías del Lenguaje en el Departamento de Ciencias del Lenguaje y Audición de la Universidad Estatal de Ohio. También se volvió defensora de personas con discapacidad y ganó muchos premios por su contribución a la comunidad de tartamudos.

Si Annie hubiera dudado de su habilidad para cambiar, nunca habría dejado de tartamudear. Por fortuna, cada que un tratamiento fallaba se recuperaba y siguió intentando hasta que encontró algo que funcionó. Y lo hizo todo sin ninguna garantía de que mejoraría.

Cuando estás dispuesta a seguir adelante, incluso cuando no estás cien por ciento segura de que alcanzarás tus metas, puedes lograr hazañas increíbles. Cada vez que no dejas que la falta de confianza te retenga construyes un poco más de músculo mental. Y mientras más fuerte seas, más fácil será estar segura de tus habilidades.

Solución de problemas y trampas comunes

A veces, por error, las mujeres piensan que toda la falta de autoconfianza es mala. No lo es, es bueno tener un poco de inseguridad. Si alguien te sugiere invertir 500 000 pesos en una idea que te hará rica de forma rápida, pensar: "No estoy segura de recuperar mi inversión", es una señal de sabiduría. Así que no asumas que toda la falta de confianza es una señal de poca seguridad.

Otra trampa común es creer que "siempre debes seguir tus instintos". Muchas mujeres piensan que si tienen un mal presentimiento sobre algo no deben hacerlo. Pero con mucha frecuencia ese mal presentimiento es miedo que está drenando la confianza de su mente. Por eso es importante el ejercicio de reunir evidencia. Cuando veas los hechos, serás capaz de equilibrar los mensajes de tu cabeza (tus pensamientos) con los de tu corazón (tus emociones).

Muchas mujeres también creen que hay decisiones malas y buenas. Pero por lo general ése no es el caso. ¿Deberías tomar un nuevo trabajo? Habrá pros y contras de cambiar de puesto, pero no hay una respuesta correcta. Si no amas tu trabajo nuevo, no significa que tomaste una mala decisión. Recuerda que puedes estar bien, sin importar lo que pase o qué decisiones tomes.

ES ÚTIL

- Monitorear tus emociones.
- Cuestionar tus dudas.
- Examinar la evidencia detrás de tu falta de confianza.
- Considerar el peor de los escenarios.
- Aceptar un poco de inseguridad.

NO ES ÚTIL

- Creer todo lo que piensas.
- Quedar atrapada en patrones dañinos de falta de confianza e inactividad.
- Confundir miedo con intuición.
- Permitir que tus emociones generen más dudas sobre tu habilidad de triunfar.
- Esperar hasta estar cien por ciento segura para proceder.

5

No sobrepiensan todo

*Muchas veces pensar me puso triste, querida, pero hacer nunca
me entristeció… Mi precepto es: "Haz algo, hermana mía, haz
el bien si puedes, a cualquier nivel, haz algo".*

ELIZABETH GASKELL

Cuando Regina llamó para agendar su primera cita, confesó: "Necesito ayuda. Creo que me estoy volviendo loca". Durante la sesión dijo: "No puedo dormir, no me concentro en el trabajo. No puedo apagar mi cerebro".

Regina tenía cuarenta y tantos. Llevaba un par de años divorciada. Había regresado de forma reciente al mundo de las citas después de que sus amigos la convencieron de que salir con alguien a través de internet era seguro y aceptado por la sociedad. Y aunque estuvo feliz de regresar, las citas en la época de las redes sociales la hicieron caer en picada.

"No había redes sociales antes de casarme. No estoy acostumbrada a todo esto de enviar mensajes y cosas de internet— explicó—. Hace que salir sea más complicado."

Dijo: "Tengo un amigo en Facebook con el que salí una vez pero no hubo química. Todavía les da 'me gusta' a mis publicaciones. ¿Debería eliminarlo de mis amigos ahora que tengo una relación más seria?"

Así eran las preguntas que la mantenían despierta durante la noche. Cuando pedía consejos a sus amigos, con frecuencia recibía opiniones opuestas, lo que empeoraba su ansiedad.

Pero sus dudas y preocupaciones iban más allá de las etiquetas en redes sociales. Pasaba mucho tiempo investigando a Kurt, el hombre con el que salía. Pensaba que si investigaba lo suficiente podría asegurarse de que era un buen partido para ella.

Escribió su nombre en cada buscador que encontró. Revisó todas las publicaciones que había hecho en redes sociales. Cuando terminó con eso, empezó a leer las páginas de sus amigos para ver si le decían algo. Al final, terminó inspeccionando las cuentas en redes sociales de la exesposa de Kurt para ver si podía aprender más sobre él.

Le pregunté si su investigación le daba paz mental y dijo: "Bueno, no encontré nada que me haga pensar que es deshonesto y no vi ninguna señal de alerta. Pero voy a seguir buscando". Con Kurt no le preocupaba su seguridad física, sino la emocional. Quería asegurarse de que no la fuera a engañar.

Le pregunté cómo impactaba su investigación en la relación. Dijo: "Creo que estoy juntando pistas. Si menciona el nombre de un amigo o familiar, lo anoto para poder buscar a esa persona después. Quiero saber todo lo que pueda sobre la gente con la que se junta".

Aunque investigar un poco para sentirse segura fue sabio, Regina se había obsesionado con investigar a Kurt. Analizar cada comentario, pedazo de información o interacción no la ayudaba a sentirse más segura. De hecho, mientras más tiempo pasaba pensando en todo, más abrumada se sentía.

Necesitaba aceptar que hay un nivel de incertidumbre que viene con las relaciones nuevas. Reducir su angustia significaba que tenía que dejar de invertir tantas horas investigando a los amigos y familiares de Kurt en redes sociales.

Regina dudaba en dejar la "investigación" sobre Kurt, así que tuvimos que ver cuánto le estaba costando. Aunque empezó haciendo una pequeña investigación que le diera un poco de paz, ahora veía que era contraproducente. En vez de enfocarse en construir una relación amorosa y confiable, invertía su energía en tratar de encontrar información que lo desacreditara. Una vez que aceptó dejar de investigarlo por una semana (sólo para ver qué pasaba), descubrió que era capaz de disfrutar más el tiempo con Kurt. Sobrepensar no resolvía su miedo e incertidumbre, los estaba avivando. Cuando cambió su comportamiento, pudo dejar de pensar demasiado en su relación. Esto la ayudó a estar en el momento con Kurt cuando pasaban tiempo juntos y fue más capaz de enfocarse en actividades sanas cuando estaban separados.

¿Piensas de más las cosas?

La autorreflexión y la conciencia de uno mismo son sanas. Pero analizar de más, obsesionarse y preocuparse, te roban la alegría y dificultan tu funcionamiento. ¿Alguna de las siguientes frases te suena familiar?

☐ Con frecuencia repito en la mente discusiones que tuve con personas y pienso en todo lo que desearía haber dicho.
☐ Revivo momentos vergonzosos en mi cabeza de forma repetida.
☐ Me preocupo por cosas que tal vez no pasen.
☐ Me pregunto ¿qué pasaría si...?
☐ Cuando alguien dice algo que no me gusta, le repito en mi cabeza todo el tiempo.
☐ Paso mucho tiempo pensando en el significado oculto de las cosas que dice la gente o eventos que pasan.
☐ Tengo problemas durmiendo porque hay muchas cosas pasando por mi cabeza.
☐ A veces no soy consciente de lo que pasa a mi alrededor porque estoy obsesionada con algo más.
☐ Me resulta difícil pensar en algo más cuando empiezo a pensar en mis fracasos.
☐ Pienso en mis errores con frecuencia.

Por qué lo hacemos

Tras muchos años de matrimonio, Regina descubrió que su esposo tenía conversaciones íntimas con otras mujeres en internet. Nunca pensó que él le pudiera hacer eso. Sus acciones hicieron que Regina se cuestionara toda la relación y los llevó al divorcio.

En un intento de prevenir que algo así le sucediera de nuevo, decidió que debía investigar todo lo que pudiera sobre cualquier hombre con el que saliera. No quería que la tomara por sorpresa ningún infiel o alguien que guardara secretos de nuevo. Pero mientras más investigaba, más obligada se sentía a continuar.

Aunque el dolor lleva a pensar las cosas de más, no es la única razón por la que las mujeres se estancan. Hay muchas causas por las que terminan analizando de más y asumiendo todo.

LAS MUJERES SON MÁS PROPENSAS A PENSAR MUCHO

Es probable que todos pensemos de más en algún momento. ¿Alguna vez has pasado días pensando en cómo dar malas noticias y cuando por fin lo haces no era para tanto? ¿O has pasado semanas tomando una decisión como si tu vida dependiera de eso y al final en realidad tu decisión no importaba?

Sobrepensar incluye uno (o ambos) de estos patrones de pensamiento destructivos: rumiar y preocupación incesante.

Rumiar implica pensar en tu angustia y en sus posibles causas y consecuencias. Así que en vez de pensar en soluciones, rumiar es sobreenfocarte en tus problemas. Con frecuencia en el pasado o en cosas que no puedes cambiar. Rumiar incluye pensamientos como:

- Me avergoncé en frente de todos. Siempre suelto cosas sin pensar. Deben pensar que soy una idiota. Seguro hablaron de mí después de irme.

- Debí aceptar el otro empleo cuando pude. Sería más feliz ahí. Pero fui muy cobarde para mudarme y ahora arruiné toda mi vida.
- Desearía hablar durante la conversación, pero me enojo tanto que no puedo pensar con claridad. Pude haberle dicho que estaba poniendo palabras en mi boca. Debí recordarle todo lo que ha hecho para estropear las cosas.

La preocupación persistente implica predicciones negativas (con frecuencia catastróficas) sobre el futuro. La preocupación persistente incluye pensamientos como:

- Nunca saldré de mis deudas y no seré capaz de tener dinero suficiente para retirarme. Terminaré pobre cuando sea grande y tendré una vida miserable.
- Me voy a avergonzar en la cena de mañana. Todos se conocen entre sí y tendrán cosas de qué hablar. Seré la persona extraña que no se acopla.
- Mis hijos nunca van a obtener empleo. Van a terminar viviendo conmigo para siempre. No van a querer ser independientes y esperarán que yo los mantenga.

Estudios muestran de forma constante que las mujeres rumian y se preocupan más que los hombres, en parte por diferencias anatómicas en el cerebro. Investigadores de las Clínicas Amen en California analizaron datos de más de 45 000 personas. Basados en información de imágenes cerebrales, concluyeron que el cerebro de la mujer es más activo que el del hombre de forma significativa. El flujo sanguíneo es mayor en partes del cerebro femenino que incrementan la habilidad de concentrarse y enfatizar así como en regiones que contribuyen a la ansiedad.

Científicos dicen que esto podría explicar por qué las mujeres son más susceptibles a ciertos desórdenes mentales, como el Alzheimer, y por qué los hombres son más propensos a tener otros desórdenes, como ADHD. Así que la neurociencia es una de las razones por la que tu cerebro trabaja a toda máquina, pero no la única.

La siguiente razón es como preguntarse ¿quién vino primero, el huevo o la gallina? ¿Las mujeres tienen más tareas domésticas (como llevar el calendario familiar) porque piensan más? ¿O piensan más porque tienen muchas responsabilidades que manejar?

Tengo una amiga que se preocupa mucho. Siempre dice: "Mi esposo no se preocupa para nada, así que me tengo que preocupar por los dos". Aunque está bromeando, hay un poco de verdad en eso.

Un estudio de 2008 examinó los papeles que juegan los padres al llevar el horario de la familia. Descubrieron que las madres invierten mucha más energía en organizar el calendario y hacer preparativos. Así que mientras los padres fueron más propensos a ayudar con deportes, las madres fueron más propensas a organizar el transporte, papeleo y mantener un registro del horario.

Los investigadores también notaron que las horas pagadas de las madres aumentaban cuando las actividades de los hijos disminuían, lo que significa que mientras menos actividades extracurriculares tiene un niño, más tiempo trabaja la madre y recibe pago por eso. Y mientras más clases de piano toma un niño, menos horas trabaja la madre. Las horas de trabajo del padre fueron menos propensas a verse afectadas por las actividades extracurriculares de los niños.

Aunque éste no es el caso de todas las familias, es una dinámica común e injusta en casi todas las que conozco. Los padres llegan al partido de futbol del niño y lo observan mientras las madres tienen que resolver cómo compartirán el auto y se aseguran de que el uniforme esté limpio. Las mujeres tienden a planificar los detalles de una fiesta mientras los hombres están a cargo de la parrillada.

Toda esa planificación y preparación puede ser parte de la razón por la que las mujeres piensan mucho. Tienen muchas cosas qué preparar si quieren mantener a la ocupada familia funcionando como una máquina perfecta.

LA AUTORREFLEXIÓN SALE MAL

Una paciente solía preguntarme: "¿Por qué crees que hice eso?", como 10 veces en cada sesión. Ya fuera quedarse una noche despierta más tiempo de lo normal o llamar a una amiga con la que no había hablado en meses, quería respuestas rápidas sobre el porqué de sus decisiones.

No estaba satisfecha con respuestas simples, como: "Tal vez te dormiste hasta tarde porque no estabas cansada" o "quizá llamaste a tu amiga porque algo te la recordó en el día".

Insistía en que debían existir razones más profundas detrás de su comportamiento. Decía: "Creo que el universo trata de mandarme un mensaje. Y si estoy abierta a él, tal vez gane más entendimiento".

En su búsqueda por un significado más profundo, hacía preguntas como: "¿Crees que me quedé despierta hasta tarde porque en realidad me quería castigar? ¿O tal vez mi subconsciente sabía que mientras más pronto me fuera a dormir, más pronto despertaría a enfrentar el día y había algo que no quería enfrentar?"

También tenía teorías de por qué había contactado a su amiga. "Creo que le temo a la soledad. Eso me remonta a mi infancia. Me mudé cuando iba en tercero de primaria y a esa edad no podíamos mantenernos en contacto, porque no teníamos teléfonos o carros ni nada. Así que creo que no hablar con mi amiga por años de alguna forma fue como recrear el trauma que sufrí en tercero de primaria. ¿Crees que es posible?"

También analizaba cada movimiento mío. Un día me dijo: "Por lo general me ves en las mañanas, pero dijiste que no tenías tiempo esta semana. ¿La verdadera razón es porque querías ver cómo es mi humor en las tardes?"

Cuando le dije: "No, sólo no tenía tiempo disponible en las mañanas", asintió con la cabeza como si entendiera. Pero minutos después preguntó: "¿Me dirías si ésa fuera la verdadera razón o sólo lo dirías para evaluarme en la tarde sin que yo supiera que lo estás haciendo?

Porque si lo supiera, tal vez no actuaría igual y no podrías ver cómo actúo normalmente en las tardes".

Escucharla era muy cansado. Sólo imaginaba qué sentiría ser bombardeada con ese tipo de diálogo interno todo el día.

Pensaba que estaba buscando iluminación y asumió que estaba mejorando su autoconsciencia. En realidad se estaba volviendo loca tratando de encontrar un significado oculto en todo. Era el ejemplo perfecto de cuando la autorreflexión sale mal. Confundía el sobrepensar con autorreflexión.

Es importante obtener más entendimiento de ti. Sí, a veces eso significa reconocer cómo tu infancia o tus heridas emocionales abiertas afectan la forma en que actúas. La reflexión te ayuda a aprender, pero darles vueltas a las mismas cosas una y otra vez no lleva a la sabiduría.

Por qué es malo

Regina no era capaz de disfrutar su relación porque estaba convencida de que necesitaba "descubrir" algo sobre Kurt. Una semana dijo: "Veo a Kurt un total de cinco o seis horas a la semana, pero pierdo el doble de tiempo investigándolo en internet". Cuando no estaba buscando a sus amigos o familiares en redes sociales, les pedía a sus amigas que interpretaran su último mensaje de texto.

Y sus prácticas de investigación dañaban la relación más de lo que ayudaban. Dijo: "Una vez le apliqué la ley del hielo a Kurt porque otra mujer le dijo que se veía bien en una de sus fotos de Facebook. Pensé que me estaba engañando pero después descubrí que era su prima".

Aunque en el fondo sabía que sus prácticas no ayudaban, tenía miedo de parar. Pensaba que se perdería algo importante, así que continuaba analizando cada pedazo de información y con frecuencia sus suposiciones y conclusiones estaban equivocadas. Su relación podía tener potencial, pero cuestionarla así arruinaría su oportunidad de formar una conexión significativa y de confianza.

Pensar mucho no va a resolver tus problemas. De hecho, es probable que cree nuevos.

SOBREPENSAR HACE LA VIDA MÁS DIFÍCIL

Pensar mucho no sólo es un hábito aburrido. Puede causar un daño serio en tu bienestar. He aquí algunas formas en que pensar de más disminuirá tu calidad de vida:

- **Incrementa los problemas de salud mental.** Un estudio de 2013, publicado en *Journal of Abnormal Psychology*, descubrió que obsesionarte con tus defectos, errores y problemas puede llevarte a la depresión y ansiedad. La rumiación te lleva a un ciclo difícil de romper, sobrepensar crea problemas de salud mental, y mientras ésta decae, tu tendencia a rumiar aumenta.
- **Exacerba problemas mentales existentes.** Cuando pasa algo malo, ya sea un inconveniente menor o una adversidad mayor, revivirlo una y otra vez reduce tu resiliencia.
- **Lleva a parálisis de análisis.** Las personas que sobrepiensan creen que se están ayudando al revisar sus problemas de forma repetida. Pero, de hecho, la rumiación interfiere con la solución de problemas. No puedes desarrollar una solución cuando le estás dando vueltas a un problema.
- **A veces guía a un comportamiento dañino.** Un estudio de 2008, publicado en *Perspectives on Psychological Science*, ligó la rumiación con estrategias dañinas para lidiar con problemas, como darse atracones de comida, de bebidas y autolesionarse.

Interfiere con el sueño. No te parecerá una sorpresa escuchar que no puedes dormir cuando sientes que tu mente no se queda quieta. Muchos estudios, incluidos uno de 2013 publicado en *Personality and Individual Differences*, han confirmado que la rumiación y la preocupación llevan a menos horas de sueño. Y desvelarse no ayuda.

Sobrepensar también afecta la calidad del sueño. Es difícil llegar a un sueño profundo cuando tu cerebro está trabajando de más.

PENSAR MUCHO DAÑA TUS RELACIONES

Cuando estaba en la universidad había una estudiante que vivía en la misma residencia que con regularidad preguntaba a las otras qué ropa debía usar. A veces iba de puerta en puerta pidiendo opiniones. Aunque la mayoría era lo suficientemente amable para decirle qué conjunto se veía mejor, en realidad a nadie le importaba qué se ponía para ir a clase de cálculo o al gimnasio.

En un momento, compró tres chamarras para el invierno y les dejó las etiquetas. Después les preguntó a todos en la residencia de estudiantes. Cuando terminó, regresó las dos chamarras que recibieron menos votos.

Quizá pensaba que usar ropa agradable para los demás le ayudaría a hacer amigos. Pero lo irónico era que la gente estaba molesta con su indecisión.

Aunque las personas que piensan de más no pretenden volver loco a nadie, con frecuencia lo hacen. Piden consejos que rechazan tomar. O discuten situaciones con cualquiera que sea lo suficientemente amable para escuchar. Ofrecer confirmación constante o tratar de persuadir con frecuencia... cansa a los amigos y a la familia.

Qué hacer en vez de eso

Regina tuvo que dejar de satisfacer su deseo de sobrepensar en su relación. Es decir, resistir la necesidad de buscar a Kurt en internet todo el tiempo. Y debía dejar de pedirles ayuda a sus amigos para analizar su relación. Mientras más hablaba de eso, más lo investigaba. Y mientras más lo investigaba, más pensaba demasiado en todo.

Cuando Regina se sentía ansiosa recurría a las redes sociales para aprender más sobre Kurt y todos aquellos relacionados con él. En vez de ayudarla a sentirse mejor, sus investigaciones avivaron su ansiedad aún más. Ponerle fin a esto significaba que tenía que encontrar algo qué hacer cuando se sintiera ansiosa.

Comenzó a preguntarse: "¿Qué hacer para mejorar nuestra relación?" Después le mandaba un mensaje a Kurt diciéndole que estaba pensando en ellos. O planeaba una cita especial con él. Y aunque al principio fue difícil, vio que le ayudaba a volcar su energía en algo que ayudara su relación, en vez de dañarla.

Desarrollar una relación sana también significó hablar de forma directa con Kurt cuando tenía preguntas o preocupaciones. Tuvo que ser vulnerable (como hablamos en el capítulo 4) y conquistar algo de su falta de confianza (como lo discutimos en el capítulo 3).

DIFERENCIA ENTRE SOBREPENSAR Y SOLUCIÓN DE PROBLEMAS

La preparación y la planeación son estrategias sólidas para lidiar con problemas. Puedes identificar una forma creativa de lidiar con un reto o desarrollar un plan para prevenir que repitas errores. Ya sea que estés lidiando con problemas en tu relación, problemas relacionados con el trabajo o dilemas financieros, enfocar tu energía mental al obstáculo te ayuda a desarrollar soluciones efectivas.

Pero si pasas horas analizando tus problemas, podrías generarte más angustia. Cuando estás de mal humor, al enfocarte en las cosas que te hacen sentir mal te sentirás peor. Cuando estás ansiosa, imaginar cosas malas pasándote te mantendrá en un estado perpetuo de ansiedad.

La diferencia entre sobrepensar y la solución de problemas no tiene que ver con el tiempo que inviertes, sino con la forma en que piensas. Cuando te encuentres pensando en un problema o en un evento angustiante, hazte las siguientes preguntas:

- **¿Hay solución para este problema?** Algunos problemas no se pueden resolver. No puedes desaparecer la enfermedad de un ser querido o un evento traumático que ya pasó. Obsesionarse con cosas de forma improductiva puede ser perjudicial para tu bienestar psicológico.

- **¿Me estoy enfocando en el problema o buscando una solución?** Si estás enfrentando un problema económico, buscar estrategias para ganar más dinero o pagar tus deudas puede ser de ayuda. Pero imaginarte como una persona sin hogar o sobre lo injusta que es tu situación económica te mantendrá estancada.
- **¿Qué logro al pensar esto?** Si estás tratando de obtener una nueva perspectiva de manera proactiva, encontrarás que pensar en un problema es útil. Pero si estás dándole vueltas de forma repetida a la manera en que te gustaría que fueran las cosas o imaginando todo lo que podría salir mal (sin identificar acciones que te ayuden a tener éxito), estás sobrepensando.

Hacerte estas preguntas te ayudará a identificar cuándo estás pensando demasiado las cosas. Al decidir que tus reflexiones no son productivas te acercas a la solución del problema. Los siguientes ejercicios te ayudarán cuando tienes problemas para dejar de sobrepensar.

AGENDAR TIEMPO PARA PREOCUPARSE

Si tu meta es reducir la preocupación, agendar tiempo para preocuparse suena absurdo, pero en realidad funciona. Si limitas tu preocupación a un marco de tiempo específico, no te preocuparás todo el día.

Esta teoría ya tiene un tiempo, y por fin, investigadores holandeses la pusieron a prueba. Descubrieron que la gente que programa su preocupación reduce su ansiedad y depresión de forma significativa más que la gente que confía en tratamientos tradicionales.

Los investigadores descubrieron que contener la preocupación en un momento específico del día requiere de un proceso de cuatro tiempos:

1) Identifica cuando estás preocupada.
2) Establece un tiempo y lugar específicos para pensar en tus preocupaciones.
3) Cuando te atrapes preocupándote, posponlo y mantente enfocada en lo que estás haciendo.
4) Usa tu "tiempo de preocupación" para resolver los problemas que te preocupan.

Digamos que decides preocuparte de 8:00 a 8:30 p. m. cada noche. Cuando veas que te estás preocupando en otro horario durante el día, recuérdate que no es el momento. Te podrías decir: "Me preocuparé de eso en la noche, pero ahora mi trabajo es enfocarme en terminar este reporte". Después, a las 8:00 p. m. piensa en las cosas que te preocuparon durante el día y ve si puedes resolver algún problema, reducir riesgos o crear un plan para actuar de forma positiva.

Puedes decidir escribir tus preocupaciones durante tu tiempo de preocupaciones. O sólo sentarte y pensar.

Es una estrategia que he recomendado a muchos pacientes a lo largo de los años y la mayoría la encontró muy efectiva. En vez de permitir que sus preocupaciones afectaran su caminata de una hora diaria, descubrieron que eran capaces de contenerlas en una parte específica del día.

CAMBIA EL CANAL

Ya sea que no puedas dejar de pensar en el comentario negativo que alguien hizo o que sigas repitiendo el momento vergonzoso que viviste la semana pasada, es difícil "desatascar" tu cerebro. Pero decirte "no pienses en eso" no funcionará (a menos que tengas un "tiempo de preocupaciones" para volver a eso).

La distracción puede ser una buena forma de dirigir tu cerebro hacia algo más productivo. En terapia, con frecuencia nos referimos a esto como "cambiar de canal".

Así que en vez de sentarte en el sillón y pensar en ese problema del trabajo, levántate y muévete. Pon música y barre el piso. O llama a una amiga para hablar sobre algo diferente por completo.

Si necesitas un cambio de escenario, ve afuera o a otro cuarto. O tal vez requieres poner tu cuerpo en movimiento, pon música y baila. Encuentra algo que te ayude a cambiar el canal en tu cerebro. Cuando empieces a hacer algo más, tu cerebro pensará en otras cosas. Y eso te ayudará a sentirte mejor.

Cambiar de canal funciona bien cuando sólo estás dándole vueltas a algo que ya pasó o preocupándote por cosas en el futuro que podrían no suceder. ¿Pero qué hay de las cosas de las que sí tienes control?

¿No deberías invertir mucho tiempo pensando si comprar o no esa casa? ¿No deberías pasar más tiempo sobrepensando en el cambio de carrera que estás considerando? Bueno, pensar más no te llevará a una epifanía de forma necesaria. De hecho, investigaciones muestran que cambiar de canal te ayuda a resolver problemas complejos.

En un estudio de 2010 publicado en *Psychological Science*, investigadores examinaron cómo un periodo de incubación afectaba las decisiones. En el primer experimento se les pidió a los participantes que evaluaran potenciales compañeros de cuarto. Después a un grupo se le pidió de inmediato su decisión después de la evaluación. Al otro grupo se le dio un anagrama para completar en varios minutos antes de preguntarle por su decisión. Los participantes a quienes se les dio una tarea no relacionada para trabajar por unos minutos tomaron mejores decisiones.

En un segundo experimento, a los participantes se les pidió que evaluaran potenciales candidatos para un trabajo. El resultado fue el mismo, las personas que tuvieron un pequeño periodo de incubación antes de tomar una decisión hicieron elecciones más sabias.

Muchos otros estudios han arrojado resultados similares, tomar tiempo para *no* pensar en el problema puede llevar a una mejor decisión. Tu mente subconsciente es muy astuta y darle a tu cerebro una oportunidad para desarrollar soluciones en el trasfondo ayuda a tomar mejores decisiones.

Así que cuando te veas tentada a estar despierta hasta tarde pensando en un problema, será mejor que duermas con él. Tal vez tu cerebro resuelva el problema por ti. O la próxima vez que quieras hablar de todas tus opciones con tu pareja por decimoquinta vez, ve a hacer algo más. Un rayo de inspiración puede llegarte cuando estés trabajando en el jardín o limpiando los closets.

PRACTICA HABILIDADES DE *MINDFULNESS*

Una vez tuve una paciente que llegó a mi consultorio diciendo: "No puedo dormir por las noches. Mi mente no se calla". Dijo que daba vueltas en la cama por horas porque no podía dejar de pensar en todas las cosas que habían pasado en el día o en todas las cosas que tenía que hacer al día siguiente.

Su solución era prender la televisión. Si escuchaba un programa de fondo, calmaba todo el ruido en su cabeza lo suficiente para ayudarla a dormir. Pero la televisión impedía que su esposo durmiera y se iba al sillón todas las noches.

Primero su médico le recetó pastillas para dormir, pero después la canalizó a terapia. Cuando llegó a su primera sesión dijo: "Al parecer, mi doctor cree que hablar sobre el hecho de que no puedo dormir me ayudará. Eso no tiene sentido".

En parte tenía razón, hablar sobre el hecho de que le costaba trabajo quedarse dormida la pondría más ansiosa. (Con frecuencia la gente que no puede dormir se preocupa por no poder hacerlo y esa ansiedad hace que sea más difícil dormir.)

Necesitaba aprender habilidades de relajación que la ayudaran a reducir los pensamientos que la abrumaban de noche. Así que empecé a hablarle de *mindfulness*. Accedió darle una oportunidad y después de unas semanas reportó que ya no necesitaba la televisión para dormir, porque su cerebro estaba más tranquilo.

Mindfulness (atención plena o concientización) implica estar presente en el momento. Cuando estás consciente de lo que pasa ahora, de lo que ves, los sonidos, olores y sabores, tu mente no se preocupa de nada más. Los beneficios se extienden más allá del tiempo en el que la practicas, ya que reduce tu tendencia a rumiar.

La meta de *mindfulness* es poner atención al momento presente sin juicios. Hay muchas formas de ser más consciente. He aquí algunos pasos básicos:

1) **Observa lo que está pasando justo ahora.** Sin importar donde estés, haz una pausa y pon atención en lo que sucede. ¿Qué escuchas? ¿Qué ves? ¿Qué saboreas? ¿Qué hueles? ¿Qué sientes?

2) **Deja que los juicios pasen de largo.** Toma nota de los juicios que tienes, pero no les pongas mucha atención. Imagina que sólo pasan flotando por tu cerebro. No luches con ellos y no te juzgues por juzgar.

3) **Regresa a observar el presente.** Tu mente querrá pasear o tal vez quede atrapada en alguno de tus juicios. Sólo regresa tu atención al momento presente.

4) **Trátate con amabilidad.** *Mindfulness* es una habilidad que requiere práctica. Tu mente divagará. No te juzgues por eso. Sólo regresa tu atención al presente una y otra vez.

Si necesitas más estructura para practicar la atención plena de forma regular, hay muchas aplicaciones, libros, videos y audios disponibles. Incluso hay grupos de *mindfulness* donde puedes aprender y practicar las habilidades.

Carrera

En el caso de Regina, su misión de estudiar a los amigos y familiares de Kurt empezó a afectar más que sólo su relación. Estaba teniendo problemas para enfocarse en otras cosas porque eso absorbía toda su atención.

Se encontró usando el tiempo de su trabajo para hacer investigaciones y admitió que afectó su productividad. Se sentía distraída en los días que recibía algún chisme o en momentos en que tenía más cosas de las que quería para investigar.

A pesar de la baja en su productividad, Regina en realidad no se preocupó por el trabajo. De hecho estaba tan angustiada por investigar sobre su novio que no se preocupaba lo suficiente por el trabajo.

Para algunas personas que sobrepiensan, las preocupaciones por el trabajo hacen que su cerebro trabaje de más. Se preocupan de forma constante sobre si tomar un ascenso, aceptar una posición nueva o cambiar de trabajo. O le dan vueltas en la cabeza a reuniones de negocios una y otra vez hasta el anochecer.

Si ves que estás convencida de que cometiste un error que mató tu carrera o que estás en un trabajo sin futuro, recuerda que tienes opciones. Y no comiences a pensar que es muy tarde o que estás muy vieja. Muchas mujeres exitosas han cambiado de carreras en momentos muy avanzados de su vida.

Si luchas por dejar de pensar en el trabajo en tu tiempo libre, intenta establecer espacios para preocuparte por ese tema de forma específica. Contén tu preocupación en el trayecto a la oficina o en tu tiempo de comida y te liberarás para enfocarte en tu vida personal fuera de la oficina.

Familia

La familia puede ser una buena fuente de rumiación. ¿Por qué mis padres prefieren a mi hermano? ¿Por qué mi mamá se quedó con mi padrastro? ¿Por qué mi familia no puede aceptarme como soy?

La familia también puede generar muchas preocupaciones. ¿Mi hermana dejará de tomar? ¿Mi suegra me despreciará en la reunión familiar? ¿Mis padres serán los abuelos que quiero que sean?

Sanar viejas heridas que surgen de problemas familiares puede ser la clave para dejar de pensar de más. Y con mucha frecuencia eso significa atravesar un proceso doloroso, incluso para familiares que todavía viven.

Tal vez necesites llorar porque tu infancia fue menos que idílica. O tal vez tengas que aceptar el hecho de que tu madre no te acepta tal como eres.

Sanar no implica revivir tu infancia o desear que las cosas fueran diferentes. Si tienes problemas familiares sin resolver que te están causando dolor, tienes dos opciones: cambia la situación o cambia la forma en que piensas.

Cambiar la situación podría implicar cualquier cosa como limitar el contacto con algún miembro de la familia o pasar tiempo con un familiar sólo cuando está sobrio. Cambiar la forma en que piensas implica cambiar el canal cada que vez que empieces a darle vueltas en la cabeza a tu infancia o apropiarte de tu historia (como lo discutimos en el capítulo 3).

Vida social

Una vez una mujer llegó a mi consultorio diciendo: "Me siento como una perdedora. No tengo amigos". Desde que se convirtió en ama de casa le resultaba muy difícil socializar. Había perdido contacto con la mayoría de la gente con la que trabajaba y tenía poco en común con sus amigos de la universidad.

"Hablo con otras mamás cuando espero a mis hijos en las clases de natación o en los partidos de futbol, pero no las veo fuera de esas actividades. No puedo preguntar: '¿Quieres ser mi amiga?', porque suena estúpido, pero no sé qué otra cosa decir: 'Hay que salir alguna vez'. No quiero sonar desesperada aunque me sienta así."

Me explicó lo lejos que llegó para hacer plática con otras madres. "A veces escribo temas de conversación antes de ir a alguna de las actividades donde sé que veré a algunas de las mamás que conozco, sólo para estar segura de que tengo algo que decir, pero nunca sale nada de eso. Todavía no tengo a nadie que pueda llamar amiga", dijo.

Me compartió más cosas que hacía para prepararse para estos encuentros con otras mamás, seguía el rastro de cosas que les gustaban e intentaba hablar de temas que sabía que les podrían interesar. Invirtió mucho tiempo tratando de averiguar cómo hacer que estas mamás quisieran ser sus amigas.

A pesar de todo su esfuerzo, nunca invitaba a otra mamá por un café o sugería una cita de juegos para sus hijos. Estaba tan nerviosa de no poder hacer amigos que olvidaba invitar a las personas a pasar algo de tiempo con ella. En cuanto hizo unas cuantas invitaciones, descubrió que otras mamás estaban ansiosas por conocerla mejor.

El simple consejo que les damos a los niños, la mejor forma de hacer amigos es ser uno, también vale para los adultos. Apegarte a los consejos simples evita que sobrepienses en tus relaciones.

Estar presente en el momento te hace más fuerte

Oprah tiene muchas cosas en qué pensar. La han llamado la "mujer afroamericana más rica" y la "reina de todos los medios". Aunque *The Oprah Winfrey Show* lleva años fuera del aire, todavía llega a miles de personas cada semana a través de su cadena televisiva y revista.

Nunca le ha dado pena compartir sus momentos difíciles. Desde su historia de haber sufrido abuso sexual hasta haber crecido en pobreza, ha superado muchas adversidades.

Admite que mucha de su fuerza interna viene de la meditación. En un artículo para O, The Oprah Magazine, escribió: "De forma constante, el mundo exterior trata de convencerte de que no eres suficiente. Pero no tienes que picar el anzuelo. La meditación te ayuda a resistir". Reconoce que es fan de la meditación formal, pero practica *mindfulness* durante el día para estar presente en el momento todo el tiempo. Dice: "Es un estado de ánimo intensificado que permite que cualquier cosa que estés haciendo sea lo mejor de tu vida, de momento a momento increíble".

Si Oprah desperdiciara su energía de forma constante pensando una y otra vez en cosas que pasaron o en cada entrevista o conversación que ha tenido, no sería capaz de lograr tanto. De forma similar, si hubiera gastado todo su tiempo y energía preocupándose por todas las cosas malas que podrían pasar en el futuro, le habría costado trabajo tomar las decisiones necesarias que la ayudaron a llegar a donde está hoy. Su deseo de estar en el momento la ayuda a disfrutar la vida de forma plena mientras inspira a millones de personas a dar lo mejor de sí.

Sobrepensar hace que te pierdas las cosas que suceden frente a ti en este momento. No puedes estar en el presente cuando estás pensando en lo que pasó ayer o preocupada por lo que pasará mañana. Te volverás más fuerte cuando dejes de gastar tu tiempo y energía pensando demasiado en todo.

Solución de problemas y trampas comunes

Si tienes una enfermedad mental, como depresión o ansiedad, serás más propensa a rumiar y preocuparte. Pero eso no significa que no seas fuerte. Significa que deberías buscar ayuda profesional. Habla con tu médico y pregunta el procedimiento para ver a un psicólogo o psiquiatra. Tal vez necesites tratamiento para dejar de hacerlo, y sin tratamiento tus síntomas podrían empeorar.

Si has atravesado por experiencias traumáticas, tal vez tengas trastorno por estrés postraumático (TEPT). El TEPT altera tu cerebro, tienes recuerdos recurrentes y puede ocasionar que te obsesiones con tu angustia. Eso tampoco significa que no seas fuerte, pero sí significa que te podría caer bien ayuda profesional.

Otra trampa común implica llevar un diario. Escribir en un diario ofrece muchos beneficios, pero para la gente que piensa de más podría ser contraproducente. Si escribes sobre cosas malas que pasaron, cosas que te preocupan o emociones incómodas, tu diario puede reforzar tus pensamientos negativos.

Si te gusta escribir, pero con frecuencia te quedas atrapada en los aspectos emocionales de tu vida, intenta apegarte a los hechos. Cuenta los eventos describiendo lo que pasó, no lo que sentiste. Exponerte a los hechos que rodean un evento te puede quitar el dolor (es algo bueno).

ES ÚTIL

- Agendar tiempo para preocuparte.
- Cambiar el canal en tu cabeza.
- Practicar *mindfulness*, atención plena o concientización.
- Tomar un descanso de pensar sobre algo para darle la oportunidad a tu cerebro de trabajar en el problema de trasfondo.

NO ES ÚTIL

- Arrastrar a tus amigos a tu tendencia de pensar de más.
- Permitir que el sobrepensar se apodere de todo tu día.
- Quedar atrapada en parálisis de análisis.
- Pensar que invertir más tiempo para pensar te ayudará a resolver todo.

6

No evitan los retos difíciles

Una mujer fuerte ve el desafío directo a los ojos
y le hace un guiño.
ANÓNIMO

Sharon buscó ayuda porque estaba deprimida. Había vivido con su padre (desde que su madre murió 20 años antes) porque no quería que estuviera solo.

Aunque estaba feliz de ayudar con la cocina y la limpieza, vivir en el cuarto de su infancia no era bueno para su vida social o romántica. Sharon sentía que no se acoplaba en ningún lado. La mayoría de la gente de su edad estaba casada y tenía hijos. Y los solteros parecían tener carreras ajetreadas que los mantenían ocupados.

Sharon tenía una licenciatura, pero nunca buscó un trabajo dentro de su área. En vez de eso, tenía un empleo mal pagado como representante de servicio al cliente en un *call center*.

El horario consistía en 10 horas a la semana divididas en cuatro días. No amaba su trabajo y tampoco le gustaba tener tres días libres sin nada qué hacer. Se sentía atrapada.

Le pregunté por alguna meta que tuviera y dijo: "Sólo quiero seguir ayudando a mi papá, supongo". Le pregunté en específico por sus aspiraciones profesionales y respondió: "Por lo general, a los empleados los ascienden a jefes de equipo cuando llevan un tiempo en el trabajo. Yo siempre declino cuando me lo proponen".

No quería ser jefa de equipo porque pensaba que eso agregaría más estrés a su vida. "La mayoría de mis colegas no se queda por mucho tiempo. Para muchos, éste es su primer trabajo. Sería muy estresante supervisar a cinco primerizos y recordarles que tienen que llegar temprano", dijo.

Evitar el estrés parecía ser un tema común en las historias de Sharon. Hubo un concierto al que quería ir, pero el lugar estaba a tres horas. Le preocupaba que su carro se descompusiera o quedar atrapada en el tráfico, así que decidió no ir.

También rechazó unirse a un grupo de senderismo porque pensó que sería muy engorroso. Había escuchado que se reunían para planificar futuras excursiones y para hablar sobre temas de seguridad. "Yo sólo quiero hacer senderismo. Parece que ellos hacen cosas muy complicadas al reunirse", dijo.

Sharon tenía una larga lista de cosas que había rechazado porque pensaba que participar iba a crear problemas innecesarios en su vida. Aunque creía que sólo "mantenía su vida simple", de hecho estaba evitando las cosas que podrían ayudarla a experimentar felicidad. No había duda de por qué estaba deprimida.

Pero la depresión no era su problema principal, era la ansiedad. El problema era que no lo aceptaba. Cuando le pregunté si se sentía ansiosa con mucha frecuencia dijo que no. Tenía sentido porque evitaba todo lo que le generara aunque fuera un poco de ansias, como cambiar de responsabilidades en el trabajo, nuevos ambientes sociales y todo lo relacionado.

Había creado una vida muy pequeña y segura para ella. Y aunque su estilo de vida reducía su ansiedad, también avivaba su depresión.

Si Sharon en verdad quería vencer su depresión, necesitaba retarse a hacer cosas nuevas y salir al mundo. Eso significaba enfrentar algunos de sus temores y tolerar más ansiedad.

Cuando le presenté esto, se resistió al principio. Dijo: "Mi papá me necesita cerca" y "mi horario del trabajo es muy inconsistente para que me pueda unir a alguna actividad. Nunca podría asistir porque tal vez tenga que trabajar por las tardes o los fines de semana".

Pero la verdad era que su padre no necesitaba que estuviera en la casa todo el día, tenía muy buena salud. Y aunque su horario sí variaba, no había ninguna razón para no unirse al grupo de senderismo. Era un grupo informal de gente que iba a caminar al bosque junta. Si faltaba a una reunión no la iban a expulsar.

Para sentirse mejor, Sharon tenía que buscar retos. Y aunque eso implicaba aumentar su estrés en el corto plazo, mejoraría su humor y calidad de vida a largo plazo.

Después de varias semanas, Sharon accedió a dar algunos pasos para vivir una vida más plena. Se unió a un grupo de la iglesia que visitaba ancianos y gente discapacitada que no podían salir de casa. Para su sorpresa, lo disfrutó. De hecho, sintió que le daba un propósito.

Después se unió al grupo de senderismo y descubrió que sus expediciones eran un medio para socializar. También se puso la meta de agendar una actividad grande cada mes, como ir a un concierto o al teatro.

Aunque dar pasos hacia su nuevo futuro era estresante, cada nueva actividad la ayudaba a cambiar de mentalidad. Comenzó a verse como alguien que podía manejar nuevos desafíos y su depresión bajó. Durante una de nuestras últimas sesiones, Sharon dijo: "Supongo que puedo manejar más de lo que pensaba. El estrés no es lo peor del mundo".

¿Evitas retos difíciles?

Los retos difíciles enseñan mucho sobre la vida, tal vez también te muestren que eres más fuerte de lo que piensas. Pero cuando tienes la opción, puede ser tentador evitar cualquier cosa que parezca difícil. ¿Alguno de los siguientes puntos te suena familiar?

☐ No recuerdo la última vez que hice algo muy difícil.

☐ Rechazo invitaciones para hacer cualquier cosa que me cause ansiedad.

☐ Evito nuevas oportunidades si creo que puedo fracasar.

☐ Otras personas me animan a hacer cosas, pero no me atrevo.

☐ Prefiero quedarme dentro de mi zona de confort en vez de probar mis límites.

☐ Voy muy lejos para evitar sentirme incómoda.

☐ No puedo manejar mucho estrés.

☐ Con frecuencia rechazo oportunidades porque me da miedo que sea mucho estrés para mí.

☐ Prefiero irme a lo seguro que tomar riesgos.

☐ Quiero tomar retos difíciles pero me cuesta trabajo entrar en acción.

Por qué lo hacemos

En una ocasión Sharon y yo estábamos hablando sobre por qué evitaba retarse, me contó una historia que explicaba de dónde venía su miedo de hacer cosas nuevas. Siempre había sacado calificaciones por encima del promedio en la escuela. En preparatoria, su consejero estudiantil la invitó a unirse a un grupo de honor. Sólo eran seleccionados unos pocos estudiantes y Sharon estaba emocionada de ser incluida.

Pero el programa era agotador y el trabajo más demandante de lo que esperaba. Sus calificaciones bajaron y parecía que mientras más se esforzaba, más se atrasaba. Tras un semestre y muchas clases reprobadas, regresó al programa académico normal.

Ser regresada al programa normal fue terrible. Sharon estaba enojada por haber gastado su energía y su tiempo. Estaba molesta con su consejero por haberla invitado al programa, porque su promedio general había caído en picada y su expediente académico lucía terrible. Y todo por ninguna razón real.

Esa experiencia le enseñó a Sharon a ir a lo seguro. Concluyó que retarse no tenía recompensas y añadir estrés innecesario sólo la lastimaría.

Tal vez te identificas con la experiencia de Sharon. Quizá elegiste vivir por debajo de tu potencial porque es más cómodo. O tal vez decidiste que ir a lo seguro es la mejor forma de preservar tu autoestima. Si nunca fracasas, cometes errores, eres rechazada o te sientes abrumada, puedes asumir que te sentirás mejor contigo. Pero nadie se siente seguro cuando se esconde en su zona de confort.

LAS MUJERES SE ACERCAN A LOS RIESGOS DE FORMA DIFERENTE

Algunas personas disfrutan de forma natural los retos más que otras y la biología es parte de la razón. Algunas personas están predispuestas de forma genética a ser muy arriesgadas. Otras nacen y crecen preocupándose más.

Tu educación también importa, porque en la infancia es donde conoces primero los retos. ¿Tus padres te alentaron cuando se te presentó alguna oportunidad grande? ¿O te enviaron mensajes de que no debías molestarte tratando o que era probable que fracasarías?

Ser mujer también juega un papel en cómo abordas obstáculos y oportunidades. Estudios muestran de forma constante que hombres y mujeres perciben los riesgos de manera diferente.

Cuando enfrentan una nueva oportunidad, las mujeres son más propensas a dudar, mientras que los hombres tienden a lanzarse en el momento. Katty Kay y Claire Shipman, autoras de *The Confidence Code: The Science and Art of Self-Assurance*, *What Women Should Know*, dicen que la confianza es la principal razón. Las autoras explican: "El resultado natural de tener poca seguridad es la inacción. Cuando las mujeres dudamos porque no estamos seguras, nos echamos para atrás".

En el libro, Kay y Shipman citan un estudio fascinante que explica cómo las mujeres son más propensas a intimidarse con retos difíciles. El estudio fue conducido por Zachary Estes, un investigador de psicología que les dio a 500 estudiantes una serie de pruebas que implicaban imágenes 3-D en computadora.

Cuando les aplicaron rompecabezas espaciales, la mujeres calificaron mucho más bajo que los hombres. Pero después de examinar más de cerca, Estes descubrió que les había ido mal porque no intentaron resolver muchas preguntas.

Repitió el experimento. Pero esta vez les dijo a los estudiantes que tenían que intentar resolver todos los rompecabezas. Entonces el resultado de las mujeres emparejó al de los hombres.

En otro experimento, Estes les pidió a los estudiantes contestar todas las preguntas de la prueba. Hombres y mujeres obtuvieron la misma calificación, con el 80% de las preguntas contestadas. Después probó de nuevo a los estudiantes y tras cada pregunta pedía que le dijeran qué tan seguros se sentían de tener la respuesta correcta. La calificación de las mujeres cayó a 75%, mientras que la de los hombres se alzó hasta 93 por ciento.

¿No es increíble? Cuando las mujeres reflexionan en su desempeño, son más propensas a experimentar falta de confianza y a subestimarse hasta el punto de desempeñarse peor. Mientras que los hombres se desempeñan mejor después de reflexionar en su seguridad.

Es probable que la falta de confianza (como lo hablamos en el capítulo 4) sea un factor para que las mujeres no acepten retos. Sobrepensar (como lo discutimos en el capítulo 5) y la búsqueda de perfección (capítulo 2) también juegan un papel importante. Las mujeres son más propensas a quedar estancadas en la cabeza, lo que evita que muevan los pies.

Claro, es probable que los hombres tomen más riesgos porque el mundo es menos peligroso cuando eres varón, en especial un hombre blanco. Las mujeres son más propensas a ser víctimas de una pareja violenta, de abuso y acoso sexual. También son más propensas a vivir en pobreza y menos propensas a recibir un aumento. Los riesgos y problemas que las mujeres enfrentan siguen y siguen, así que podría ser natural que eviten retos difíciles.

NUESTRAS ZONAS DE CONFORT SON CÓMODAS

Un día publiqué en Facebook sobre la importancia de permitirte experimentar emociones incómodas como miedo, angustia, vergüenza y tristeza para generar confianza en tu habilidad de tolerar incomodidad. Una mujer respondió preguntando: "¿Por qué querría estar incómoda? Gasto todo mi tiempo y energía tratando de sentirme *más* cómoda. Estoy incómoda todo el tiempo".

He recibido respuestas similares de pacientes en el consultorio. ¿No deberíamos estar trabajando hacia una vida más cómoda donde haya menos emociones estresantes?

Una vida más confortable a largo plazo significa tolerar incomodidades a corto plazo. Perder peso, pagar deudas, mejorar tus relaciones o tus habilidades no es fácil. Te sentirás incómoda a lo largo del camino cuando te dirijas a grandes metas. Pero la recompensa es que te sentirás más cómoda al final.

Sin embargo con frecuencia veo mujeres que pasan décadas persiguiendo la felicidad. Hacen lo que las hace sentir bien ahora para sentirse felices, pero ese instante de gratificación puede resultar contraproducente y sufren las consecuencias.

Todos hacemos esto en algunas áreas de nuestra vida. Tal vez revisas tus redes sociales mientras escribes un aburrido reporte en el trabajo. Ganas uno momentos de entretenimiento temporal, pero al final te toma más tiempo terminar el trabajo.

O tal vez tienes un conocido en el que estás interesada. Pero en vez de iniciar una conversación y arriesgarte a avergonzarte, escoges llevarlo con calma. Evitas la ansiedad que viene con tomar el riesgo, pero a largo plazo puedes arrepentirte por no haber aprovechado la oportunidad.

Tu cerebro te dirá que no puedes soportar emociones incómodas. Te empujará a ir por lo seguro y te dirá que evites las cosas que te parezcan más difíciles. Pero la cruel ironía es que tu deseo de estar confortable crea más angustia a largo plazo.

Por qué es malo

Durante una de sus sesiones, mientras discutíamos su deseo de evitar el estrés, Sharon dijo: "Una colega me pidió ayuda para organizar una fiesta de jubilación para otra. Dije que no porque nunca he estado en un celebración así y no estaba segura de cuánto trabajo iba a requerir. Una fiesta de ese tipo parece muy importante".

Sharon creció tan acostumbrada a decir que no, que rechazaba hasta las tareas más simples. Era capaz de organizar una pequeña fiesta de retiro para alguien, pero le daba mucho miedo que le provocara ansiedad.

No aceptaba que necesitaba más retos en su vida, el aburrimiento es estresante. Estaba tan metida en su zona de confort que creó un ambiente que promovió su depresión.

Pero incluso si no evitas retos difíciles al punto que lo hizo Sharon, tal vez evitarás algunas oportunidades que podrían incrementar tu calidad de vida.

TE PERDERÁS DE COSAS

Evitar retos no siempre es malo. Sólo porque *puedes* duplicar los ingresos de tu negocio al comprometerte con un desafío nuevo no significa que lo debas hacer. Hacer más trabajo puede requerir renunciar a horas que pasas con tu familia o a hacer otros intercambios en tu vida que quizá no están alineados con tus valores.

Y claro, hay muchos riesgos que vale la pena no tomar. El hecho de que los hombres son más propensos a aceptar riesgos significa que también son más propensos a morir haciendo cosas estúpidas. Los hombres tienen más probabilidades de entrar a urgencias después de accidentes o heridas deportivas. También son más propensos a morir en accidentes automovilísticos. En parte, una de las razones por la que los hombres mueren a edades jóvenes es porque aceptan desafíos que no deberían. Así que evitar *algunos* retos es una ventaja. Es importante aceptar el tipo correcto de desafíos y tomar decisiones para evitar otros.

Un estudio de 2006, publicado en *Judgment and Decision Making*, descubrió que las mujeres aceptan tipos de retos diferentes que los hombres. Por eso es más probable que veas hombres con comportamiento físico y recreacional riesgoso (por eso los seguros de automóvil son más caros para ellos). Las mujeres son más propensas a donar un riñón (aunque es menos probable que lo reciban en comparación con los hombres).

Pero las mujeres evitan algunos de los retos que podrían ayudarlas a triunfar. Están subrepresentadas en posiciones de liderazgo (aun cuando las compañías con mujeres a la cabeza se desempeñan mejor). Esto puede ser, en parte, porque son menos propensas a pedir ascensos.

La investigación ha demostrado que, en promedio, hay muchas razones posibles de por qué los hombres ganan más que las mujeres (en el siguiente capítulo abordaremos el hecho de que algunas son castigadas por negociar con mucha firmeza). Pero un estudio descubrió que un factor más grande que evita que las mujeres negocien es que no se sienten como si las estuvieran invitando a pedir más dinero.

En 2014, investigadores de Harvard examinaron cómo los aplicadores negociaban el sueldo basándose en anuncios de trabajo. Descubrieron que cuando los anuncios mencionan que el salario era negociable, las mujeres fueron igual de propensas a negociar que los hombres. Pero cuando el anuncio no mencionaba de forma específica que el salario era negociable, las mujeres fueron mucho menos propensas a negociar el sueldo inicial que los hombres.

Imagina cuánto dinero han dejado sobre la mesa por no atreverse a sacar el tema. Podrían ser cientos de miles de pesos o más en el transcurso de sus carreras. Y eso es sólo un ejemplo. Piensa en todas las otras cosas que las mujeres se pierden porque no se atreven a intentar.

La mayoría de los gerentes a cargo de las contrataciones no van a salir y decirte que puedes ganar más dinero si no estás satisfecha con tu sueldo. A ellos les conviene que pienses que la primera oferta es la única que vas a recibir. Pero cuando las mujeres no negocian, continúa la idea de que se intimidan ante retos difíciles. Y mientras más se arraiga ese pensamiento, ser firme es más difícil. Es un ciclo difícil de romper.

NO TE DESEMPEÑARÁS TAN BIEN

De hecho estás en tu mejor momento cuando experimentas un poco de ansiedad. Cuando enfrentas un desafío difícil, intentas alcanzar las expectativas. Pero en la ausencia de retos no crecerás ni te estirarás.

Investigadores han descubierto que la gente se desempeña en su punto máximo cuando está bajo un poco de estrés. Tal vez hayas experimentado esto por tu cuenta. Quizá hiciste más de lo que imaginaste que podías cuando te acercabas a una fecha límite y sin esa fecha límite podrías haber procrastinado. O tal vez cuando te propusiste para encabezar un comité, descubriste que eras mejor organizando recolectas de fondos de lo que pensabas. Pero sólo aprendes eso cuando sales de tu zona de confort.

Hay un principio psicológico conocido como la ley Yerkes-Dodson. De acuerdo con la ley, el desempeño mejora con una agitación mental o psicológica, pero sólo hasta cierto punto. Cuando el estrés aumenta mucho, el desempeño decrece.

Por año los psicólogos han estudiado la "zona óptima de funcionamiento". Al principio fue estudiada para atletas. Algo de estrés y ansiedad ayudaba a atletas de élite a desempeñarse mejor. Pero con los años investigadores han descubierto que todos tenemos una zona óptima de funcionamiento.

Encontrar tu zona y quedarte ahí resulta un poco engañoso. Digamos que das un paso fuera de tu zona de confort. Después de unas semanas, tu zona de confort habrá cambiado. Así que para seguir en la zona óptima de funcionamiento tendrás que dar otro paso. Tienes que seguir moviéndote para mantener el estrés al nivel justo. Es fácil quitar el pie del acelerador y permitirte crecer de forma autocomplaciente.

Pero cuando te acostumbras a pisar fuera de tu zona de confort, tolerar un poco de ansiedad ya no te dará miedo y te sentirás segura de tu habilidad de dar otro paso.

Un estudio publicado en 2013 en *Psychological Science* examinó cómo quedarse en la zona de confort afecta la edad mental. Los investigadores descubrieron que actividades como escuchar música clásica o resolver crucigramas no eran suficientes para ayudar a agudizar la mente de gente mayor.

En vez de eso, la gente recibe mayores beneficios cuando se reta a salir de su zona de confort. Aprender nuevas habilidades, como fotografía, confección de edredones o asistir a actividades sociales en nuevos lugares es vital para prevenir un declive cognitivo. La jefa de investigación Denise Park, de la Universidad de Texas en Dallas, dijo: "Al parecer no es suficiente sólo salir y hacer algo, es importante salir y hacer algo desconocido y mentalmente retador. Eso da una estimulación mental y social más extensa. Cuando estás dentro de tu zona de confort, puedes estar fuera de la zona de mejora".

Tal vez hayas visto esto de primera mano. Alguien se retira y comienza a pasar el tiempo en el sillón reclinable enfrente de la televisión, y después de un año o dos esa persona no se ve tan lúcida como antes.

No es un asunto sólo de personas mayores. Es probable que todas nos desempeñemos en nuestro punto máximo mental y físico cuando nos retamos de forma constante a dar lo mejor de nosotras.

Qué hacer en vez de eso

Sharon tenía que dar un salto de fe, salir de su zona de confort con la esperanza de que la ayudara a largo plazo. Cuando lo hizo, se sintió motivada y segura de su habilidad para seguir adelante.

Pero debía ir a su ritmo y hacer las cosas a su manera. Para ella significaba hacer una cosa pequeña fuera de su zona de confort cada semana, como presentarse con alguien nuevo o ir a una cafetería. También fijaba una gran meta cada mes, como acercarse a su jefe para tomar más responsabilidades en la oficina. Pensó que un acercamiento sistemático la ayudaría a sentirse como si tuviera el control y la ayudaría a ver progreso un paso a la vez.

A veces los retos te encontrarán, quieras o no. Pero habrá otras ocasiones en las que puedas desafiarte de forma proactiva para mejorar. Aprender un nuevo pasatiempo, practicar una vieja habilidad y hacer cosas que te hagan sentir un poco incómoda son algunas actividades que te ayudarán a ser más fuerte.

FOMENTA EMOCIONES POSITIVAS

Con sólo 23 años, Lindsay Avner se convirtió, en ese momento, en la mujer más joven de Estados Unidos en someterse a una doble mastectomía para reducir riesgos.

Tenía una larga historia familiar de cáncer. Perdió a su abuela y a su bisabuela por cáncer de mama antes de que naciera. Cuando tenía 12 años vio a su madre luchar contra cáncer de mama y ovarios.

A los 22, Lindsay se realizó pruebas genéticas para saber más sobre sus probabilidades de desarrollar cáncer. La prueba reveló que tenía una mutación en el gen BRCA1, lo que significaba un 87% de probabilidades de por vida de tener cáncer de mama y un 54% de probabilidades de desarrollar cáncer de ovarios.

Al saber esa noticia, Lindsay decidió ser proactiva. Optó por hacerse una doble mastectomía.

La experiencia le enseñó a Lindsay que había pocos recursos para las mujeres que querían tener un acercamiento más proactivo a su salud antes de ser diagnosticadas con cáncer. Eso la llevó a lanzar Bright Pink, una organización sin fines de lucro que ofrece programas, recursos y asociaciones estratégicas que ayudan a mujeres jóvenes a ser más proactivas con su salud.

Cuando le pregunté cómo encontró el coraje para enfrentar un reto tan duro, me dijo: "En la película *Un zoológico en casa*, uno de los personajes dice: 'A veces sólo necesitas 20 segundos de valentía intensa, sólo, literal, 20 segundos de valentía vergonzosa y te prometo que algo genial surgirá de eso'. Cuando estoy asustada, cuando necesito un empujón de confianza extra, me recuerdo que cualquiera puede hacer lo que sea por 20 segundos. Funciona cada vez. ¡Lo juro!"

Es gracioso saber que una mujer tan valiente encontró el coraje en una frase de una película de ficción. Pero el consejo es certero.

Con mucha frecuencia, cuando nos enfrentamos a un reto difícil invertimos nuestra energía tratando de disminuir emociones incómodas (como miedo, terror y ansiedad). Pero la clave para dar el salto se puede encontrar en incrementar emociones positivas, en vez de disminuir las negativas.

Si estás pensando en aceptar una oportunidad de la que estás un poco aprensiva, tal vez estés tentada a sentarte y angustiarte por eso. Pero mientras te sientas un poco nerviosa es posible que puedas enfocarte en todas las posibles desventajas. Si quieres ver la situación de forma más positiva, haz algo que te haga sentir bien.

Ve a pasear, trabaja en el jardín o disfruta un café con una amiga. Mejorar tu humor también mejora tu confianza. Cuando estás feliz, serás más propensa a pensar en los aspectos positivos de seguir adelante, y eso podría darte los 20 segundos de coraje que necesitas para aceptar el reto.

ACTÚA DE FORMA VALIENTE PARA SER VALIENTE

Es gracioso cómo a veces pequeños retos pueden verse como obstáculos insuperables. Incluso cosas insignificantes y tontas como presentarte con alguien nuevo o agendar una cita con el doctor para hablar de un problema que te da miedo se pueden sentir abrumadoras.

Esas cosas se ven muy aterradoras cuando perdemos la perspectiva. Dos minutos de un momento extraño no es gran cosa cuando consideras que la recompensa puede ser grande. O enfrentar tu miedo con el doctor puede ser clave para que pongas tu mente en paz por el resto del año.

Con frecuencia hacemos las cosas en el orden equivocado. Queremos esperar hasta sentir un alza repentina de coraje antes de entrar en acción. Pero si te quieres sentir valiente, tienes que actuar con valentía. Primero cambia tu comportamiento y las emociones lo seguirán.

Claro que es más fácil decirlo que hacerlo. ¿Cómo das el primer paso cuando te sientes paralizada por el miedo?

Bueno, una cosa que te ayudará a seguir adelante es recordarte retos que hayas aceptado en el pasado. Piensa en las cosas más difíciles que has tenido que hacer y cómo lo lograste.

Recordar las veces que has sido valiente te ayuda a poner las cosas en perspectiva. Tal vez tuviste que soportar la muerte de uno de tus padres. Seguro eso fue más difícil que aplicar por un ascenso. O tal vez te costó trabajo aprender a leer cuando eras niña. Seguro que eso fue un reto mayor que pedir un aumento.

Da el primer paso aunque estés aterrada. Actúa como si fueras valiente y sigue moviéndote.

CREA UNA RED DE PERSONAS QUE ACEPTAN RETOS

Durante la universidad trabajé en un refugio para jóvenes sin hogar. Algunos de los chicos que se quedaban ahí fueron echados de sus casas por cualquier cosa, desde abuso de sustancias hasta orientación sexual. Otros escogieron huir de casa por una u otra razón.

La gran mayoría de adolescentes que se quedaban de forma regular en el refugio no asistían a la escuela. En vez de eso pasaban todo el día vagando por las calles. Algunos se paraban fuera de la estación de autobuses y pedían dinero. Otros vendían drogas o su cuerpo. Pero cada noche la mayoría regresaba al refugio para comer una cena caliente, bañarse y encontrar un lugar seguro para dormir. La mayoría no tenía esperanzas de un mejor futuro.

Había una chica diferente. Su nombre era Anna y amaba arreglar el cabello de las otras chicas. Hablaba de querer ser estilista algún día.

Uno de los trabajadores del refugio la llevó a visitar una escuela de cosmetología. Anna amó todo de ahí y el personal la ayudó a conseguir la ayuda económica que necesitaba para asistir. Después de unas semanas, empezó a ir a clases.

Llevaba la cabeza de los maniquíes de vuelta al refugio todas las noches y las peinaba mientras los demás la veían. Y hablaba de lo emocionante que era aprender a poner maquillaje.

Pero su emoción duró poco. Después de dos semanas, Anna empezó a decir que la escuela de cosmetología era aburrida y que las otras estudiantes eran molestas. Pronto dejó de asistir a clases y dejó la escuela.

Cuando las otras chicas no podían escuchar, Anna explicaba que se sentía en dos mundos. De día estaba rodeada de gente que quería aprender nuevas habilidades y mejorar su vida. Pero cada noche estaba rodeada de adolescentes que no tenían ninguna meta a largo plazo. Sentía que no pertenecía a ningún lugar, y al final los adolescentes en el refugio la influenciaron más que los estudiantes en la escuela.

Lo que le pasó a Anna fue triste pero no fue una sorpresa. Con quien te juntas tiene importancia. Júntate con emprendedores y te sentirás inspirada a asumir retos difíciles.

La investigación ha demostrado de forma constante que el coraje es contagioso y lo inverso también. Rodéate de gente ansiosa que no se atreva a salir de su zona de confort y es probable que pierdas la motivación. Crea un círculo lleno de gente valiente que se esfuerza en mejorar y comenzarás a verte como alguien capaz de asumir retos difíciles también.

Piensa en la gente que te rodea. ¿Te inspira a seguir buscando nuevas metas? ¿Te da coraje para afrontar retos difíciles? ¿O te ayuda a ser autocomplaciente, a quedarte segura en tu zona de confort?

Busca gente que no tema ver a un reto directo a los ojos. Tal vez necesites unirte a un grupo para conocer gente que esté buscando nuevas oportunidades. O tal vez descubras que tomar una clase o inscribirte a una nueva actividad te expone a gente que se está retando de tal forma que te inspira a seguir adelante.

CONOCE TU PROPÓSITO Y TUS VALORES

Hay una gran diferencia entre enfrentar un reto difícil sólo por la emoción de hacerlo y retarte para cumplir tu misión en la vida. Cuando tus metas tienen propósito, pondrás tu corazón y tu alma en el esfuerzo. Eso fue lo que Billie Jean King hizo.

Billie Jean King jugó softball cuando era pequeña, pero a los 11 años de edad sus padres la alentaron a jugar tenis porque era más un "deporte de chicas". Era muy buena en tenis, y con sólo 17 años llegó a los encabezados deportivos cuando ella y Karen Hantze Susman se convirtieron en la pareja más joven en ganar el título de parejas femenil en Wimbledon en 1961.

En 1972 ganó el abierto de Estados Unidos, el abierto de Francia y Wimbledon hasta ganar tres títulos Grand Slam en un año. Fue nombrada la mejor jugadora de tenis del mundo. Su racha ganadora continuó y se convirtió en la primera atleta en ganar más de dos millones de pesos.

A pesar de su éxito, no pudo dejar pasar el hecho de que ganaba menos que su contraparte masculina. Cuando ganó el abierto de Estados Unidos, en 1972, recibió 300 000 pesos menos que el campeón del torneo de hombres.

Así que en el punto más alto de su carrera, en 1973, hizo uso de su estatus para formar la Asociación Femenina de Tenis. Buscaba que hubiera un premio monetario igual entre mujeres y hombres en el abierto de Estados Unidos, y como resultado de su trabajo se convirtió en el primer torneo profesional en ofrecer el mismo premio a ambos sexos.

Pero no todos estaban contentos con el cambio. El antiguo campeón Bobby Riggs declaró que el tenis femenino era inferior y retó a Billie Jean a un partido de tenis. Ella aceptó la invitación y su tan anticipado partido fue visto por 90 millones de espectadores. Y Billie Jean ganó.

Después de vencer a Bobby, Billie Jean lanzó la Fundación Femenina de Deporte para brindar un acceso igualitario a los deportes para las mujeres. Ella continuó peleando por una igualdad de pagos y de derechos.

En 1981 se declaró lesbiana. Mientras la noticia se esparcía, su publicista y sus asesores le aconsejaron negar la declaración. Pero Billie Jean insistió en decir la verdad. Cuando reconoció que tenía una relación con otra mujer, perdió todos sus patrocinadores.

Pero ella no dejó el tenis o se avergonzó por tener los proyectores encima. Continuó siendo una fiera defensora de los derechos. Y sus esfuerzos han sido fructíferos.

En 1987 entró al Salón de la Fama del Tenis y se convirtió en la primera mujer en tener un estadio profesional con su nombre. El USTA National Tennis Center, casa del Grand Slam del Abierto de Estados Unidos, ahora se conoce como el USTA Billie Jean King National Tennis Center. En 2009 recibió la Medalla Presidencial de Libertad por parte de Barack Obama, por su lucha en favor de las mujeres y la comunidad LGBTQ.

Después, en 2014, fundó la Iniciativa en Liderazgo Billie Jean King, una asociación sin fines de lucro dedicada a dirigir asuntos críticos necesarios para conseguir liderazgos diversos e inclusivos en el campo laboral.

Billie Jean no estaba interesada en jugar tenis sólo para ganar fama o fortuna. Tenía un propósito más grande. Quería hacer una diferencia en el mundo. Su propósito la llevó a enfrentar muchos retos difíciles, desde aceptar jugar contra Bobby Riggs hasta hablar de la brecha salarial de género y ser honesta cuando la acusaron de ser lesbiana. A pesar de todo, se mantuvo leal a sus valores.

Es importante saber cuál es tu propósito. ¿Por qué sales de la cama todos los días? Necesitas una razón detrás del "ir al trabajo" o "ganar dinero". ¿Cuál es el propósito de tener un trabajo o de ganar un cheque?

Piensa en el panorama general. ¿Qué podrías lograr si alcanzaras tu mayor potencial? ¿Qué tipo de contribuciones podrías hacer?

No es necesario que cambies todo el mundo. Pero eres capaz de cambiar el mundo de alguien más. Y cuando tengas ese propósito mayor en mente, estarás más dispuesta a enfrentar retos difíciles que se atraviesen en tu camino.

Carrera

Una antigua paciente empezó con terapia porque estaba abrumada por las demandas de su trabajo. Con frecuencia decía cosas como: "Mi jefe espera mucho de mí" o "es casi imposible cumplir con todas mis fechas límites".

Hablamos sobre sus dos opciones: cambiar su situación o cambiar la forma en que pensaba en la situación. Cambiar la situación podría implicar cualquier cosa como hablar con su jefe sobre sus preocupaciones de renunciar y conseguir un nuevo empleo. Pero ella no quería hacer nada de eso. Le gustaban muchas cosas de su trabajo, como sus colegas y el tipo de labor que hacía. Y no pensaba que hablar con su jefe fuera una buena idea.

Así que decidimos abordar la forma en que pensaba sobre su trabajo. En vez de pensar: "No soporto esto" y "esto es imposible", comenzó a recordarse: "Mi jefe espera mucho de mí porque soy capaz y fiable" y "puedo hacer más de lo que imagino cuando me concentro".

Claro, eso no fue lo único que hicimos para controlar su nivel de estrés, también trabajamos en encontrar maneras sanas de manejar su vida, como consumir una dieta más saludable y enrolarse en actividades de esparcimiento fuera de la oficina.

Pero cambiar la forma en que percibía los retos fue fundamental para ayudarla a salir adelante. Se dio cuenta de que tener un trabajo ambicioso y un jefe demandante le daba oportunidades de afrontar retos difíciles. Eso no significaba aceptar de forma pasiva todo lo que se le diera. A veces los retos difíciles la hacían retroceder. Cuando estuvo equipada con un nuevo pensamiento, se sintió empoderada.

Piensa en los retos difíciles que evitas en tu carrera. ¿Qué podrías hacer para enfrentarlos? ¿Necesitas cambiar su situación o la forma en que piensas sobre ellos? Reflexiona en tu vida laboral y piensa en el panorama general de lo que te gustaría conseguir. Eso evitará que te estanques en un bache aburrido de tu carrera.

Familia

Cuando se trata de relaciones familiares, es tentador barrer los problemas debajo del tapete y poner las emociones dolorosas tan lejos como sea posible. Pero ignorar los problemas en las relaciones no hace que desaparezcan. Por lo general crecen y empeoran con el tiempo.

Los retos familiares se sienten como los más difíciles de enfrentar porque estamos muy tentados a evitarlos. Con frecuencia se ven como "pequeños problemas" fáciles de ignorar. Pero en el fondo de nuestra mente sabemos que pueden crecer si no los atendemos.

Tal vez te has sentido descuidada por tu esposo, pero no quieres estropear las cosas mencionándolo. O tal vez tu hijo parezca tener más dificultades en la escuela de las que consideras que debería tener, pero pospones hablar con la escuela porque temes que tenga un problema de aprendizaje.

Piensas que es más fácil dejar pasar esas cosas mientras enfrentas "retos más difíciles", como completar un proyecto laboral a tiempo o pelear con la compañía de seguros después de que rechazaron tu reclamo. Pero si la familia es lo más importante para ti, no ignores los problemas que suceden bajo tu techo.

Vida social

Una vez trabajé con una joven que tenía grandes esperanzas para su carrera. Pero una carrera lucrativa no estaba disponible para ella en el área rural donde vivía. Tenía que mudarse a, por lo menos, tres horas de casa para encontrar un trabajo en su campo.

Estaba emocionada por las futuras oportunidades de trabajo y las cosas que podría lograr. Sólo la frenaban sus amigas.

Tenía el mismo grupo de amigas desde el kínder y se sentían como hermanas. Pero cada vez que mencionaba la mudanza ellas decían cosas como: "Serás miserable si te vas a otro lado" o "¿crees que ahora eres muy buena para nosotras?"

Sabía que sus amigas la estaban desalentando para que no se fuera porque la extrañarían si lo hiciera. A veces se sentía culpable por sólo pensar en mudarse. Decía: "No quiero romper el grupo. Hemos estado juntas toda nuestra vida". Pero también quería avanzar en su carrera.

Tras unas semanas de terapia y un poco de introspección, llegó a la conclusión de que no tenía que escoger entre su carrera y sus amigas. Tuvo una conversación honesta con ellas sobre su deseo de construir una mejor carrera y lo mucho que significaría para ella contar con su apoyo. Por fortuna, fue capaz de tener a sus amigas de su lado con el tema de la mudanza. Si se rehusaban a apoyarla, estaba preparada para reconocer que no eran tan buenas amigas después de todo.

Un fuerte sistema de apoyo puede ser clave para alcanzar tu máximo potencial, pero los amigos también te pueden retener. ¿Tus amigos te alientan a dar lo mejor o te desalientan a enfrentar retos difíciles? Considera cómo tu red de apoyo influye en tus decisiones.

Enfrentar retos difíciles te hace más fuerte

Anita Mann había sido bailarina toda su vida. Cuando surgió la oportunidad de ser extra en una película de Elvis, aceptó. La escena en la que aparecía Anita fue grabada una y otra vez. Así que, sólo por diversión, Anita comenzó a hacer su propia coreografía, algo que los extras no se supone que hagan.

Entre tomas, le dijeron: "El señor Presley quisiera hablar con usted". Pensó que estaba en problemas. Pero para su encanto, Elvis le dijo que la había estado viendo bailar y estaba impresionado. ¡La invitó a coreografiar su siguiente película!

Anita dijo que sí de inmediato. Pero en realidad no sabía cómo hacer la coreografía para una película. Aunque tenía experiencia coreografiando actuaciones en vivo, los ángulos de cámara eran algo muy diferente. Pero no quería dejar pasar la oportunidad. Sabía que podía aprender y fue a la biblioteca todos los días para estudiar técnicas de cámara.

Su trabajo duro la recompensó. No sólo su trabajo en la película de Elvis fue un éxito, también le valió una invitación para trabajar con Lucille Ball, quien se convirtió en su mentora.

Es probable que hayas visto el trabajo de Anita en algún lugar. Su impresionante carrera incluye las coreografías de *American Bandstand Live* de Dick Clark, los *Premios de la Academia,* los *Globos de Oro, Plaza Sésamo en vivo, El Show de Cher* y *Solid Gold,* sólo por mencionar algunos. También es la productora y directora de *Fantasy* en el hotel Luxor en Las Vegas.

Tuve la oportunidad de hablar con Anita y le pregunté sobre su experiencia como una de las pioneras en la coreografía. Dijo que usar ropa de baile en una industria dominada por hombres no era fácil. Pero afirmó: "Nunca atribuí el no obtener un empleo al ser mujer. Me sentía responsable y nunca iba a culpar a nadie más".

Le pregunté cómo se hizo tan exitosa y me respondió: "Siempre aposté por mí. No tenía miedo. Sólo me decía que así era como iba a seguir adelante".

Con razón se le nombró entre las mejores coreógrafas de Estados Unidos y ha sido nominada para cinco premios Emmy (incluyendo uno que ganó). Se describe como una eterna aprendiz, pero reconoce que comete errores. Dice: "Si no cometes errores no haces nada".

Aunque tal vez nunca te inviten a tomar parte en una oportunidad tan grande, habrá veces en las que se te presentarán grandes desafíos. Si estás dispuesta a aceptarlos, podrían cambiar el curso de tu vida.

Enfrentar retos difíciles también te ayudará a aprender y crecer. Generarás confianza en tus habilidades. Incluso si fracasas, ganarás sabiduría que te ayudará a alcanzar tu mayor potencial.

Solución de problemas y trampas comunes

No puedes controlar siempre el resultado cuando aceptas un reto. Si aplicas para un trabajo, no puedes controlar si el gerente te contrata o no. O cuando invitas a salir a alguien, no puedes controlar si acepta o no.

Con mucha frecuencia, la gente ve intentos fallidos como prueba de que no debería aceptar nuevos retos en el futuro. Pero ésa no es una forma útil de ver la situación. Sólo porque te rechazaron o fallaste en alcanzar tu meta, no significa que no deberías intentar.

Al final del día pregúntate: "¿Mi voluntad de aceptar nuevos retos agudiza mis habilidades?" Tal vez aprendiste más sobre el coraje o tal vez mejoraste tus habilidades sociales.

Otra trampa común es cuando la gente se autodenomina "valiente" o "no valiente". La valentía no cruza todas las facetas de la vida de un individuo.

Sólo porque decides aceptar retos físicos, no significa que vayas a superar problemas morales con ganas. Y sólo porque puedes dar una presentación a tus colegas no significa que te atreverás a preparar una cena complicada para tus vecinos. Todos tenemos cosas que se nos dan fáciles así como cosas que se sienten más complicadas.

ES ÚTIL

- Levantar de forma activa tu humor para ver los aspectos positivos de un reto.
- Actuar como si te sintieras valiente.
- Rodearte de gente que escoge retarse.
- Conocer tus valores y tu propósito.
- Ver los retos como oportunidades, no como obstáculos.

NO ES ÚTIL

- Evitar cualquier cosa que se sienta estresante.
- Esperar de forma pasiva a sentirse valiente.
- Ver los fracasos pasados o rechazos como pruebas de que no deberías tratar de nuevo.
- Dejar que otras personas te desalienten a alcanzar tus metas.

7

No temen romper las reglas

Es raro que las mujeres bien portadas hagan historia.
LAUREL THATCHER ULRICH

Amber tenía siete meses y medio de embarazo de gemelos cuando empezó con terapia. Estaba llena de lágrimas cuando entró a mi consultorio y dijo: "Ni siquiera sé si puedes ayudarme. Pero no sé qué más hacer".

A lo largo de su embarazo había planeado ser ama de casa cuando sus gemelos nacieran. Pero conforme más se acerba a la fecha, más incómoda se sentía de dar la noticia en el trabajo.

Era importante que ella o su esposo se quedara en casa por lo menos el primer año de los bebés. Y siempre había imaginado que sería ella la que se quedaría.

Su esposo Doug era ingeniero de softwares. Trabajaba largas horas y ello requería que estuviera lejos de casa algunas noches a la semana.

Dado su horario, Amber estaba preocupada por cuidar a los gemelos sin mucha ayuda de Doug. No tenía ningún familiar cerca y seguía imaginándose estresada y abrumada con un bebé en cada brazo.

"Estoy empezando a pensar que Doug debería quedarse en casa. Gano casi tanto como él, así que en lo económico estaríamos bien.

Estoy en casa a las cinco de la tarde todos los días, por lo que podría ayudarlo. Pero estoy preocupada por lo que pensaría la gente si él no trabaja y yo sí", decía.

"¿Ya hablaste con Doug sobre esto?", le pregunté. Dijo: "Sí, lo he mencionado un par de veces. Dice que hará lo que tenga más sentido para los dos. Pero me preocupa que sólo diga eso ahora porque estoy embarazada y estresada. No sé si en verdad será feliz siendo un padre que se queda en casa".

Dado que los bebés nacerían pronto, no había mucho tiempo para tomar una decisión. Así que al final de su cita le dejé una tarea: sentarse con Doug y hacer una lista de pros y contras de que se quedara Doug en casa y otra lista de pros y contras de que fuera ella la que se quedara. Después, lo hablaríamos en las siguientes citas semanales. Quería que ella viera la lógica detrás de su decisión, no sólo las emociones que estaba experimentando.

Regresó la siguiente sesión con la lista en la mano. Dijo: "Hablamos de eso y creo que Doug no comparte mis miedos de que la gente piense que es un perdedor por no trabajar. Él toma un punto más práctico y dice que eso tiene más sentido para nuestra familia".

Pero Amber todavía no estaba convencida de que fuera la mejor idea. Dijo: "Ambas opciones me dan miedo".

Así que le pregunté: "¿Tu meta es escoger la opción que te genere menos ansiedad o lo que es mejor para tu familia?" Dijo: "Oh, ésa es una buena pregunta. Quizá pensaba que escoger 'la respuesta indicada' no me daría miedo".

Hablamos sobre cómo el miedo puede significar que estás tomando una mala decisión, pero también puede significar que estás haciendo algo valiente. Y le pregunté por sus creencias sobre los papeles que deberían jugar hombres y mujeres en la familia.

Dijo: "Creo que yo solía asumir que las mujeres eran mejores para quedarse en casa, pero supongo que no es del todo verdad. Creo que las mujeres por lo general se quedan en casa porque creemos que somos mejores criando y amando a los hijos. Pero no estoy segura de que eso sea un hecho. Necesitaré pensar más de dónde viene esa creencia".

La alenté a que pasara la siguiente semana pensando sobre cuántos de sus miedos estaban basados en hechos y cuánta de su ansiedad surgía por romper papeles de género tradicionales.

Pero no vi a Amber la siguiente semana porque dio a luz a sus gemelos unos días después de la sesión. La volví a ver dos meses después. Cuando llegó a su cita, anunció: "Vuelvo al trabajo el próximo mes cuando se acabe mi tiempo de maternidad y Doug se va a quedar en casa".

Dijo que estaba segura de su decisión pero que había gente que no estaba de acuerdo. "Todos me preguntan: '¿Vas a regresar al trabajo?' Cuando les digo que sí, por lo general asumen que los bebés irán a la guardería. Nadie nunca piensa en preguntar si Doug se quedará en casa".

Continuó: "Al principio, era raro decirle a la gente y yo sentía que tenía que dar una larga explicación de todas las razones por lo que decidimos hacerlo así. Pero Doug sólo dice: 'Decidimos que es lo que mejor funciona para nuestra familia'. Y yo creo que es la mejor forma de explicarlo".

Vi a Amber una vez al mes durante el siguiente año. Su tratamiento implicaba los mismos problemas que muchas otras madres primerizas enfrentan, sentirse exhaustas, experimentar culpa por regresar a trabajar y luchar por encontrar tiempo de calidad para pasar con su esposo.

Reconoció que ir contra la corriente era aterrador. Pero al final decidió que no importaba lo que los demás pensaran de sus decisiones. A ella le importaba más el bienestar de su familia.

Durante su última sesión me dijo: "Escoger que Doug se quedara en casa fue poco convencional, pero tomamos la decisión correcta para nosotros y los bebés".

¿Sigues las reglas en tu perjuicio?

Tal vez fuiste criada para ser una "chica buena". O tal vez no eres del tipo de persona a quien le gusta hacer olas. Ser alguien que sigue las reglas te puede ayudar de muchas formas. Pero hay veces en las que romperlas puede ser la clave para vivir mejor. ¿Respondes de forma afirmativa cualquiera de los siguientes puntos?

- ☐ Me da miedo que de algún modo "me meteré en problemas" si rompo las reglas.
- ☐ Prefiero pasar desapercibida que sobresalir.
- ☐ Me siento muy culpable cuando rompo una regla, incluso si es algo menor y no afecta a nadie más.
- ☐ Soy la primera en levantarme y decir "pero eso no está permitido" o "no creo que podamos hacer eso", si alguien sugiere romper una regla.
- ☐ Me preocupa ofender a la gente.
- ☐ Hacer las cosas de forma diferente parece mucho esfuerzo para mí.
- ☐ No creo tener el poder para hacer mucha diferencia así que no me molesto intentando.
- ☐ No me gusta armar líos.
- ☐ Soy del tipo de personas que "va con la corriente".
- ☐ No paso mucho tiempo cuestionando las razones por las que hacemos lo que hacemos.

Por qué lo hacemos

Conforme Amber peleaba sobre si debía volver al trabajo o quedarse en casa, describió cómo había sido criada por padres dentro papeles de género tradicionales. Su padre era obrero de construcción y su madre se quedó en casa para criar a Amber y a su hermano. Cuando entró a cuarto de primaria, su madre encontró trabajo en una tienda, pero siguió cocinando, limpiando y procurando a sus hijos cuando regresaba del trabajo.

Aunque pensaba que los padres podrían ser buenos quedándose en casa, luchaba con la idea. Había visto películas de comedia que presentaban padres tratando de cuidar de sus bebés, pero no conocía a ningún hombre real que se dedicara al hogar. También decía cosas como: "Hay grupos de 'Mami y yo' por una razón, ¿no? Nadie ofrece grupos de juego y guarderías para padres que se dedican al hogar".

La decisión de Amber implicaba varios factores: considerar los sentimientos de Doug, pensar en cómo afectaría su matrimonio, determinar qué sería lo mejor para los bebés, evaluar sus finanzas e imaginar lo que sería regresar al trabajo. Pero lo más importante era que tenía que evaluar sus valores fundamentales.

Hay muchas reglas "no escritas" que seguimos en la vida. Algunas son buenas, como no contestar un mensaje de texto durante una entrevista de trabajo. Pero algunas de las normas sociales no nos funcionan mucho en el mundo actual.

Los hombres son los que manejan cuando la pareja va a algún lugar. Las mujeres son más propensas a hacer la limpieza. Compramos carros de bomberos para los niños y muñecas para las niñas.

Algunas reglas no escritas surgen del miedo, como: "No digas nada si te acosan en el trabajo". Hablar podría acabar con el problema, pero también es posible que enfrentes una respuesta negativa que termine con tu carrera. Aunque hay leyes que protegen a las mujeres que se atreven a denunciar, a muchas se les ha enseñado a no hacer olas.

A LAS CHICAS SE LES ENSEÑA A SEGUIR LAS REGLAS

Hay muchos tipos diferentes de reglas en el mundo. Los empleados tienen reglas sobre reportes de gastos y tiempo de vacaciones. Las asociaciones de dueños de casas tienen reglas que dictaminan el color de las fachadas o el diseño del jardín que está permitido en el vecindario. Desde límites de velocidad hasta impuestos, hay consecuencias por romper las reglas.

Pero también hay reglas no oficiales que determinan nuestro comportamiento. Algunas implican etiqueta básica, como esperar tu turno en la fila de la tienda. No es ilegal saltarse la fila, pero es maleducado, así que la mayoría de las personas nunca pensaría en hacerlo (al menos no a propósito).

Estas reglas no oficiales con frecuencia implican normas sociales. Por ejemplo, es probable que no conversarías con alguien con los ojos cerrados. Dependiendo de tu cultura, tal vez hayas aprendido a hacer contacto visual con la gente que te habla. Si mantuvieras los ojos cerrados mientras hablas con alguien, es probable que piensen que eres extraña.

Cuando se trata de romper las reglas, en especial las escritas, estudios muestran que los hombres rompen más que las mujeres. Desde una edad temprana, los niños son más propensos a actuar de forma agresiva o a ser desafiantes en la escuela. Claro, seguir las reglas puede tener ventajas para las chicas. Puede ser parte de la razón por la que a las niñas les va mejor en lo académico. Pero muchas mujeres cargan esa creencia de niñas de que las reglas se tienen que seguir con tal severidad que se vuelve perjudicial.

Hay una estadística popular que muestra que los hombres aplican para trabajos cuando están 60% calificados, pero las mujeres sólo aplican cuando están 100% calificadas. Esa estadística al parecer viene de una entrevista que hizo la consultora de gestión global McKinsey con un ejecutivo de Hewlett-Packard (a diferencia de un estudio revisado por pares). Pero muchos periodistas y autores que citan la estadística llegan a la conclusión de que las mujeres no aplican a trabajos que requieren candidatos calificados porque les falta seguridad y confianza.

Aunque es probable que esa estadística no sea precisa, ha abierto la puerta a conversaciones interesantes. Tara Mohr, autora de *Playing Big: Practical Wisdom for Women Who Want to Speak Up, Create and Lead*, dice que la razón real por la que las mujeres no aplican para trabajos para los que no están calificadas es porque no quieren romper las reglas. Ella encuestó a más de 1 000 hombres y mujeres, en su mayoría estadounidenses profesionistas, y les preguntó por qué no aplican para trabajos si no cumplen con todos los requisitos.

La encuesta mostró que 22% de las mujeres dijo que no aplican por temor a fracasar (comparado con 13% de hombres). Pero 15% de mujeres dijo que "seguía las instrucciones de quien debía aplicar", comparado con 9% de hombres.

Si el anuncio del trabajo dijera que es necesario 15 años de experiencia, al parecer mujeres con 14 años o menos no aplicarían. O si el anuncio dijera que los candidatos deberían tener una licenciatura en mercadotecnia o un campo relacionado, mujeres con una licenciatura en psicología no serían propensas a enviar sus currículums.

Por el otro lado, los hombres son más propensos a ver el anuncio como "guía" o "sugerencias". Ellos no tuvieron miedo de argumentar su caso si no estaban 100% calificados.

El deseo de algunas mujeres de seguir las reglas las puede estar reteniendo. Están tan comprometidas a hacer todo bien que les cuesta trabajo ver cómo las normas sociales y reglas no escritas se pueden romper.

LAS MUJERES TIENEN UN UMBRAL MÁS BAJO PARA LAS MALAS ACCIONES

Hace unos años trabajé en un consultorio médico con una recepcionista que se disculpaba muchas veces al día. Ofrecía disculpas por hacer una pregunta o por mandar muchos correos, aunque todos eran vitales para mantener las operaciones en marcha.

Incluso cuando yo estaba parada detrás de la fotocopiadora esperando mis documentos o cuando estaba en la cocina aguardando a que la cafetera me diera mi café, ella se disculpaba por interrumpirme si tenía algo importante que decirme. Con frecuencia ofrecía disculpas por cosas que estaban fuera de su control, como cuando una tormenta de nieve nos forzó a cerrar la oficina más temprano.

Todos la tranquilizaban diciéndole que sus noticias eran importantes y que sus interrupciones eran bienvenidas. Pero ella continuaba disculpándose. Era casi como si se disculpara por existir.

Por desgracia, disculpas excesivas no son tan inusuales. Investigaciones muestran que, en promedio, las mujeres se disculpan más que los hombres. Y un interesante estudio da un poco de luz de por qué podría ser.

Un estudio de 2010, publicado en *Psychological Science*, descubrió que hombres y mujeres tienen diferentes umbrales para percibir comportamientos ofensivos. En el primer estudio, tanto a hombres como a mujeres se les pidió registrar todas las ofensas que cometieran o experimentaran y si se había ofrecido una disculpa. Las mujeres reportaron ofrecer más disculpas que los hombres y cometer más ofensas.

En un segundo experimento, a los participantes se les pidió evaluar ofensas imaginarias y recordadas. Por ejemplo, se les preguntó qué tan serio sería si llamaran a un amigo muy de noche y lo despertaran, provocando que no se desempeñara bien en una entrevista al día siguiente porque estaba muy cansado. Las mujeres calificaron ese tipo de ofensas como mucho más serias que los hombres.

Los autores concluyeron que las mujeres tienen un umbral más bajo para acciones malas. Mientras que los hombres ven su comportamiento perfectamente aceptable, las mujeres que tienen el mismo comportamiento piensan que han roto las reglas o violado una norma social.

Esto no quiere decir que los hombres estén bien y las mujeres mal. Pero sí explica por qué para ellas es más difícil dar pasos más atrevidos, cruzar un pequeño límite lo ven como una ofensa seria. De forma interesante, los autores también encontraron que las mujeres tienden a perdonar más cuando se cruza un límite.

Sospecho que estas diferencias de creencias sobre violación de límites comienzan en la infancia. La noción de "los niños son niños" excusa a niños pequeños cuando están hablando de cosas asquerosas o cuando están haciendo concursos de eructos con sus amigos. Ese mismo comportamiento que saca una risita cuando lo hacen los niños puede resultar en regaño para una niña si lo hace, por ser maleducada o por no comportarse como una dama para aquellos que la rodean.

A LAS MUJERES QUE ROMPEN LAS REGLAS NO SE LES TIENE EN ALTA ESTIMA

Cuando se trata de violar normas sociales de comportamiento, los hombres son más propensos a recibir un pase gratis que las mujeres. En las oficinas se ve con frecuencia esta doble moral: las mujeres que cruzan la línea serán menos aceptadas que los hombres.

Un estudio de 2008, publicado en *Psychological Science*, descubrió que los hombres reciben un estímulo en la percepción de su estatus después de expresar ira. Las mujeres, por el otro lado, son vistas como menos competentes cuando hacen lo mismo. Similar a los que discutimos en el capítulo 3, a las mujeres se les castiga por mostrar ira.

El estudio descubrió que hombres líderes ganan respeto cuando alzan la voz o expresan descontento. Pero las mujeres líderes que gritan son consideradas como "mandonas" o "emocionalmente inestables".

Otros estudios han encontrado que violar normas de género ocasiona que otros ejerzan un "control social" en un intento de que las mujeres "cumplan con las reglas". Las que violan normas sociales son propensas a recibir miradas de enojo, menos dinero, menos ascensos, comentarios negativos u ostracismo.

Toma las negociaciones como ejemplo. Con frecuencia se les dice a las mujeres que la razón por la que ganan menos dinero es porque no negocian lo suficiente. Pero hay evidencia de que a las mujeres se les castiga por negociar porque no son "lindas" o "no muestran admiración" cuando piden más.

Claro que no sólo la violación de normas sociales en el trabajo lleva a una respuesta negativa. También te pueden penalizar por violar normas sociales fuera de la oficina. ¿Qué pasaría si fueras plomero y llegas al partido de futbol de tus hijos con el uniforme? Tal vez los otros padres no te incluirán en la conversación sobre compartir el auto. ¿O qué tal si juegas videojuegos *online* de forma seria? Decirle a la gente que amas jugar *Call of Duty* en tu tiempo libre haría que recibieras miradas de reojo. Puede haber consecuencias sociales por estar fuera de lo ordinario cuando se trata de normas sociales de género.

Por qué es malo

Las preocupaciones de Amber de salir de los papeles de género tradicionales crearon mucho estrés innecesario durante los últimos meses de embarazo. En un punto, evitó las llamadas de sus padres por tres días. No quería decirles que Doug se quedaría en casa porque le daba miedo que le dijeran que era un gran error.

Cuando al fin les dijo, sus padres estaban confundidos. De hecho, después de colgar el teléfono, su padre llamó a Doug y le preguntó: "¿Es por las hormonas que piensa así?" Doug le aseguró que era una decisión bien pensada que tomaron juntos.

Una vez que sus padres entendieron más, fueron un poco más comprensivos de lo que Amber esperaba. Su padre hacía comentarios sobre Doug dirigiendo "la guardería de papá" y a veces expresaba preocupación por el estrés sobre Amber por ser el único sostén de la familia. Pero Amber sabía que si se hubiera quedado en casa, habría satisfecho a sus padres pero no a ella.

Cuando quieres hacer algo, pero lo evitas porque tienes miedo de que sea contra las reglas, te sientes tentada a ceder. Las normas sociales y las expectativas pueden estorbar para tomar la mejor decisión para ti. Recuérdate que el conformarse también tiene consecuencias.

SEGUIR LAS REGLAS MANTIENE EL *STATU QUO*

En 1872 Susan B. Anthony hizo un voto ilegal en las elecciones presidenciales. Se le arrestó porque en ese momento las mujeres no tenían derecho de votar. Apeló los cargos, pero sus esfuerzos no tuvieron éxito. Le dieron una multa de 2 000 pesos que nunca pagó.

Se le consideró una criminal en su época. Pero abrió los ojos de muchas personas al hecho de que las mujeres merecían votar. Y más de 70 años después de que el gobierno le dijera que no podía, se le rindió honor colocando su retrato en la moneda de un dólar. Se convirtió en la primera mujer a la que se le dio ese honor.

Por desgracia no vio los frutos de su labor. Catorce años después de su muerte la 19ª enmienda de la Constitución de Estados Unidos dio el derecho a votar a las mujeres. Pero su voluntad de romper las reglas pavimentó el camino para todas.

Nadie quiere ser la primera en alzar la voz, con frecuencia por una buena razón: las pioneras reciben las mayores respuestas violentas, justo como le pasó a Susan B. Anthony. Cuando una o dos mujeres valientes dan un paso al frente tratando de generar un cambio, por lo general no son apoyadas por muchos aliados. En vez de eso, a las primeras personas en moverse no se les toma en serio.

Éste es el caso del acoso sexual en el trabajo. ¿Quién quiere ser la primera mujer en revelar que está siendo acosada por el jefe? La primera persona valiente en romper el silencio es quien más arriesga.

Un estudio de 2016, de la Comisión para la Igualdad de Oportunidades en el Empleo de los Estados Unidos, descubrió que de 25 a 85% de las mujeres sufre acoso sexual en el trabajo (como no se reporta, es difícil conocer los números reales). Incluso con las estimaciones más conservadoras, una de cada cuatro mujeres sufre este problema.

Hablar mal de los hombres a cargo va contra las reglas no escritas. Y aunque no culpo a nadie que decide que el riesgo es mucho para dar un paso al frente, el hecho de que las mujeres no se respalden unas a las otras permite que continúe este comportamiento dañino. A veces tienes que romper las reglas para abrir las puertas al cambio.

La buena noticia es que una vez que rompemos el *statu quo*, con frecuencia hay suficiente impulso para seguir en movimiento. Por ejemplo, el puesto de secretario de Estado.

En Estados Unidos este puesto se creó en 1789. La persona a cargo es considerada una de las más importantes en el gabinete del presidente. Hasta 1997 los presidentes sólo habían escogido hombres para esa posición. Eso cambió cuando Madeleine Albright se convirtió en la primera mujer secretaria de Estado. Aunque tomó más de 200 años para que una mujer tomara ese cargo, una vez que la primera fue seleccionada no pasó mucho tiempo para que las cosas cambiaran. Condoleezza Rice fue seleccionada en 2005 y Hillary Clinton tomó la posición en 2009. Una vez que abrimos la puerta al cambio es más fácil continuar con la tendencia. Pero alguien tiene que ser la primera mujer valiente en dar un paso al frente y decir: "Sé que en general ésta no es la forma de hacer las cosas. Me gustaría cambiar eso".

HAY QUE SACUDIR LAS COSAS PARA CREAR UN CAMBIO

Todos tienen preferencias de género, lo reconozcan o no. Y esas preferencias pueden retener a las mujeres.

Un estudio de 2014 de la Universidad de Columbia descubrió que los hombres tienen el doble de posibilidades de ser contratados para tareas matemáticas, incluso cuando las mujeres han demostrado tener mayor agudeza matemática. Estos gerentes de recursos humanos sienten que los hombres son mejores candidatos para el trabajo, incluso con evidencias de lo contrario.

En el estudio, se les pidió a 150 participantes completar una tarea matemática que implicaba sumar tantos números de dos dígitos como fuera posible en cuatro minutos. Después de completar la prueba se les dieron sus resultados.

NO TEMEN ROMPER LAS REGLAS

Algunos participantes se emparejaron al azar como "candidatos al trabajo" mientras que el resto del grupo actuó como "empleadores". A los empleadores se les presentaron pares de candidatos y se les dio la instrucción de "contratar" a uno de ellos para hacer una segunda prueba matemática. Los empleadores podían ganar un bono por contratar de forma correcta al candidato que se desempeñara mejor en la siguiente prueba, así que era de su interés contratar al individuo con la mayor habilidad matemática.

Cuando los gerentes tenían que contratar candidatos basados sólo en fotos, sin ninguna información sobre sus habilidades, eran el doble de propensos a contratar a un hombre en vez de una mujer.

En otro experimento, a los gerentes se les dieron datos duros sobre el desempeño de los candidatos en las pruebas matemáticas. Incluso cuando las mujeres tenían un récord de mejor desempeño, los hombres seguían teniendo más probabilidades de ser contratados.

En otra variación, los investigadores les dieron la oportunidad a los candidatos de comunicar sus habilidades matemáticas. Descubrieron que los hombres exageraban sus habilidades mientras que las mujeres subestimaban las suyas. Como consecuencia, los hombres fueron escogidos con más frecuencia que las mujeres. Mientras la gente siga creyendo que los hombres son mejores en matemáticas y ciencias, seguirán teniendo la mayoría de las posiciones.

Una de las entrevistadas para este libro es maestra. Me dijo: "El 90% de los maestros en mi escuela son mujeres y casi todos los administradores son hombres. Creo que eso tiene un efecto de filtro. Los niños aprenden que los hombres tienen más poder que las mujeres". Por desgracia, la noción de que los hombres son jefes y las mujeres asistentes está muy arraigada y tomará un largo tiempo para cambiarla. De otra forma, el *statu quo* continuará.

Qué hacer en vez de eso

Amber dijo que una de las cosas que la ayudó a tomar la decisión final sobre regresar al trabajo fue pensar en las lecciones de vida que quería que sus hijos aprendieran. ¿Quería criarlos pensando en los roles de género de la misma forma que ella? ¿O ella quería que supieran que estaba bien para ellos hacer lo que quisieran? Responder esa pregunta la ayudó a encontrar el coraje que necesitaba para hacer lo mejor para su familia.

Pero no todos estuvieron de acuerdo con su decisión. Su abuelo le dijo: "Un hombre de verdad sostiene a su familia". Y a veces se sentía incómoda cuando la gente le preguntaba cómo le iba con la guardería.

Con el tiempo, se sintió más cómoda con la idea de que no todos iban a estar de acuerdo con su decisión y se dio cuenta de que no era su trabajo hacerlos entender. En vez de eso, escogió lo que era mejor para su familia y tal vez inspirar a otras mujeres a hacer lo mismo por las suyas.

Levantarse para romper las reglas, ya sean regulaciones oficiales o normas no escritas, es difícil. Pero dar ese primer paso puede ser la clave para mejorar tu vida y la de las personas que te rodean.

RECONOCE LAS REGLAS NO ESCRITAS

Eleanor Roosevelt no estaba emocionada por convertirse en la primera dama. No quería dejar su trabajo de maestra y no quería abandonar la reforma social que había comenzado. Pero después de que su esposo, Franklin Roosevelt, tomó protesta en 1993, ella asumió el reto.

Todas las primeras damas anteriores pasaban su tiempo actuando como anfitrionas de la Casa Blanca, pero Eleanor quería ser más que un entretenimiento. Quería usar su posición para crear un cambio social.

Se convirtió en una defensora de los derechos civiles y luchó por las mujeres. Alentó a su esposo a escoger más mujeres para oficinas políticas. También hizo conferencias de prensa sólo para mujeres durante un tiempo cuando las reporteras tenían prohibido asistir a las conferencias de prensa de la Casa Blanca.

Viajó a través del país durante la Gran Depresión para tener conocimiento de primera mano de lo que estaba pasando. Le reportó al presidente sobre lo que estaba funcionando y lo que no.

Por casi 30 años escribió una columna sindical en un periódico donde exploraba temas como mujeres y trabajo, mujeres en la guerra e igualdad de derechos.

Antes de poder hacer todo eso, tuvo que aceptar que había una regla no escrita que decía que las primeras damas tenían que ser mujeres de mundo, no alguien que cambia las reglas del juego. Reconocer esa idea fue el primer paso para decidir si quería seguirla o no. Cuando se dio cuenta de que no quería, escogió hacer las cosas de forma diferente.

Es fácil caer en la trampa de pensar: "Las cosas se hacen de esta forma porque así se han hecho siempre". Incluso cuando la forma actual de realizar algo no sirve a un propósito real, podrías dejarte llevar y hacer las cosas de la misma forma.

Antes de poder romper las reglas, tienes que reconocer las normas no escritas que ya existen. De otra forma, las investigaciones dicen que irás con la multitud.

Un estudio de 2014, publicado en *Journal of Consumer Research*, resalta este principio. Los investigadores pusieron a dos personas en un cuarto juntas y le pidieron a cada una, una a la vez, que escogiera un tipo de té. Las descripciones de los tés estaban en coreano y los participantes no hablaban coreano, así que no fueron capaces de basar su decisión en las descripciones.

El estudio descubrió que la segunda persona en escoger una bolsa de té era muy propensa a copiar la elección de la primera. Asumían que la otra persona sabía más o quería integrarse.

Es una idea que se ha estudiado una y otra vez. La influencia social juega un papel importante en cómo se comporta la gente en referencia a cosas como tirar basura, donar a caridad o comprar objetos. Imitamos el comportamiento de los que nos rodean cuando no tenemos nuestra propia opinión.

La clave para escapar de la mentalidad de manada es formar tu opinión. Así que antes de tomar decisiones, haz una pausa y piensa por qué las estás tomando. Darte un poco de tiempo (incluso si sólo es un minuto o dos) para generar una opinión te ayudará a descubrir cuando estás siguiendo a la multitud.

JUSTIFICA TUS DECISIONES

Ya sea que escojas ir con la corriente o en contra de ella, prepárate para justificar tus decisiones. Para ser claros, tú no debes esa explicación a nadie más que a ti. Tienes que entender por qué haces lo que haces.

Por defecto, somos más propensos a hacer lo que implica menos esfuerzo. Por lo general, eso significa ir por las opciones por defecto.

Por ejemplo los impuestos, los beneficios extras de los seguros de gastos médicos y la donación de órganos. Si tu compañía quiere que los empleados donen a su programa de retiro, tendrá más participantes si envía un formulario que diga: "Marque aquí si no quiere participar". Si enviaran el formulario diciendo: "Marque aquí para participar", menos gente se inscribiría.

Ése es el caso para la donación de órganos también. Los países que tienen un plan de "participación" tienen menos donadores que países donde ser donador se hace de forma automática por defecto.

¿No es algo increíble en qué pensar? Decisiones importantes de la vida, unas que significan que alguien más puede morir o vivir, dependen de si tienes que llenar un formulario o marcar un recuadro extra.

Estudios han demostrado de forma consistente que la gente es menos propensa a imitar el comportamiento de otros si sabe que tendrá que explicar sus decisiones. Así que sólo con preguntarte por qué haces algo o por qué no, escapas de la mentalidad de manada.

Eso no quiere decir que debes tomar una posición sobre todo. Puedes decidir que el riesgo es muy grande o que las consecuencias podrían ser muy malas. Y tal vez tengas razón.

Tal vez decides seguir la misma trayectoria que siguen las mujeres en tu oficina porque en realidad no quieres estar en una posición de liderazgo. Estás feliz donde estás y no te interesa asumir el estrés de convertirte en gerente.

Pero tal vez no estás de acuerdo con el hecho de que la escuela de tu hija gaste más en deportes para niños que para niñas y decides tratar ese asunto. Así que comienzas a alzar la voz contra el hecho de que las niñas usan uniformes gastados, juegan en campos poco funcionales y tienen menos oportunidades de jugar.

Quizá te imaginaste explicando algún día a tu hija por qué estabas de acuerdo en enviarla a una escuela donde los deportes de niños tenían más financiamiento, mientras los de niñas eran ignorados. Pensar en cómo responderías esa pregunta tal vez te inspire a entrar en acción, porque no puedes justificar permanecer en silencio.

Cualquier decisión que tomes, justifica tu respuesta dentro de tu mente. Al menos después sabrás que tomaste una decisión consciente y no optaste sólo porque era más simple.

DEMUESTRA, NO DIGAS

Cuando se trata de romper las reglas, no hay una "regla" sobre cómo hacerlo y cómo hacerlo bien. Pero pedir permiso y esperar a tener luz verde para proceder puede no ser productivo. A veces sólo debes lanzarte, sabiendo que habrá consecuencias por tus acciones.

Uno de mis ejemplos favoritos de fieras rompe reglas es Kathrine Switzer. Fue la primera mujer en correr el maratón de Boston en 1967.

Kathrine era estudiante de segundo año de la Universidad de Syracuse y se había preparado muy duro con un entrenador. En esa época había una creencia muy arraigada de que las mujeres no tenían la capacidad física para correr los 42 kilómetros. Nadie la detuvo cuando se inscribió al maratón, así que se paró en la línea de salida junto a los hombres y comenzó a correr junto a su entrenador y su novio.

Cerca de la marca de los tres kilómetros un oficial corrió hacia ella y trató de forzarla a dejar la carrera. El entrenador le dijo que la dejara en paz, pero cuando persistió, su novio bloqueó al oficial y lo sacó del camino.

Todo el incidente quedó grabado desde una camioneta de prensa cercana. Así que mientras Kathrine continuaba corriendo, periodistas y fotógrafos la siguieron para hacerle preguntas como: "¿Qué estás tratando de probar?" o "¿en qué momento vas a dejar la carrera?" Kathrine respondía que no estaba tratando de probar nada. Ella sólo quería correr la carrera para la que había entrenado.

Kathrine terminó la carrera en cuatro horas y veinte minutos y su foto apareció en todos los periódicos al día siguiente. No mucho tiempo después de que la noticia llenara los encabezados, comenzó a recibir cartas de odio de gente que no apreciaba su esfuerzo. Las protestas negativas duraron años, incluidas muchas cartas de enojo de otras mujeres.

Se le preguntó al director de la Asociación de Atletismo de Boston, Will Cloney, qué pensaba sobre una mujer compitiendo en la carrera. Él dijo: "Las mujeres no pueden correr el maratón porque las reglas lo prohíben. Si no tuviéramos reglas, la sociedad estaría en caos. Yo no hago las reglas, pero trato de seguirlas. No tenemos espacio en el maratón para ninguna persona no autorizada, incluso si es hombre. Si esa chica fuera mi hija, le daría unas nalgadas".

A partir de esa experiencia, Kathrine se convirtió en defensora de un cambio social positivo. Y por fin, en 1972, las mujeres fueron invitadas de forma oficial a correr el Maratón de Boston.

En 2011 Kathrine fue agregada al Salón Femenil Nacional de la Fama por crear una revolución social al empoderar a las mujeres alrededor del mundo a través del deporte. En 2017, en el quincuagésimo aniversario de su primer maratón, corrió el Maratón de Boston otra vez. Se le dio el número 261, el mismo que se le asignó en 1967. Y más tarde ese año la Asociación de Atletismo de Boston retiró el número para siempre.

Ahora es absurdo imaginar a alguien que crea que las mujeres no pueden correr un maratón. Pero no hace mucho tiempo esa creencia era una norma.

A veces sólo hablar no te llevará muy lejos. Decirle a alguien que eres capaz o pedirles a los demás que reconsideren puede no ser suficiente. Si en verdad quieres cambiar las cosas, tienes que entrar en acción. Demuéstrale a la gente que eres competente si quieres que de verdad crean en ti.

ABRE PUERTAS PARA AYUDAR A OTROS

Hay muchas maneras de crear cambios positivos en el mundo. Con certeza, una forma es liderar con el ejemplo. Pero también puedes abrir la puerta para ayudar a otras personas a crear un cambio positivo.

Según se dice, Reshma Saujani tenía un currículum impresionante. Después de recibir su grado de maestra en política pública en Harvard, asistió a la Escuela de Derecho de Yale. Desde ahí, trabajó en Wall Street. Pronto entró en el ámbito político en la ciudad de Nueva York y se convirtió en la primera mujer indoamericana y en la primera mujer sudasiática-americana en postularse para el Congreso. Incluso fue nombrada en la lista 40 Under 40 de la revista *Fortune*.

Era importante para Reshma ayudar a mujeres jóvenes y decidió que la mejor forma de hacerlo era enseñando a las chicas sobre computadoras.

Fundó Girls Who Code, una organización sin fines de lucro dedicada a cerrar la brecha de género en la tecnología al cambiar la imagen de cómo luce y qué hace un programador. Girls Who Code ofrece programas de inmersión de siete semanas, programas especializados de dos semanas en campus y clubes después de clases para enseñar a las chicas habilidades computacionales como programación, robótica y diseño web. La meta de la organización es enseñar a un millón de chicas a codificar para 2020.

Aunque tal vez no puedas comenzar un programa nacional que alcance a un millón de personas, tal vez encuentres a una mujer que puedas ayudar. Si trabajas en una carrera en la que las mujeres no están bien representadas, enseña a otra mujer. También te podrías ofrecer como voluntaria para dar una plática en el día de carreras de la escuela local.

Habla con tus hijas, nietas, sobrinas y con las hijas de tus amigos sobre lo que quieren hacer cuando crezcan. Asegúrate de que ellas sepan que las chicas pueden disfrutar las mismas carreras que los chicos. No tienen que ser las enfermeras mientras que los hombres son los doctores. Y no tienen que ser las maestras mientras que los hombres son los directores.

Carrera

Doblar o romper algunas reglas incluso puede ser bueno para tu carrera. Por ejemplo Lori Greiner. No sólo es miembro del equipo de Shark Tank, también es conocida como "la reina de QVC". Es una inventora y emprendedora con un valor estimado neto de 50 millones de dólares.

Pero con certeza ella no sigue las reglas. Por ejemplo, dormir. No tienes que buscar mucho para encontrar libros o artículos que te dirán que el secreto para el éxito es despertarse temprano para tener una ventaja en el día. Y tal vez escuches que Tim Cook se levanta a las 3:45 a. m. y Richard Branson se levanta a las 5 a. m. porque los dos quieren comenzar el día antes de que amanezca.

Pero Lori no lo hace. Le dijo a la revista *Parade* que por lo general se va a dormir a la 1 a. m. o 2 a. m. ¿Y qué hace antes de ir a dormir? Se ejercita. Dudo que vayas a encontrar gurús de salud o especialistas en productividad que te recomienden hacer ejercicio robusto justo antes de ir a dormir. Pero Lori dice que es un búho nocturno y ese horario funciona para ella.

Hay evidencia que dice que romper las reglas puede contribuir al éxito, en especial cuando esas violaciones a las reglas fueron en la infancia. Un estudio de 40 años publicado en *Developmental Psychology* descubrió que los niños que rompen las reglas son más propensos a ganar más dinero de adultos. El estudio empezó examinando niños de 12 años en 1968.

Los investigadores se fijaron en sus características, comportamiento, inteligencia y estado socioeconómico de los padres. Después los siguieron durante la edad adulta. Para su sorpresa, los chicos "traviesos" fueron los que ganaban más. Aunque no tenían los puestos más prestigiosos, ganaban más dinero que los chicos que habían sido etiquetados como "estudiosos".

Los autores del estudio ofrecieron varias razones posibles para este resultado. Tal vez los chicos que rompían las reglas no tenían miedo de pedir aumentos con más frecuencia. O tal vez eran más propensos a ser más emprendedores e innovadores y marcaban su propio camino.

Así que a pesar de los artículos que te dirán lo que debes hacer para ser más productiva o exitosa, ten en mente que necesitas hacer lo que funcione mejor para ti. Eso no significa que no debas aprender sobre gente que está haciendo grandes cosas, pero no le tienes que copiar. Puedes descubrir que romper algunas reglas te ayuda a crear tu camino al éxito.

Familia

Con frecuencia, las familias tienen muchas reglas no escritas. Los padres que fueron a la universidad esperan que sus hijos vayan a la universidad y ganen más dinero. Los emprendedores esperan que sus hijos entren al negocio familiar. Pero a veces tienes que desafiar esas expectativas para alcanzar tus metas.

Debemos estar agradecidos de que mucha gente a través de la historia tomó la oportunidad y rompió las reglas de sus padres. Toma a Florence Nightingale como ejemplo. Sus padres eran ricos terratenientes. Cuando Florence les dijo que quería ser enfermera, ellos se lo prohibieron. Ellos esperaban que se casara con un hombre que asegurara su clase social, no que se entrenara para un trabajo que era visto como una labor insignificante.

Pero Florence rechazó varias propuestas de matrimonio y se mantuvo determinada a ser enfermera, a pesar de las objeciones de su familia. Continuó hasta lograr grandes cosas por la asistencia médica, como mejorar las condiciones sanitarias en hospitales. Su trabajo atrajo atención y premios del gobierno británico, incluido un broche grabado por la Reina Victoria.

Pero sólo fue capaz de lograr esos cambios positivos porque fue en contra de las reglas de sus padres. Tal vez tengas que hacer eso en tu vida en algún momento.

Veo mucha gente joven en mi consultorio que le cuesta trabajo decidir si seguir sus pasiones o el consejo de sus padres. Y veo a mucha gente adulta que sufre crisis de la mediana edad porque hizo lo que sus padres querían y se arrepiente de sus decisiones.

Puede haber consecuencias por romper las reglas familiares. Tal vez tus padres no paguen tus estudios. O tal vez no encajes en las funciones familiares. Pero es importante considerar las consecuencias que enfrentarás por seguir las reglas también.

Vida social

Hace unos años encontré un libro que pertenecía a la abuela de 96 años de mi esposo Steve. Era un libro sobre etiqueta social escrito en los años cincuenta. Cada página daba consejos sobre cómo las mujeres podían ser animadoras respetuosas y buenas anfitrionas para sus invitados. Enfatizaba la importancia de actuar como dama sin importar cómo se comportaran tus invitados. Estaba lleno de consejos sobre cómo ser la imagen de la elegancia y gracia mientras se entretenía a los invitados y se servía la comida.

Por fortuna hemos avanzado un largo trecho desde la era en la que la mujer era vista como una diosa doméstica. Pero todavía hay una variedad de normas sociales que se espera que sigan las mujeres, desde la forma en que vistes hasta las decisiones que tomas en el día a día.

Pero claro que no lo debes hacer. Y sólo reconocer que puedes tomar esas decisiones de forma habitual es muy liberador.

No tienes que pintar el cuarto de tus hijos en azul o rosa basada en el género. No tienes que esperar a un hombre que te proponga matrimonio. Y no tienes que pedir vino si prefieres tomar cerveza. Aunque hemos recorrido un largo camino para hacer aceptable en la sociedad que las mujeres rompan algunas reglas, todavía nos falta mucho. Así que ten en mente que tu voluntad de romper una regla aquí y allá puede ayudar a otras a estar más dispuestas a copiarte.

Romper algunas reglas te hace más fuerte

Desde *¿Estás ahí Dios? Soy yo, Margaret*, hasta *La ballena*, Judy Blume ha escrito sobre mujeres adolescentes desde 1960. Se han vendido 82 millones de copias y traducido a 32 idiomas. Pero no se volvió tan popular escribiendo lo mismo que todos los demás.

Fue la primera autora en escribir comentarios francos sobre los tiempos tumultuosos de la adolescencia. No todos aprecian su cándido acercamiento a temas como la pubertad, masturbación y métodos anticonceptivos. Algunos lugares prohibieron sus libros por ser "ofensivos de forma sexual". Ha recibido correos de odio y amenazas de muerte a lo largo de los años de gente indignada por su trabajo. Llegó a un punto en el que, incluso, necesitó guardaespaldas.

Pero Blume continuó escribiendo. Y sus libros ayudaron a millones de jóvenes a superar algunas de las etapas más incómodas de su vida. Recibió tantos correos de fans que incluso publicó un libro de cartas. Se le ha llamado "la autora que entiende" porque muchas chicas se identificaron con los personajes de sus libros.

La cantante Amanda Palmer incluso escribió una canción sobre los libros de Judy Blume. Dice que los personajes abrieron puertas y ventanas emocionales que había empezado a cerrar.

Y aunque millones de mujeres en el mundo aman lo que Blume tiene que decir, ella admite que escribir todas esas historias sobre chicas lidiando con la adolescencia también le ha ayudado. Le dijo a *The Guardian*: "Escribir salvó mi vida. Me salvó, me dio todo, se llevó toda mi enfermedad". Pero ella tuvo que romper las reglas para hacer eso. Durante una época en la que libros como *Charly y la fábrica de chocolate* y *Un viaje en el tiempo* eran populares, ella se atrevió a hablar de chicas y sexo.

Cuando rompes algunas reglas en tu vida, tienes la satisfacción de saber que vives tu vida de acuerdo con tus términos. Y aunque puedes encontrar algunas personas que no están contentas con tus decisiones, también encuentras fuerza en saber que te mantuviste fiel a tus valores y actuaste de acuerdo con tus creencias.

Solución de problemas y trampas comunes

Hay una diferencia entre romper las reglas porque estás tomando una posición y sólo por ser irrespetuosa. Escucho a mucha gente que dice cosas como: "Bueno, tendrán que lidiar con eso", cuando están violando un reglamento porque es floja o desinteresada, no porque esté tomando una posición. Así que antes de declararte una rebelde, toma un minuto para pensar en tu propósito.

Cuando se trata de romper las reglas, puede ser tentador esperar a otra persona que lo haga primero. Es más fácil unirse a un movimiento que alguien más inició que ser la primera persona en dar un paso al frente. Si estás pensando en hacer algo diferente, hay grandes posibilidades de que alguien más esté pensando lo mismo. Tal vez sólo necesites ser la primera en dar el paso.

Es fácil ignorar las "reglas" porque nos acostumbramos a ellas. Toma tiempo para considerar las reglas y procedimientos que sigues. Sólo porque has estado haciendo algo por mucho tiempo no significa que es una buena idea.

Para finalizar, puedes pensar que las generaciones pasadas eran muy tolerantes o que debieron generar un cambio. Después de todo, fue hace apenas unas décadas que pensábamos que las mujeres eran muy frágiles para correr un maratón. Pero hay grandes posibilidades de que futuras generaciones se sorprenderán por cosas que hacemos. Ahora parece lógico dividir equipos de deportes por sexo, ¿pero lo es? Tal vez los niños de futuras generaciones preguntarán: "¿Por qué eso estaba bien?" En este momento parece que eso hace que las cosas sean justas, pero tal vez pensaremos de forma diferente sobre cosas como ésas más adelante.

ES ÚTIL

- Identificar las reglas no escritas que sigues.
- Justificar tus decisiones para ti.
- Demostrar, en vez de decir, a la gente de lo que eres capaz.
- Ayudar a otros a alcanzar su potencial.
- Considerar las consecuencias de seguir las reglas.

NO ES ÚTIL

- Violar reglas por flojera o falta de respeto.
- Esperar que todos los demás entren en acción primero.
- Seguir las reglas sin considerar si son útiles.
- Ir con la corriente incluso cuando no quieres.

8

No menosprecian a otras para sobresalir

Sé la mujer que arregla la corona de otra sin decirle al mundo que estaba chueca.

ANÓNIMO

Meredith lucía exhausta la primera vez que asistió a terapia. "Apenas llegué a tiempo, porque mis colegas seguían haciendo preguntas tontas mientras trataba de salir de la oficina", dijo.

La mayoría de sus preocupaciones y fuentes de estrés se centraban en sus "estúpidos colegas". Era líder de equipo en una compañía que contrataba muchos recién graduados. Y a Meredith le disgustaba casi cada nueva contratación que entraba por la puerta.

"¿Has visto a los chicos estos días? —me preguntó—. No tienen ética de trabajo. ¡Son flojos y engreídos y por completo inútiles!"

Meredith se había desalentado con su trabajo en los últimos años. "Me da miedo pensar cómo serán los jóvenes en cinco años. Tengo que salir de ahí cuanto antes. Digo, ¿cómo se puede poner peor que con estos copos de nieve que estamos complaciendo?"

El estrés de Meredith en el trabajo también estaba salpicando su vida personal. Cada noche se quejaba con su esposo sobre el estrés que sufría a lo largo del día. "Le digo quién ganó el premio a la persona más estúpida del día", me contó.

Le pregunté a Meredith por qué seguía en su trabajo y respondió: "Me gusta la labor que realizo. Es la gente a la que no soporto". Después me explicó que no *todos* le caen mal en el trabajo, sólo los que están por debajo de ella.

"Cuando me reúno con los otros líderes de equipo, tenemos buenas conversaciones sobre los idiotas que esperan que lideremos —dijo—. Si no fuera por esas conversaciones pensaría que estoy loca. Pero los otros líderes de equipo están tan disgustados como yo con la clase de empleados que contratan estos días."

Dado que Meredith ya había llegado a la conclusión de que la gente de su equipo era el problema, le pregunté qué esperaba obtener al ir a terapia. "Sé que no puedo hacer que mis jefes contraten mejor gente, pero espero que haya algo que pueda hacer para sentirme menos estresada", contestó.

Meredith estaba en lo correcto, había algunas cosas que podía hacer para sentirse mejor, pero no estaba segura de que fuera a optar por alguna. Cambiar la forma en que pensaba sobre los demás empleados, reducir el tiempo que invertía en hablar de forma negativa sobre ellos y enfocarse en su carrera eran unas cuantas ideas que me vinieron a la mente.

Pero sabía que tenía que ir con cuidado. No era probable que Meredith hiciera esos cambios mientras se siguiera viendo como una pastora que guía un rebaño de borregos flojos y descerebrados.

Así que el primer asunto que abordamos fue el tiempo que pasa quejándose de sus empleados con su esposo. Al principio pensaba que usaba el humor para reducir su estrés al decirle a su esposo quién ganó el "premio del día". Accedió a dejar de hacerlo como un experimento para ver si se sentía mejor o peor.

Después de unas semanas de terapia le pregunté: "¿Has considerado que toda la energía que empleas en pensar, hablar y enojarte por las personas de tu equipo es la razón por la que te estresas? Tal vez no son las personas en sí, sino la forma en la que piensas sobre ellas y cuánto tiempo inviertes en hacerlo".

"Bueno, si trabajaras con gente estúpida todo el día verías que tienes que pensar en ellos todo el tiempo. Si no estás por encima de ellos, arruinarán todo", dijo.

Aunque podía decir que estaba frustrada, pregunté: "¿Hablar de tus empleados con tu esposo evita que ellos arruinen las cosas? ¿Hablar de ellos con los otros líderes de equipo es productivo?"

Reconoció que burlarse de los empleados a sus espaldas no ayudaba a mantenerlos en línea, pero pensaba que le ayudaba a reducir su estrés. "Tengo que sacar el enojo de alguna forma. No quieres mantener todo eso reprimido."

Esa declaración abrió una oportunidad para mí. Le enseñé la investigación detrás de la idea equivocada de que descargar la ira ayuda a sentirse mejor. Estudios han demostrado que descargarse añade combustible al fuego e incrementa la frustración y la ira.

Con la evidencia, Meredith se abrió un poco más a cambiar su comportamiento. Pasamos las siguientes sesiones viendo otras cosas que podía hacer de forma diferente, como invertir menos horas en quejarse sobre la gente de su equipo.

Después examinamos lo que pensaba. Una cosa era pasar menos tiempo hablando de forma negativa de la gente, pero también necesitaba cambiar su diálogo interno. Empezamos hablando sobre cómo restructurar la forma en que veía a la gente de su equipo.

En vez de verlos como "estúpidos" podría recordar que los nuevos empleados necesitan que los guíen. Y por eso ella era la líder, para dar consejos y retroalimentación, no insultos.

En el transcurso de varias sesiones, Meredith comenzó a cambiar su forma de pensar. En vez de concentrarse en su frustración sobre los empleados de su equipo, se concentró en sus habilidades como líder. Y cuando empezó a enfocarse en algo que sí controlaba, comenzó a progresar. Aunque su nivel de estrés no desapareció de la noche a la mañana de forma mágica, cambiar su actitud la ayudó a encaminarse en la dirección correcta.

¿Menosprecias a otras personas?

De niñas aprendimos a no ponerles apodos a los demás. Pero para algunas personas menospreciar a otros es un hábito muy difícil de romper. De hecho, los adultos tienen formas más sutiles pero más dolorosas de lanzar insultos. Y a veces la gente ni siquiera se da cuenta de que está minimizando a otros. ¿Alguna de las siguientes frases te suena verdadera?

☐ Señalo con rapidez los defectos de los demás.

☐ Si alguien dice algo malo sobre alguien que no está presente, no me siento obligada a alzar la voz.

☐ Me gusta escuchar chismes y me conocen por ser chismosa.

☐ Cuando decido que alguien no es una buena persona, me gusta asegurarme de que los demás sepan por qué.

☐ Digo cosas no muy halagadoras de mis amigos cuando no están cerca.

☐ Siento un poco de emoción cuando estoy sentada con un grupo que señala los defectos de otros.

☐ Menospreciar a otras personas parece una buena forma de estrechar lazos con gente a mi alrededor.

☐ Me gusta señalar los errores de alguien más porque quiero que todos vean que esa persona tiene defectos.

☐ Le pongo apodos a la gente en mi cabeza con regularidad.

☐ Menospreciar a otros me hace sentir mejor.

Por qué lo hacemos

Le pregunté a Meredith qué ganaba insistiendo en que sus empleados eran estúpidos. Respondió que tenía dos propósitos: la hacía sentirse inteligente y pensaba que reírse sobre las cosas de "sentido común" que sus empleados no sabían le daba un alivio cómico que reducía su estrés.

Dijo: "Si van a ponerme a cargo de gente incompetente al menos me voy a reír de eso". Pero es claro que no se estaba divirtiendo. Mientras más se quejaba, menos satisfecha se sentía con su trabajo. Quedó atrapada en un círculo negativo y tenía problemas para romperlo por su cuenta.

Si somos honestas, todas podríamos señalar una vez en nuestra vida en la que hemos menospreciado a alguien más, de una forma u otra. Tal vez nos ayudó a sentirnos mejor por unos minutos. O tal vez fue la manera de sobrellevar el que alguien más nos haya despreciado.

DECIR COSAS MALAS TE PONE EN LA CIMA DE LA PIRÁMIDE JERÁRQUICA

En términos clínicos, menospreciar a otros en la moda "adulta" se llama agresión relacional. Se refiere a rumores, sabotaje, exclusión, ridículo público y chisme. Sospecho que la mayoría diría que no hace estas cosas. Pero la triste realidad es que mucha gente lo hace.

La sociedad moderna no se comporta de modo que se alienten los unos a los otros y se señalen las fuerzas. En vez de eso, parece que amamos derribarnos entre nosotros.

Desde *Fashion Police* hasta *The Real Housewives*, los insultos se han convertido en entretenimiento. Vivimos en un mundo en el que los blogueros pueden vivir de señalar los defectos de la gente y las revistas de chismes sobre celebridades están en todas las filas de los supermercados.

Pero no sólo es entretenimiento de menosprecio, también te pueden ayudar a ganar estatus. La forma más fácil de prevenir que estés en el fondo de la pirámide jerárquica es burlándote de alguien más, entonces la gente pensará que por lo menos estás encima de ese individuo.

El psicólogo de la Universidad de Texas, David Buss, dice que las mujeres pretenden tirar a las personas encima de ellas. De acuerdo con Buss, se sienten amenazadas de forma particular por mujeres atractivas. Así que chismean o las menosprecian para equilibrar el campo de juego. En su libro *The Evolution of Desire: Strategies of Human Mating* dice que las mujeres que al parecer están más dispuestas a tener sexo casual son una amenaza especial para las que quieren relaciones largas. Así que tienden más a ridiculizar a las que ven como promiscuas al chismosear o haciendo comentarios despectivos como: "Ella tiene muslos gordos".

En un estudio realizado en la Universidad McMaster en Ontario, los investigadores examinaron cómo reaccionan las mujeres a mujeres que se visten de forma provocativa. Todas las participantes tenían entre 20 y 25 años; las emparejaron con una amiga o desconocida y se les dijo que hablarían sobre amistad femenina.

Durante el experimento, los pares eran interrumpidos por una actriz rubia. Usaba pantalones color caqui y una blusa cuando interrumpía a algunos grupos y una minifalda, botas y una blusa corta cuando interrumpía a otros.

Los pares de mujeres que veían a la actriz vestida de forma conservadora apenas la notaban. Ninguna hizo comentarios despectivos sobre ella.

Pero los pares que eran interrumpidos cuando usaba la minifalda y la blusa corta tenían mucho que decir. Hicieron comentarios negativos sobre su apariencia y susurraban entre ellas sobre la forma en que estaba vestida. Esto sucedió en particular con las mujeres que estaban emparejadas con una amiga, a diferencia de las que estaban emparejadas con una desconocida.

En una entrevista con *The Atlantic*, la autora del estudio, Tracy Vaillancourt, habló sobre agresión indirecta. En contraste con los hombres, que tienden a lanzar golpes o a meterse en altercados verbales, dijo que las mujeres "tienden a hacerlo de forma que no sean detectadas. O dan excusas por su comportamiento, como 'sólo estaba bromeando'".

Claro que no sólo la apariencia lleva a comentarios sarcásticos. Las "guerras de mamás" son otra forma en la que tratan de verse y sentirse superiores. Ya sea que desdeñen a la vecina que escogió no amamantar o que digan cosas sarcásticas sobre mamás que se dedican al hogar, muchas mujeres se meten en batallas para ver quién tiene hábitos parentales superiores.

Es como si reprender a otras mujeres por los chupones, vacunas o los hábitos de sueño de alguna forma les diera una ventaja en el ámbito parental. Los insultos contra las decisiones parentales de otra mujer con frecuencia los respaldan con "ciencia". Decir: "Todos los estudios dicen que no deberías hacer eso", de alguna forma justifica una frase grosera. Claro, la mayoría de estos comentarios no son para asegurarse de que los niños están siendo cuidados de la mejor manera, sino para menospreciar a otras madres y la crítica pueda verse elevada.

EL CHISME SE SIENTE BIEN

Ya sea que les digas a tus colegas del trabajo que escuchaste que el jefe está teniendo una aventura o que tú y tus amigas hablen sobre su amiga que no pudo asistir a su reunión, el chisme puede ser divertido. Y los estudios han mostrado que, incluso, te hace sentir bien.

Un estudio de 2012 conducido por investigadores de la Universidad de California, Berkeley, descubrió que esparcir chismes disminuye tu nivel de estrés, pero sólo cuando es "chisme prosocial".

El estudio examinó qué pasaba cuando los participantes cachaban a alguien haciendo trampa durante un juego económico. Los que descubrían al tramposo experimentaban un alza en su ritmo cardiaco. Pero en cuanto le decían a alguien más lo que habían visto, el ritmo cardiaco regresaba a la normalidad.

Los autores concluyeron que la gente se siente mejor cuando advertía a otros sobre el tramposo. Pensaban que decirle a alguien más podría prevenir que ese individuo tomara ventaja.

Así que advertirle a alguien sobre una potencial estafa puede ser bueno para ti y para quien te escucha. Pero a veces es fácil convencerte de que compartir información dañina sobre otros es (de alguna forma) un bien para el mundo, incluso si no es el caso.

Advertirle a una mujer que su novio (resulta ser tu ex) es un perdedor no tiene un propósito prosocial preciso. Y ser la primera en contarles a tus amigas sobre el último rumor que escuchaste no es un esfuerzo humanitario.

En vez de eso, tu voluntad de esparcir chismes puede darle un alza temporal a tu estatus. Te percibes poderosa cuando eres la primera en tener noticias jugosas. Tal vez también sientas que difundir noticias no muy buenas sobre otras personas podría aumentar tu estatus ante los ojos del grupo.

El chisme también es una forma de relacionarse. Quizá tienes un grupo de colegas en el trabajo que aman compartir los últimos rumores de la oficina. Te puede hacer sentir parte de un grupo selecto y te ayuda a separarte del resto de los empleados.

Por qué es malo

Durante una sesión, le pregunté a Meredith sobre su efectividad como líder de equipo. Dijo: "Es probable que sea tan efectiva como puedo, tomando en cuenta el tipo de gente que me dieron para liderar".

Le compartí un estudio famoso que mostraba cómo estudiantes se desempeñan de acuerdo con las expectativas del maestro. Cuando los maestros pensaban que sus estudiantes estaban dotados, los alumnos se desempeñaban mejor en pruebas estandarizadas.

Tras largas conversaciones y después de que Meredith revisó los estudios, fue capaz de ver que concluir que trabajaba con gente inepta era dañino. No sólo la gente de su equipo era menos propensa a triunfar, sino que también ella era menos propensa a ser un líder efectivo. Es probable que sentirse inefectiva fuera un causante de sus altos niveles de estrés.

Pero limitar las oportunidades de la gente es sólo una razón de por qué menospreciar a otros es malo. Puede ser dañino de muchas formas.

DERRIBAR A ALGUIEN CREA CICATRICES
EMOCIONALES DURADERAS

Solíamos enseñar esta frase a los niños: "Palos y piedras pueden romperme los huesos, pero los nombres nunca me harán daño". Es evidente que eso no es cierto. La forma en que la gente se habla y actúa tiene el potencial de hacer mucho daño.

Una de las mujeres que entrevisté era una estudiante graduada agredida de forma sexual por un estudiante muy conocido. Ella decidió no reportar el incidente porque sabía que si lo hacía todos se enterarían y tenía miedo del chisme que se haría sobre ella en el campus. Así que permaneció en silencio y continuó asistiendo a clases con el mismo estudiante que había abusado de ella. Dijo que hacerlo fue terrible, pero pensaba que la crueldad que tendría que enfrentar de los demás sería más dolorosa.

Por desgracia, sus miedos sobre los rumores no eran exagerados ni estaban distorsionados. Me recordó la historia de Kelly Valen. Ella se había unido a una hermandad en la universidad, y cuando un apuesto hombre la invitó a una fiesta de fraternidad durante su primer semestre, aceptó con felicidad. Después de beber demasiado, él la llevó arriba, donde se desmayó. La violó mientras algunos de sus compañeros de fraternidad veían. Algunos trataron de desalentarlo pero nadie lo detuvo.

Valen sentía una carga de responsabilidad por emborracharse y perder el control. Escribió un artículo para el *New York Times* donde decía: "Nunca hubo una plática sobre criminalidad, por alguna razón, simplemente no lo veíamos de esa forma". Continuó diciendo que no estaba preparada para la carga que sus hermanas de la hermandad le colocarían.

En las semanas siguientes a la violación, su hermandad chismeaba. Algunas de ellas la confrontaron y le dijeron que había avergonzado a la hermandad y que la violación había sido su culpa. Después se distanciaron de ella. Con el tiempo, fue expulsada de la hermandad después de que sus hermanas sostuvieran una reunión donde declararon que no era "material de hermandad".

Hablando sobre ellas, Valen dijo: "No sólo fallaron en apoyarme durante la crisis, me echaron de forma colectiva cuando estaba en el suelo, me juzgaron bajo un velo de hipocresía, después me desterraron como si fuera una leprosa. Su traición me hirió tanto que me dejó ansiosa y cobarde hasta el día de hoy".

Tras publicar su artículo, recibió respuestas negativas de otras mujeres. Al expresar su ira contra ella sólo estaban probando su punto: las mujeres se juzgan unas a otras y se traicionan sin compasión cuando se supone que deberían ser amigas.

La experiencia inspiró su libro *Twisted Sisterhood*, donde explora el "lado oscuro de las amistades femeninas". Como parte de su investigación, entrevistó a 3 000 mujeres sobre cómo se relacionan entre sí. Descubrió que 76% de ellas se sentían lastimadas por celos o competencia con otra mujer.

Pero esto se hace con frecuencia porque estamos acostumbradas a menospreciar a otras mujeres. Las mujeres quieren ser parte de un grupo. El ostracismo y la bravuconería excluyen a las que parecen ser amenazas. Si tú sientes que de forma constante estás compitiendo por recursos escasos, como buenos trabajos o una pareja adecuada, serás más propensa a hacer lo que sea necesario para salir adelante.

Nos dimos cuenta de que el acoso tiene un impacto mayor en la vida de las demás, en su bienestar psicológico, su salud y sus experiencias en la vida. Cuando pensamos en los bravucones, tendemos a referirnos al niño malo del patio. Pero las acosadoras vienen en todas las formas y la peor es la que pretende ser tu amiga.

MENOSPRECIAR A LAS MUJERES EVITA QUE TRIUNFEN

La idea de que hacer que alguien quede mal hará que tú te veas bien está equivocada. Nadie se eleva a sí mismo gritando insultos o siendo malo.

Pero hay una noción de que las mujeres tienen "mentalidad de cangrejo". Es la idea de que si pones cangrejos en una cubeta no tienes que poner una tapa, porque cuando un cangrejo comienza a salir de la cubeta los otros lo jalan.

Hay algo de verdad en la mentalidad de cangrejo. Las mujeres no están bien representadas en posiciones gubernamentales a nivel local, estatal y federal. La lista de 2018 de los 500 de Fortune sólo incluyó 24 mujeres CEO (menos de 5% del total de la lista). Y sólo 30% de presidentes universitarios son mujeres, de acuerdo con un estudio de 2016 conducido por el American Council of Education.

Podría ser tentador culpar a los hombres por esas estadísticas. Pero también las mujeres juegan un papel en retener y evitar que otras triunfen.

Dado que hay menos posiciones altas disponibles, es natural que las mujeres se sientan amenazadas por otras que son buenas candidatas para esas posiciones. Puede ser una ventaja para una mujer hablar mal de sus rivales en un esfuerzo por evitar que triunfen.

¿Y qué hay de las que sí tienen éxito? Una vez que llegan a la cima, ¿no deberían ayudar a otras a encontrar el camino? Bueno, las mujeres que luchan por otras pueden pagar un precio. Un estudio de más de 300 ejecutivos demostró que los hombres que promueven la diversidad tienen índices más altos de desempeño. Lucen como chicos buenos tratando de romper el sistema de los viejos chicos buenos. Pero cuando las mujeres ejecutivas promueven la diversidad, reciben índices de desempeño más bajos. Sus superiores piensan que están dando una ventaja a sus congéneres.

Claro que no es un fenómeno exclusivo de las mujeres. Investigaciones muestran que cualquier líder que sea parte de una minoría que trata de contratar diversos candidatos tiene probabilidades de ser visto como menos efectivo. Pero el problema resalta lo difícil que es para las líderes ayudar a otras mujeres. Corren un gran riesgo si tratan de ayudar a otras a subir posiciones.

Pero distanciarte de otras mujeres sólo perpetúa el problema. Decir cosas como: "No soy como las otras" o "me llevo mejor con hombres", es una forma sutil de decir: "Inclúyanme en las filas de los hombres pero no las incluyan a ellas".

Es comprensible por qué muchas mujeres se sienten obligadas a hacer esto, quieren asegurar sus posiciones. Pero tristemente, mientras más continuemos haciéndolo, menos probabilidades tendremos de salir adelante.

Qué hacer en vez de eso

En el caso de Meredith y su frustración con la gente de su equipo, reducir su estrés significaba cambiar sus pensamientos y su comportamiento. Pero también necesitaba un poco de búsqueda espiritual.

Una vez le pregunté qué ganaba menospreciando a la gente de su equipo, porque sin duda obtenía algo de eso. Reconoció que burlarse de los otros empleados la hacía sentirse un poco mejor consigo misma. La ayudaba a sentir como si estuviera separada de ellos, como si dibujara una línea en la arena entre "nosotros" y "ellos" con los otros líderes de equipo de su lado y los nuevos empleados del otro.

Parte de su tratamiento implicó encontrar estrategias que la ayudaran a satisfacer sus necesidades sin burlarse de los demás. Por ejemplo, podía encontrar formas de relacionarse con los otros líderes de equipo que no involucraran insultos a los empleados. Y podría guiar a las demás personas de su equipo y ayudarlas a aprender.

Eso no significaba que tuviera que ver a la gente a través de lentes de color de rosa. Podía reconocer que algunos cometían errores o que no aprendían rápido. Pero no tenía que etiquetarlos a todos como incompetentes.

Si no estás acostumbrada a alentar a otros, al principio será difícil. Pero con el tiempo verás la diferencia que puede hacer en la vida de los demás y también en la tuya.

ATRÁPATE CUANDO ESTÉS TENTADA A MENOSPRECIAR
A OTROS

Es tentador culpar a todos de ser los malos. Pero si somos honestas, es probable que identifiquemos muchas veces en las que menospreciamos a otros de distintas formas. Una de las mujeres que entrevisté para este libro, Susan, conduce un podcast llamado *Estrogen Bombs*. En su *show* ha hablado sobre la rapidez con que las personas se derrumban entre sí y reconoce que está trabajando en ello. "Creo que hay muchas cosas que han contribuido a eso. Con toda certeza también soy culpable, y es en lo que quiero trabajar para mejorar. Brilla en nuestras inseguridades cuando venimos de un lugar de juicios. No sólo son mujeres haciéndolo a otras mujeres. Somos todos. Tenemos que encontrar puntos en común y mostrar respeto los unos a los otros."

La Encuesta de Civilidad en América 2017 (el hecho de que se cuestione a la gente sobre esto es revelador) descubrió que tres cuartas partes de los estadounidenses creen que la incivilidad se ha elevado a niveles críticos. Los encuestadores, que definen civilidad como "conductas y expresiones respetuosas y amables", descubrieron que, en promedio, los estadounidenses experimentan 6.7 encuentros incivilizados a la semana.

Cuando se les preguntó quién es más propenso a experimentar incivilidad, 73% de la gente dijo que las mujeres. Sólo 53% dijo que los hombres.

A pesar de esas alarmantes estadísticas, un enorme 94% de estadounidenses dijo que siempre son amables y respetuosos con otros. ¿Es posible que sólo 6% de la población siembre el caos en el resto? Es mucho más probable que la gente que se comporta con insensibilidad ni siquiera se dé cuenta de que lo hace.

Es fácil convencerte de que nunca serás la persona que dice cosas malas a otros. Pero tal vez quieras ser precavida al decir que nunca te rebajarías tanto.

Hace poco tuve una conversación con Sue Scheff, autora de *Shame Nation*, sobre cómo internet nos da a todos la oportunidad de ser desagradables y, para muchas mujeres, las redes sociales se pueden volver una pesadilla. Dice: "Las mujeres no sólo son rápidas para atacar, también para ser atacadas. Las mujeres que no se sienten empoderadas fuera de internet creen que se pueden despedazar en línea".

Sue sabe una que otra cosa sobre cómo internet se usa como herramienta para menospreciar a otros. Fue víctima de un violento ciberataque donde se dañó su reputación y arruinó su compañía. Pero peleó y ganó. En 2006 fue indemnizada con 220 millones de pesos por un jurado que escuchó su historia de difamación a través de internet.

En vez de llamar a la mujer que empezó a difamarla en internet una "lunática malvada" o una "psicópata maligna", Sue dijo: "No creo que fuera una bravucona, por decirlo así. Era una esposa, una madre, tenía un buen empleo en un banco y no me quería. No todas las personas antipáticas tienen una enfermedad mental o falta de moral, como asumimos que son los *trolls*. Gente lastimada lastimará gente".

Muchas veces he visto eso en mi consultorio. La gente que se percibe pequeña o insignificante se siente poderosa cuando le hace daño a alguien más. Y el internet es un camino fácil para faltarles al respeto a otras personas.

Así que antes de que declares que nunca dirás o harás cosas malas, recuerda que todos somos crueles a veces. Menospreciar a otros no siempre es por las cosas que haces, a veces es por lo que no haces. Tal vez excluyes a un colega que no te agrada o das un cumplido malintencionado a una amiga cuando te sientes un poco celosa. Esas cosas pueden ser dañinas también.

Cuando te sientas tentada a menospreciar a otros, hazte algunas preguntas:

- **¿Qué estoy sintiendo?** ¿Te sientes celosa? ¿Ansiosa? ¿Estás enojada? Toma un minuto para entender de verdad las emociones que te están tentando a ser insensible o rencorosa.

- **¿Qué estoy tratando de conseguir?** ¿Esperas que la otra persona se sienta mal? ¿Quieres dañar la reputación de alguien más? ¿Esperas que se pongan de tu lado? Considera lo que quieres obtener al menospreciar a alguien.
- **¿Qué dice esto sobre mí?** ¿Te sientes amenazada por el éxito de alguien más? ¿Tienes baja autoestima? ¿Te cuesta trabajo lidiar con diferentes personalidades de forma sana? Puede ser una pregunta difícil de contestar, pero es muy importante para ayudarte a saber más de ti.

Si ya fuiste cruel o desagradable con alguien, hazte las preguntas de todas formas. Te ayudará a encontrar maneras de satisfacer tus necesidades sin menospreciar a nadie la próxima vez.

CONSTRUYE TU VALOR SOBRE CIMIENTOS SANOS

Cuando luchas para sentirte bien contigo, estarás tentada a menospreciar a otras para obtener un alza temporal en tu estatus. Pero mientras más menosprecies, peor te sentirás. Es un círculo vicioso.

Revisa cómo estás midiendo tu valor. Si lo has construido sobre cimientos dañinos, será más probable que menosprecies a los demás.

Aquí hay cinco cosas comunes y dañinas que no deben dictar tu valor:

- **Tu apariencia.** Tal vez sea el número en la báscula lo que determina tu felicidad en el día. O quizá el número de parejas románticas que atraes define cómo te sientes contigo. Dado que siempre habrá mujeres más atractivas que tú, basar tu valor en la apariencia te obliga a señalar los defectos de alguien más para sentirte mejor contigo de forma temporal.
- **Tu valor neto.** Si mides tu valor con tu valor neto, nunca te sentirás "lo suficiente valiosa". Siempre hay más juguetes que

comprar, casas más grandes que adquirir y vacaciones más lujosas que tomar. Nunca sentirás que tienes suficiente para estar contenta, porque siempre habrá alguien que tiene algo que tú quieres.

- **Las personas que conoces.** Aunque algunas mujeres sólo pueden sentirse bien consigo cuando están en una relación, otras piensan que van a recibir la admiración que necesitan para sentirse bien mencionando gente muy conocida. Pero depender de otras personas para sentirte bien es como perseguir un objetivo en movimiento.

- **Lo que haces.** En vez de decir: "Programo computadoras", la mayoría de las personas se presenta diciendo: "Soy programador de computadoras". Para muchas personas, el trabajo no es lo que *hacen*, es lo que son. Su carrera les reafirma que son "alguien". Pero una recesión económica, un giro inesperado en el mercado, un problema de salud grave, incluso la jubilación planeada destruirá tu valor si tu identidad está ligada a tu puesto.

- **Lo que logras.** A veces la gente sólo quiere ser conocida por sus logros. Necesitarías experimentar triunfo constante para sentirte bien contigo y eso significa que, de forma probable, evitarás hacer cosas donde puedes fracasar.

Si basas tu valor en cimientos inestables, te sentirás mal cada vez que conozcas a alguien más inteligente, más bonita, más rica, más rápida o más exitosa que tú. Y te verás tentada a menospreciarla para sentirte mejor.

En vez de perseguir cosas que levanten tu autoestima de forma temporal, mide tu valor por quién eres en tu *corazón*. Compórtate de acuerdo a tus valores y crea una vida de significado y propósito. Entonces te sentirás menos amenazada por quienes te rodean.

REPLANTEA TUS PENSAMIENTOS

Es fácil hacer juicios generalizados sobre otras personas, como: "Ella es aburrida" o "él es un patán". Pero ésas son tus opiniones, no hechos. Cuando sacas esas conclusiones sobre personas, es probable que tu mente no cambie.

Una vez que comienzas a ver alguien a través de cierto lente, es difícil verlo de forma diferente. Si concluyes que tu colega es molesta, buscarás comportamientos que reafirmen esa creencia. Cada vez que la veas, criticarás su lenguaje corporal en tu cabeza. O cada *click clack* que escuches mientras camina por el pasillo se sentirá como si bailara tap sobre tu último nervio.

Así que ¿qué tal si en vez de decirte: "Ella es molesta", replanteas tus pensamientos? Podrías pensar: "Ella habla más que yo" o "ella disfruta ser el centro de atención". Está bien aceptar: "Me siento irritada por esas cosas", pero no significa que sea una persona molesta. Tal vez signifique que tienes baja tolerancia hacia gente con ciertas características. O quizá sólo significa que tienen personalidades diferentes. Apégate a los hechos sin juicios.

La gente a la que estás más tentada a menospreciar puede ser la que tenga más que enseñarte sobre la vida. La persona que más te molesta podría enseñarte a tener paciencia. O ese colega que es muy duro contigo puede enseñarte a hablar por ti de forma asertiva.

Hay lecciones que aprender en todos lados y averiguar cómo tratar a los demás con amabilidad, incluso cuando no queremos, es una habilidad. No quiere decir que tengas que esforzarte por alguien que te trata mal, pero superar un encuentro difícil sin soltar palabras desagradables puede ser una oportunidad para crecer.

HAZ UN ESFUERZO CONSCIENTE PARA LEVANTAR A LA GENTE

Hace poco vi un maravilloso ejemplo de camaradería femenina en Facebook. Mi amiga Lisa escribió que su espalda se sentía mejor cuando caminaba 20 minutos. Pero le dolía mucho, en especial al comienzo de sus caminatas. Así que posteó de nuevo en Facebook y de forma valiente pidió: "¿Alguien estaría dispuesto a preguntarme todos los días si ya salí a caminar? Necesito que me responsabilicen hasta que se me haga un hábito". Nuestra amiga en común, Jodi, de inmediato se apuntó para ayudarla.

A lo largo de las siguientes semanas Jodi se convirtió en la mayor animadora y alentadora de Lisa. Empezaba preguntando: "¿Ya saliste a caminar hoy?" Si Lisa confirmaba que ya lo había hecho, Jodi le respondía: "¡Buen trabajo!" En los días en los que Lisa le ganaba a Jodi y anunciaba que ya había salido a caminar, Jodi la alentaba diciendo cosas como: "¡Vamos Lisa, vamos!"

¿Imaginas cómo sería la vida si todos hiciéramos ese tipo de cosas los unos por los otros? ¿Qué podrías lograr si tuvieras tu propio equipo de animadoras que de forma genuina quieren que alcances grandes cosas?

Podrías pensar: "Sí, pero no lo tengo. No tengo amigos que se responsabilicen de una forma amable y no trabajo con gente que quiera que triunfe". Sospecho que muchas mujeres se sienten igual. Pero incluso si eso es verdad, hay una cosa que puedes hacer: convertirte en animadora para otras personas.

Hay una gran cita de Nishan Panwar: "El mundo está lleno de gente buena. Si no puedes encontrar una, sé una". Lo mismo se puede decir sobre ser una animadora. Si no tienes a nadie animándote en la vida, conviértete en esa persona para alguien más.

Pero sé una animadora genuina. Los clichés genéricos y cumplidos vacíos no son útiles. Encuentra a alguien con una meta para que tu misión sea animar sus esfuerzos. Puede ser tan simple como alentar a una amiga a alcanzar sus objetivos de ejercicio o tan grande como apoyar a otra que está tratando de recomponer su vida después de un divorcio. Tratar a otros con amabilidad y apoyo te ayudará a sentirte mejor contigo. Y mientras más lo hagas, más lo querrás hacer.

26

Carrera

Sólo una mujer ganó un premio principal en los Grammys de 2017, Alessia Cara fue nombrada Mejor Nuevo Artista. Los hombres cosecharon el resto de los premios. Después de que se dieron los premios, el presidente de la Academia de Grabación, Neil Portnow, respondió diciendo que las mujeres "que tienen la creatividad en sus corazones y alma" necesitan "dar un paso adelante".

Pink, quien actuó en la ceremonia, respondió en Twitter: "Las mujeres en la música no necesitan 'dar un paso al frente', las mujeres lo han hecho desde el comienzo de los tiempos. Han dado pasos al frente y también se han hecho a un lado. Las mujeres se apropiaron de la música este año. Lo han hecho muy bien. Y cada año antes de eso".

Continuó: "Cuando celebramos y honramos el talento y los logros de las mujeres y cuánto sobresalen cada año, contra toda probabilidad mostramos a la siguiente generación de mujeres y chicas y chicos y hombres lo que significa ser iguales y ser justos".

Pink podría haberse separado de otras mujeres con facilidad al señalar que había actuado en la premiación de los Grammys o diciéndoles que dieran un paso adelante, como una forma de mostrar que es diferente al resto de mujeres artistas. Pero no lo hizo. Escogió alzar la voz por las mujeres en la industria de la música.

Quizá hay momentos en tu carrera en los que enfrentarás una decisión, ¿declaras que eres diferente a otras mujeres como una forma de separarte de la manada? ¿O alzas la voz por las mujeres que están siendo marginadas?

Incluso si no puedes alzar la voz en una forma grande como lo hizo Pink, igual puedes extender una mano a otra mujer. Ayuda a una recién graduada a encontrar un lugar en la industria o dedica tiempo a ayudar a otras mujeres a descubrir cómo triunfar en tu negocio.

Convertirte en mentora podría darle a otra el apoyo que necesita para seguir adelante.

Familia

Aunque la gente más cercana a ti debería ser quien mejor te trata, para muchas personas no es el caso. Se sienten cómodas con sus esposos, sus hijos, incluso con sus padres y los atacan de forma verbal.

Escuchar palabras desagradables de las personas que se supone que más te aman puede lastimar mucho. Así que si eres culpable de tratar mal a tus seres queridos, comprométete a terminar ese hábito. Tus palabras tienen un efecto duradero en tus relaciones. Asegúrate de tratar a tus seres queridos mejor de lo que tratas a extraños o conocidos.

Si tienes hijos, aprenderán a interactuar con otros viendo cómo te comunicas. Si eres grosera, insultante y desagradable, tus niños crecerán pensando que ese tipo de comportamiento está bien y pueden desarrollar un sentido distorsionado de amor y familia.

Decide qué vas a desarrollar a los miembros de tu familia dentro y fuera de tu casa. Ofrece elogios genuinos, palabras amables y mucho amor. Y cuando haya gente alrededor, habla de forma positiva de tu familia. Tus amigos no necesitan escuchar sobre los errores, defectos y fracasos de tu esposo.

Vida social

Gram, la abuela de mi esposo, ha tenido el mismo grupo de amigas por casi 90 años. El equipo de Gram se formó en primero de primaria (al parecer no tenían kínder en 1930).

Las cuatro niñas jugaban basquetbol en la escuela. Pasaban noches en la casa de una u otra, iban a nadar y trabajaban juntas en las tareas escolares. En 1941, después de graduarse, tres de las amigas se mudaron a Nueva York para convertirse en mecánicas de aviones durante la Segunda Guerra Mundial. Compartieron un departamento de una recámara y cuando no trabajaban salían a disfrutar de la ciudad.

Desde problemas de salud hasta enviudar, han atravesado muchas adversidades a lo largo de los años. Pero también muchas celebraciones, matrimonios, hijos y nietos, por mencionar algunas. Y las cuatro se han mantenido juntas en la dicha y en la adversidad.

Gram habla de sus amigas con mucho aprecio. Y sospecho que el respeto que se tienen es el secreto de su habilidad para crear relaciones tan duraderas.

Uno de los dichos de Gram es: "No deberías hablar mal de tu suegra porque un día tú podrías ser una". Sospecho que es una filosofía que aplica a las amistades también. Nunca la he escuchado decir nada malo sobre sus amigas. En vez de eso, comparte sus triunfos y dichas como si fueran las suyas.

Y aunque no tengas amistades que duren 90 años, puedes crear relaciones duraderas y de confianza que pasen la prueba del tiempo. Una de las mejores formas de hacerlo es decidiendo que nunca vas a menospreciar a tus amigas.

También significa apoyarlas. Cuando una amiga se excusa para ir al baño y la otra te dice: "¿Puedes creer que haya usado ese vestido?", es tu oportunidad de ser una buena amiga. Establece un precedente que demuestre que no vas a menospreciar a nadie, en especial a tus amistades.

Alentar a otros te hace más fuerte

Si alguien debería tener un pase gratis para menospreciar a otros sería Lizzie Velasquez. Ha estado en el punto de recepción de crueldad un par de veces.

Lizzie tiene un raro desorden genético que evita que gane peso. A pesar de consumir miles de calorías al día, nunca ha pesado más de 30 kilos.

Cuando tenía 17 años descubrió un video de Youtube llamado "La mujer más fea del mundo". Después de verlo se dio cuenta de que el video era sobre ella. Para cuando lo vio, el video de ocho segundos ya había sido visto más cuatro millones de veces.

Tras ver el video, Lizzie bajó la pantalla para ver lo que la gente decía. Había miles de comentarios y ninguno era amable. En vez de eso decían cosas como: "Hazles un favor a todos y mátate" y "si la gente ve su cara en público quedará ciega".

Lizzie dice que ése fue el peor momento de su vida. Pero decidió no tomar represalias. Decidió convertirse en activista *antibullying*. Escribió libros, dio una charla TEDX que se convirtió en una de las charlas más famosas de todos los tiempos y comenzó su canal de Youtube. Incluso hay un documental sobre ella que apareció en Lifetime. Su trabajo ha educado a incontables personas sobre la amabilidad y estrategias para frenar el acoso.

En su libro *Dare to be Kind*, Lizzie dice que trata de practicar sentir compasión por otros, incluso cuando lanzan odio. Cuando alguien comentó en su canal de Youtube: "¿Por qué todos le mienten a Lizzie diciéndole que es bonita? ELLA sabe que no es bonita. Puede que sea grosero, pero al menos no soy un mentiroso", ella demostró su habilidad de ser amable ante la crueldad. Respondió: "Cada quien tiene su propia perspectiva y está bien. Respeto tu opinión. Pero hay una forma de expresarla que no es tan descortés. Gracias por tu comentario. ¡Espero que tengas un buen día!"

Para la sorpresa de Lizzie, la persona respondió tras unos minutos: "¡Wow, sí eres tú! ¡Soy un gran seguidor tuyo!" Lizzie reconoce que a veces es difícil mostrar compasión y respeto, pero dice: "Estamos aquí para ayudarnos entre nosotros. Eso es nuestro propósito como especie. Es el punto de ser humano: amarnos a nosotros y a los demás y hacer lo mejor cada día".

Nadie se hizo más fuerte menospreciando a otros. Pero al levantar a otros, incluso a la gente que piensas que no merece tu amabilidad, puedes hacer una diferencia en el mundo. Retándote a ser mejor y hacer el bien, incluso cuando es difícil, también te ayuda a desarrollar tu músculo mental. Menospreciar a otras es fácil. Pero para ser amable y respetuosa en cualquier circunstancia se requiere verdadera fuerza de carácter.

Solución de problemas y trampas comunes

Decidir que no vas a menospreciar a nadie no significa que debas tolerar comportamiento dañino. Es importante establecer límites con la gente que no es buena contigo. Eso significa distanciarte de forma física o defenderte. Pero puedes hacer todo eso sin culpar a la otra persona o menospreciarla.

Usa mensajes de "yo" para comunicar tus intenciones. En vez de decir: "Eres un patán", di: "Yo me siento ofendida". Ese pequeño cambio en la forma en que te comunicas hace una gran diferencia en qué tan efectiva eres para crear un cambio.

También es difícil tratar a otros con respeto si tu diálogo interno es demasiado crítico. Si todo el día te estás poniendo apodos, serás más propensa a hacerlo con los demás. Observa la forma en la que te hablas. No le harás ningún favor a nadie, en especial a ti, si de manera constante buscas fallas en ti.

Hablarte con compasión, perdonarte por tus errores y no tomarte tan en serio te ayudará a dejar de menospreciar a otros. Cuando te sientes bien por quién eres, eres capaz de apreciar a los demás por lo que son, con defectos y todo.

ES ÚTIL

- Reconocer cuando te sientes tentada a menospreciar a alguien.
- Descubrir los pensamientos y sentimientos detrás de tus deseos de atacar de forma verbal.

- Construir tu valor por quién eres de corazón, no por factores que no puedes controlar.
- Replantear los pensamientos que tienes sobre otras personas para reconocer que es tu opinión, no un hecho.
- Levantar a otras personas de forma proactiva.

NO ES ÚTIL

- Atacar cuando te sientes amenazada por el éxito de alguien más.
- Separarte de otras mujeres para ganar una ventaja competitiva.
- Señalar los defectos de otras personas para asegurarte de que los vean.
- Desahogarte o quejarte porque piensas que reduces tu estrés.
- Convencerte de que estás "advirtiendo" a otros cuando hablas mal de alguien.

9

No dejan que las demás limiten su potencial

Nadie puede hacerte sentir inferior sin tu consentimiento.

ELEANOR ROOSEVELT

Marcia quería terapia porque se sentía "atrapada en la rutina". Lo primero que dijo cuando pisó mi consultorio fue: "Siento que no voy a ningún lado en la vida".

Marcia y su novio vivían con dos *roommates* porque no podían pagar un lugar para ellos solos. Ella trabajaba medio tiempo como cajera en una tienda de regalos y su novio también, pero en otra tienda, en la misma plaza comercial.

Los dos tenían la misma meta, trabajar tan poco como fuera posible para poder disfrutar la vida. "Quiero trabajar para vivir, no vivir para trabajar", decía. Pero empezaba a sentir los efectos de esas decisiones.

Marcia quería tener hijos algún día, pero no estaba segura de cómo podrían mantenerlos. "No tenemos ninguna prestación. Tampoco podemos pagar la compostura del carro. Me gusta andar en bici a veces, pero cuando hace frío o no me siento bien me gustaría que nuestro carro funcionara."

Accedió a comenzar tratamiento para abordar la confusión que estaba experimentando y para encontrar estrategias que la ayudaran a "desestancarse". Pasé las siguientes semanas conociendo mejor a

Marcia. Dijo que la relación con su novio era buena. Y aunque le caían bien sus *roommates*, quería tener un lugar propio con él.

Una de las cosas más interesantes que aprendí sobre Marcia tenía que ver con sus dinámicas familiares mientras creció. Tenía dos hermanos mayores, sus padres se referían a su hermana como la "atleta" y llamaban a su hermano "matleta" porque era bueno en matemáticas. Pero a Marcia siempre le dijeron "espíritu libre".

"Quería que me llamaran 'la música' porque amaba tocar la guitarra y cantar. Pero no, siempre me vieron como una abraza árboles porque era diferente", dijo.

Aunque sus padres eran amorosos y seguro asumieron que su etiqueta era inofensiva, llamar a Marcia "espíritu libre" la afectó de forma profunda. "Siempre me sentía diferente y no necesariamente en una forma buena", dijo.

Es probable que la etiqueta de sus padres se convirtiera en una profecía. A diferencia de sus hermanos, Marcia no fue a la universidad. En vez de buscar el trabajo mejor pagado, optó por un puesto de medio tiempo en una tienda.

Y aunque no había nada de malo con eso, Marcia sentía que necesitaba aceptar por completo ser un "espíritu libre", aunque no le funcionara bien. Para ella, eso significaba no valorar el dinero y no preocuparse por bienes materiales. Pero le daba miedo no poder criar niños en un ambiente estable si continuaba así.

En esencia Marcia sufría una crisis de cuarto de vida. Toda su identidad estaba envuelta en la idea de que era un espíritu libre y ahora no estaba segura de que eso fuera en verdad lo que quería ser. Tenía que decidir lo que en realidad valuaba y necesitaba para pensar qué tipo de cambios querría hacer.

En el transcurso de varios meses discutimos lo que significaría para ella tener un trabajo más tradicional, uno que la ayudara a sentirse más segura en el aspecto económico. Marcia luchó con la idea por algún tiempo. Le daba miedo ser "una persona regular y aburrida", pero al mismo tiempo anhelaba más estabilidad en su vida.

Así que una vez le pregunté: "¿Qué pasaría con tus relaciones si tuvieras un empleo de tiempo completo y una casa?" Respondió: "Bueno, temo que escucharía a mi familia decir: 'Te lo dijimos'. Pensarían que por fin entré en razón y pasé esa fase de mi vida".

También le preocupaba que sus amigos pensaran que había cambiado para mal o que estaba renunciando a su identidad para ser como todos los demás. No estaba segura si les gustaría.

El tratamiento de Marcia se enfocó en ayudarla a identificar sus valores y vivir acorde a ellos. Podía crear cualquier tipo de vida que quisiera y era libre de cambiar su estilo de vida con la frecuencia que deseara. Pero estaba permitiendo que las creencias de otros sobre lo que suponían que debía de ser limitaran su potencial.

Descubrimos lo que ella quería ser en realidad. Y después identificamos los pasos que podría seguir para convertirse en esa persona.

Con el tiempo decidió buscar un trabajo de tiempo completo, también lo hizo su novio. Se mudaron a un lugar propio y arreglaron su carro. Y poco a poco la forma en la que Marcia se veía empezó a expandirse. En vez de encasillarse en un tipo específico de persona, comenzó a verse como multifacética. Todavía era un espíritu libre con un trabajo de tiempo completo.

¿Permites que otras personas limiten tu potencial?

Hay formas obvias en las que alguien limita tu potencial, como renunciar cuando una persona querida te dice que no vas a tener éxito. Pero también hay formas más sutiles en las que dejas que los otros te retengan y no alcances la mejor versión de ti. ¿Alguno de los siguientes puntos te describe?

- ☐ Si me rechazan, es probable que no intente otra vez.
- ☐ Creo en las críticas que escucho de mí, sin importar la fuente.
- ☐ Cuando alguien me desanima a hacer algo, no lo hago.

☐ Aunque vivo para alcanzar las expectativas de alguien más, nunca las excedo.

☐ Siento como si hubiera caído en papeles específicos y es difícil liberarse.

☐ Hay ciertas cosas que nunca he intentado hacer porque me da miedo que la gente se burle de mí.

☐ Me importan mucho las opiniones de los demás.

☐ Necesito mucho apoyo para expandir mis horizontes.

☐ Escucho los consejos de los demás (incluso cuando son malos) porque no confío en mi opinión.

Por qué lo hacemos

En una de sus sesiones, Marcia dijo que de forma extraña sentía que ser un "espíritu libre" les daba a sus padres algo para presumir. Cuando hablaban con gente sobre su hermana, contaban acerca del equipo de basquetbol que entrenaba. Cuando hablaban sobre su hermano, mencionaban su trabajo como ingeniero. Y cuando hablaban sobre Marcia decían cosas como: "Bueno, ¡Marcia vive con sus propias reglas!" Desde reciclar objetos que otras personas desechan hasta sembrar verduras orgánicas, sus actividades le daban a su familia algo de qué hablar.

Tenía miedo de dejar de hacer algunas de esas cosas porque ellos dejarían de hablar sobre ella. Perdería algunas de las cosas que la hacían única. Crecer en una familia exitosa hacía que destacar fuera difícil. Y como no era la más lista o la más atlética, ser un espíritu libre parecía la mejor forma de ganar atención.

Pero nunca pensó en esto en realidad. Sólo fue algo que pasó de forma inconsciente. Se apegó más y más a la etiqueta con el paso del tiempo sin considerar si era algo que en realidad quería hacer.

Aunque tal vez no tuviste una etiqueta tan clara de niña, hay algunas formas en que tu familia, tu jefe, tus amigos, incluso extraños limitan tu potencial.

LAS NIÑAS SE CONVIERTEN EN ENFERMERAS, LOS NIÑOS EN DOCTORES

Hay un viejo acertijo sobre un padre y su hijo que sufren un accidente automovilístico. El padre muere. El hijo es llevado al hospital. El cirujano lo ve y dice: "No puedo operar a este paciente. Es mi hijo". ¿Cómo explicas eso?

Investigadores hicieron esa pregunta a 197 estudiantes en la Universidad de Boston, muchas de las cuales se describían como feministas. Sólo 14% dijo que el cirujano era la madre del chico. Otras estudiantes sugirieron que el cirujano podría ser el padrastro del chico o la pareja gay de su padre. Incluso mujeres que tenían madres físicas no fueron capaces de adivinar que el cirujano era la madre.

A las participantes también se les dio una versión alternativa del acertijo: una madre muere en un accidente, la hija va al hospital y un enfermero dice: "No puedo cuidar a ese paciente porque esa chica es mi hija". Los resultados fueron casi idénticos, pocas personas adivinaron que el enfermero era el padre de la paciente.

Los investigadores aplicaron el acertijo a niños de entre siete y 17 años. El 15% sugirió que el cirujano era la madre del chico. El resto dio otras ideas creativas, como que el cirujano era un robot o un fantasma. Algunos incluso pensaron que tal vez los oficiales se equivocaron al pensar que era el padre el que había muerto.

La idea de que los hombres son médicos y las mujeres enfermeras surge de los esquemas de género, generalizaciones que nos ayudan a explicar nuestro complejo mundo. Los esquemas son atajos que nos ayudan a navegar el mundo con más rapidez y más eficiencia al poner cosas en categorías. Los formamos en edades tempranas y tendemos a aferrarnos a ellos, incluso cuando enfrentamos evidencia de lo contrario.

Así que, aunque sepas que una mujer puede ser doctora y un hombre enfermero, es probable que todavía tengas un sesgo de género subconsciente basado en los esquemas que desarrollaste.

Investigadores de Harvard revisaron qué tan arraigada está nuestra noción sobre estereotipos de género en un estudio que examinaba asociación implícita de tareas. Los investigadores les dijeron a los participantes que Jonathan era enfermero y Elizabeth doctora. Después les mostraron un par de fotos y les pidieron que presionaran un botón si las palabras tenían relación.

Cuando les mostraron las palabras "Elizabeth" y "doctora", los participantes eran mucho más lentos para presionar el botón. Cuando les decían que Elizabeth era enfermera y Jonathan doctor, eran capaces de asociar las palabras con más rapidez. Los investigadores concluyeron que no importaba lo que se les dijera a los participantes, seguían viendo a Jonathan como doctor y a Elizabeth como enfermera.

Estudios muestran que tampoco vemos a las mujeres como líderes. De hecho, han demostrado de forma repetida que cuando se le pide a la gente dibujar un líder, tanto hombres como mujeres casi siempre dibujan un varón.

Es muy probable que estos estereotipos tan arraigados limiten nuestro potencial. ¿Cuántas chicas se convierten en enfermeras porque no pensaron que ser doctora fuera una opción? ¿O cuántas decidieron ser recepcionistas porque los jefes son hombres?

Incluso si alguien te dice que puedes ser bombero, albañil o astronauta ¿en verdad crees que puedes hacerlo? Tal vez tienes un esquema de género que te hace dudar un poco sobre si las chicas en realidad pueden hacer esas cosas.

Amber, una mujer que entrevisté para este libro, fue criada como mormona en Utah. Desde una edad temprana le inculcaron la idea de que su trabajo era convertirse en madre y cuidar del hogar.

Me explicó que sus padres la alentaron a ir a la universidad, no para recibir educación, sino para encontrar marido. Nunca quisieron que fuera "una profesionista". Conoció a su esposo en la universidad y se casaron tan pronto como obtuvo su título. Tuvieron tres hijos juntos y se convirtió en ama de casa.

En algún punto su esposo empezó a cuestionar su fe, lo que hizo que Amber pensara más en su religión y en sus creencias. Dijo que mucho de lo que hacía se sentía como una fachada. Juntos, ella y su esposo, decidieron alejarse de las creencias mormonas.

Pero me contó que muchos de los comportamientos y expectativas de su esposo se mantuvieron iguales incluso después de dejar la Iglesia. Seguía esperando que ella fuera servil. Amber quería más para ella, pero no estaba segura cómo obtener independencia.

También le faltaba confianza. Y eso ocasionó que cometiera algunos errores, como tener una aventura. Esperaba que un hombre le ayudara a sentirse bien con ella. No funcionó, pero encontró la fuerza para ser más autosuficiente y decidió divorciarse.

Obtuvo un título de maestría en educación y se hizo profesora. Y por primera vez vivía por su cuenta. Dijo: "Mi esposo siempre hizo todas las finanzas. Yo ni siquiera tenía la contraseña de nuestra banca en línea. No tenía idea de cómo pagar la hipoteca y el crédito del carro". Lo averiguó y ganó confianza para seguir adelante.

Su meta es enseñar a sus hijas y estudiantes que tienen muchas opciones para elegir qué quieren hacer cuando sean grandes. Dice que su hija solía decir: "Quiero ser una mamá cuando crezca". Entonces le respondía: "Eso está bien, ¿pero qué carrera quieres estudiar?" Algo que nunca escuchó cuando era niña.

LAS MUJERES SON MÁS SENSIBLES A LAS CRÍTICAS

Nadie quiere escuchar: "Estás fuera de tono" o "no eres tan rápida como los otros empleados". Esas palabras duelen. Y si no tienes cuidado, las críticas te sacan de curso. Puedes decidir que eres mala cantante o trabajadora basándote en las frases que escuchas. De hecho, hay grandes probabilidades de que como mujer seas más propensa a permitir que esas palabras impidan que alcances tu mayor potencial.

Una compañía llamada PsychTest creó una prueba de "sensibilidad a críticas". La administraron a 3 600 participantes y concluyeron que las mujeres son más propensas a tomar las críticas de forma personal. Además, descubrieron que las mujeres son más duras consigo mismas por no hacer algo bien.

Por el otro lado los hombres son más propensos a convencerse de que la crítica está mal y a discutir con quien la dice.

Aunque hay pros y contras en ambas formas de abordar la crítica, tomarla de manera muy personal afecta tu desempeño y decisiones de forma negativa.

Así que, ante la misma crítica, mientras los hombres piensan: "Mis supervisores no tienen idea de lo que hablan", las mujeres piensan: "Soy mala en mi trabajo".

Un estudio de 2014 conducido por investigadores de la Universidad de Texas en Austin y de la Universidad del Sur de Misisipi descubrió que las mujeres responden a las críticas y al rechazo de la misma forma. Pero los hombres tratan las críticas y el rechazo como entidades separadas.

Los investigadores descubrieron la diferencia en la que los hombres y las mujeres responden a la crítica cuando examinaron respuestas (caritas felices y bombas) en redes sociales. A los participantes se les dijo que estaban probando una nueva red social de trabajo para estudiantes universitarios. Luego se les pidió que solicitaran entrar a ciertos grupos, por ejemplo de gente que ama a los animales o los productos de Apple.

A veces los individuos eran rechazados y les decían cosas como: "No te queremos en nuestro grupo". En otras ocasiones eran aceptados pero recibían una crítica como: "No te ofendas, pero nos reímos cuando vimos tu perfil".

Después de ser criticados o rechazados, los participantes podían responder con un regalo virtual (carita feliz o bomba de tiempo). Los hombres mandaron más bombas de tiempo cuando fueron rechazados que cuando fueron criticados. Pero las mujeres respondieron igual cuando fueron rechazadas o criticadas. Incluso cuando el grupo las aceptó, pero les hizo alguna crítica, las mujeres reaccionaron como si las hubieran rechazado.

El estudio mostró un punto interesante. Si las mujeres equiparan las críticas al rechazo, la retroalimentación de cualquier tipo puede limitar su potencial. En vez de ignorar críticas inútiles o crecer con la retroalimentación, las mujeres pueden renunciar si se sienten rechazadas por la evaluación de alguien más.

La crítica es la opinión de otra persona, no es un hecho. Escuchar la opinión de alguien más te da información valiosa que te ayuda a mejorar. Pero creer de forma automática en las críticas negativas te frena.

Si produces algo (como entradas en un blog) o das un servicio (como cortes de cabello), no todos van a apreciar tu trabajo. Y algunas de esas personas pueden ser muy expresivas sobre cuánto les desagradan tus productos o servicios, en especial en sitios de reseñas o en la sección de comentarios en línea. Pero eso no significa que eres mala en lo que haces. Sólo significa que alguien no es tu fan.

A VECES LOS HOMBRES ABUSAN DE SU PODER

Claro que es fácil decir: "No voy a permitir que nadie me detenga". Pero en la práctica las cosas pueden ser muy complicadas.

Hemos visto incontables ejemplos en los medios de hombres que abusan de su autoridad de tal forma que hacen que las mujeres se sientan incapaces de producir. Considera el reporte de Heather Graham sobre lo que le pasó en Hollywood.

En un artículo para *Variety*, dijo que se reunió con Harvey Weinstein para hablar sobre oportunidades de actuación. Weinstein le dijo que tenía un acuerdo con su esposa en el que podía acostarse con quien quisiera cuando ella estuviera fuera de la ciudad. Graham dijo: "No hubo mención explícita de que para protagonizar alguna de sus películas tenía que dormir con él, pero el subtexto estaba ahí".

Graham tenía otra reunión agendada con Weinstein en su hotel. Ella canceló de último minuto cuando un amigo que la iba a acompañar no estuvo disponible. Weinstein le dijo que su amigo ya estaba en el hotel y que los dos la estaban esperando pero ella sabía que no era verdad y rechazó reunirse con él.

Graham dijo que nunca volvió a reunirse con Weinstein otra vez. Y nunca fue seleccionada para protagonizar ninguna película suya.

Ahora sabemos que Weinstein hizo lo mismo con muchas mujeres. Les ofreció trabajo a cambio de sexo. ¿Cómo no permites que eso limite tu potencial?

Por desgracia, muchas mujeres se han encontrado en situaciones donde su progreso o su estatus actual dependen de comprometer su moral o hacer cosas que no quieren.

Si fuiste sometida por alguien que abusó de su poder (ya sea en una situación de violencia doméstica o problemas en el trabajo), tal vez sentiste que tenías pocas opciones. Eso no significa que seas débil. Significa que debemos crear cambios sociales que pongan fin al abuso de poder de los hombres.

Por qué es malo

De forma irónica, Marcia pensaba que al convertirse en una "persona regular" les daría a los demás el poder de limitar su potencial. Dijo: "No quiero trabajar tiempo completo sólo para comprar más cosas. No soy materialista". Pero en algún punto se dio cuenta de que vivir de acuerdo con la etiqueta de "espíritu libre", de hecho, permitía que las expectativas de sus padres limitaran su potencial.

Durante una de sus sesiones dijo: "A veces me atrapo imaginándome viviendo en una casa pequeña con una cerca blanca y un par de niños jugando en el jardín. Después recuerdo que ésa no soy yo y eso no es lo que quiero". Pero luego de un rato admitió que la imagen de la casa con una cerca *era lo que* quería. Sólo no se alineaba con la autoimagen a la que se estaba aferrando.

Alcanzar tu máximo potencial no significa que tienes que ganar más dinero, aceptar una posición más prestigiosa o lograr más. En algunos casos significa rechazar un ascenso para pasar más tiempo con tus hijos o aceptar una carrera menos lucrativa, pero que ofrece un servicio que te ayuda a sentirte más plena. Sólo tú puedes saber en realidad si estás alcanzando tu máximo potencial. Pero si no tienes cuidado es fácil permitir que otros eviten que te conviertas en la mejor versión de ti.

LOS RECHAZOS EVITAN QUE LAS MUJERES INTENTEN OTRA VEZ

Después de la universidad, apliqué para dos escuelas de posgrado. Mi primera opción me rechazó. Leer la carta que decía: "Lamentamos informarle que...", se sintió terrible. Contuve el aliento mientras esperaba la otra carta. Me preguntaba si yo era material para la escuela de posgrado. Por suerte, mi segunda opción me aceptó.

Aunque la carta de rechazo me dolió en ese momento, la olvidé con el transcurso del tiempo. Pero el año pasado estaba dando una plática en un evento, y al terminar se me acercó un miembro de la audiencia. Me dijo: "Tu libro está en mi lista de lecturas recomendadas de la universidad". Le pregunté a qué escuela iba y mencionó el nombre de la universidad que me había rechazado en la maestría. Me tomó un minuto darme cuenta de que la misma institución que pensó que no era lo suficientemente buena para pagarles por educación ahora recomendaban mi libro a sus estudiantes.

Me alegra haber aplicado para dos universidades al mismo tiempo. Me gusta pensar que habría aplicado para otra después de recibir la carta de rechazo si no hubiera aplicado a dos. Pero nunca lo sabré del todo. ¿Qué tal si hubiera renunciado?

Los estudios han demostrado que la mayoría de mujeres sí renuncian después de ser rechazadas. Una investigación de más de 10 000 ejecutivos de alto nivel en el Reino Unido encontró que las mujeres son menos propensas a aplicar para un empleo si ya fueron recha-zadas en una posición similar. Los hombres también fueron menos propensos a aplicar después de ser rechazados, pero el efecto fue 1.5 veces más fuerte en ellas.

Todos los seres humanos empiezan sus carreras con las mismas ambiciones de subir escalones. Pero el entusiasmo de las mujeres baja con el tiempo. Hay muchas razones para eso. Casarse, tener hijos o envejecer cambia sus metas. Pero renunciar después del rechazo tam-bién juega un papel importante.

Muchos empleados que triunfan con el tiempo primero fueron rechazados para ciertas tareas o ascensos varias veces. No se rin-dieron después de sentirse decepcionados o rechazados. Es decir, no permitieron que otras personas limitaran su potencial. Tú tampoco lo hagas. Que una persona piense que no tienes las habilidades sufi-cientes no significa que no tengas talento o que no puedas mejorar.

ES PROBABLE QUE LAS CRÍTICAS SEAN REFLEJOS DE ELLOS, NO DE TI

Una vez trabajé con una paciente que fue criada por un padre alco-hólico y abusivo. Durante su infancia le dijo que era una inútil, que no valía nada y que nunca lograría nada. Esas palabras resonaron en su cabeza a través de toda su vida adulta. Confesó: "Cuando entro a una entrevista de trabajo escucho la voz de mi padre diciendo: 'Nunca lograrás nada', o si estoy en una cita lo recuerdo afirmando: 'Nadie te va a querer'".

Le pregunté cómo creía que se sentía su padre sobre sí mismo. Escribimos todas las palabras y frases que pensaba que describían su autoestima. Al terminar leí la lista de las cosas que había dicho: "Se odiaba. Sabía que era mal padre. Se sentía un inútil. Se sentía un fracasado..."

Las palabras que usó para describir la autoestima de su padre fueron casi idénticas a las que él le decía. Ese ejercicio le ayudó a ver que sus comentarios nunca fueron sobre ella. De hecho, todos estos años estuvo hablando de él.

Claro, esto no parece una revelación sorprendente (un individuo abusivo ataca porque no se siente bien consigo). Pero la evidencia dice que es probable que las críticas de una persona sean un reflejo de ella en vez de la persona criticada.

Un estudio de 2010, conducido por investigadores de la Universidad de Wake Forest, probó esta teoría. Les pidieron a estudiantes universitarios que calificaran a sus amigos, a otros estudiantes que vivían en la misma residencia o a otros dentro de la misma fraternidad o hermandad. Descubrieron que el nivel de negatividad que alguien usaba para describir a otros reflejaba lo infeliz, desagradable o neurótica que era esa persona.

Los investigadores siguieron a los calificadores un año después. Encontraron que habían cambiado mucho. La visión de los calificadores sobre los otros permanecía estable, así como su percepción de ellos.

Por eso es muy peligroso creer lo que otros dicen de ti. Esa extraña que te dijo perdedora en internet en realidad se siente como una perdedora. O la colega que se queja de que eres una mala comunicadora puede sentir que nadie la escucha. Tal vez no tiene nada que ver contigo ni con la manera en que te perciben los otros.

Qué hacer en vez de eso

Marcia tenía que abrir su pensamiento para expandir su vida. Todavía podía verse como un espíritu libre y también aceptar algunos aspectos de un estilo de vida más tradicional. Pero le preocupaba lo que otras personas pensarían si renunciaba a algunas de las cosas que la hacían diferente.

Decidió que si alguien cuestionaba sus decisiones, sólo respondería: "Todos crecemos y cambiamos. Yo decidí que esto va mejor con la fase actual de mi vida". También recordó que, al final, siempre podía hacer las cosas de forma diferente.

Tal vez educaría a sus hijos en casa y viviría en una granja o quizá recorrería el país en una casa rodante. Recordar que no necesitaba un trabajo de tiempo completo ni vivir en la misma casa para siempre le daba algo de paz.

No puedes regresar el tiempo y cambiar las decisiones que has tomado. Si permitiste que alguien limitara tu potencial en el pasado, tal vez no seas capaz de perseguir los sueños a los que renunciaste. Pero puedes seguir adelante con la seguridad de que crearás el tipo de vida que quieres vivir.

PIENSA EN LAS LIMITACIONES QUE ACEPTASTE

Una vez trabajé con una emprendedora que se sentía culpable por ganar mucho dinero. Dijo: "Por fin estoy viviendo mi sueño pero no se siente tan bien como pensé". Exploramos sus creencias sobre el dinero y de dónde venían.

Creció en una familia trabajadora de clase media. Un día, cuando tenía más o menos siete años, escuchó a una mujer en la tienda hablando sobre su boleto de lotería. Entonces le preguntó a su padre por qué nunca compraba boletos de lotería. Le respondió: "Nunca he jugado la lotería porque me da miedo ganar. El dinero corrompe a la gente". Ese comentario le inculcó una creencia muy arraigada de que el dinero era malo. Una cosa tan pequeña causó un gran impacto en su vida.

Se sentía egoísta por ganar más de lo que necesitaba y le daba miedo que su riqueza la volviera mala persona. También experimentaba culpa porque no disfrutaba su dinero. Sabía mucho sobre gente luchadora que amaría tener "montones de dinero". Dijo: "Es como si no pudiera ser feliz sin importar qué haga".

Las cosas que aprendes de niña sobre ti, sobre otras personas y sobre el mundo forman a la persona en la que te conviertes como adulto. No digo que debes regresar y "remodelar tu niño interior" ni nada por el estilo. Pero es útil reflexionar en algunas de las lecciones que aprendiste de pequeña que afectaron la forma en que te percibes y en lo que creíste que podías convertirte.

He aquí algunos ejemplos:

Situación #1. Una niña está en la alberca pública y escucha a un extraño decir: "Wow, ve el tamaño del pie de esa niña. Va a ser muy grande".

Creencia autolimitante. La pequeña crece creyendo que es corpulenta. Usa ropa holgada, se mantiene alejada de actividades como los equipos de animación porque piensa que es gorda. Sus problemas de imagen corporal continúan hasta su vida adulta.

Situación #2. Una niña le dice a su mamá que se quiere vestir de maestra para el día de profesiones de la escuela. Su madre le responde: "La gente como nosotras no obtiene buenos trabajos. Para ser maestra tienes que ir a la universidad y no tenemos el dinero para mandarte".

Creencia autolimitante. La pequeña asume que nunca podrá ir a la universidad, así que la escuela se vuelve menos importante. Cree que está destinada a tener un trabajo con un sueldo bajo y nunca se molesta en aplicar para la universidad.

Situación #3. Una adolescente le pide a su papá que le revise su ensayo de inglés antes de entregarlo. Después de leerlo bromea: "Qué bueno que eres bonita, cariño, porque nadie se va a casar contigo por tu cerebro".

Creencia autolimitante. Piensa que no es inteligente y cree que sólo les gustará a los chicos por su cuerpo. A veces se "hace la tonta" cerca de los chicos para llamar su atención como la "linda güerita boba". Como adulto, se involucra en relaciones con hombres con los que tiene química, pero ninguno compatible de verdad porque sus relaciones se basan en cosas superficiales.

No sirve de nada culpar a quienes te llevaron por el camino equivocado de niña. Pero conectar algunos puntos entre tus creencias y sus orígenes te dará entendimiento sobre cómo y por qué permitiste que otros limitaran tu potencial. ¿Puedes pensar en algunos ejemplos donde los comentarios de alguien sobre ti moldearon tus creencias y limitaron tu potencial?

PON ATENCIÓN A TU DIÁLOGO INTERNO

Sin importar cómo desarrollaste las creencias sobre ti que limitan tu potencial, las conversaciones que tienes contigo refuerzan o desmienten esas creencias. Pero es probable que no pongas mucha atención a tus patrones de pensamiento. Después de todo ¿quién piensa en sobrepensar?

Empieza a poner atención en tus reflexiones. Incluso podrías llevar un diario de pensamientos para registrar tu diálogo interno. Es probable que notes algunos patrones claros en tu forma de pensar.

Identificar los patrones de pensamiento dañinos que has desarrollado es el primer paso para cambiar la manera en que piensas. Los psicólogos se refieren a los pensamientos inaceptables e irracionales como distorsiones cognitivas. Y aunque hay muchos tipos de ellas, he aquí los errores de pensamiento más comunes que permiten a otros limitar tu potencial:

1) **Pensar todo o nada.**
   A veces es fácil asumir que eres buena o mala para ciertas cosas. Puedes pensar: "Soy mala en matemáticas" o "soy una terrible comunicadora". En realidad no eres del todo buena o un completo fracaso. Tienes habilidades, talentos y capacidades que están en un punto medio.

2) **Generalizar en exceso.**
Esto implica tomar una situación específica y aplicarla en el panorama general de tu vida. Si fracasas para cerrar un trato, determinas: "Soy una terrible vendedora". O si te trata mal un miembro de la familia piensas: "Todos son groseros conmigo".

3) **Filtrar las cosas positivas.**
Es tentador obsesionarse con las cosas negativas e ignorar las positivas. Puedes declarar que tu entrevista de trabajo fue "un completo desastre" porque cometiste un error o decidir que no le gustas a ningún supervisor en tu compañía porque uno te dio una crítica mala.

4) **Leer la mente.**
Nunca sabes lo que alguien está pensando en realidad. Pero es probable que adivines y digas: "Cree que soy estúpida" o "nunca le he gustado". Esas declaraciones sólo son suposiciones y creer que sabes lo que otros piensan afecta tus relaciones y las decisiones que tomas.

5) **Catastrofizar.**
Imaginar el peor de los escenarios y exagerar tu mala suerte evita que entres en acción. Pensar: "Si mi novio se entera de mi pasado me va a dejar. Nunca encontraré alguien que me ame", puede ocasionar que inviertas tu energía en esconder tu pasado en vez de construir una relación sana.

6) **Adivinar.**
Aunque no puedes saber qué pasará en el futuro, desperdicias mucha energía prediciendo lo que crees que va a ocurrir. Decirte: "Me voy a avergonzar durante mi presentación" o "voy a arruinar a mis hijos de por vida", no es útil. De hecho, esos pensamientos se pueden volver profecías que harás realidad.

7) Personalizar.

Tan fácil como saber que el mundo no gira a tu alrededor, así de fácil es personalizar todo. Cuando una amiga no devuelve la llamada, piensas: "Debe estar enojada conmigo", o si un colega está de mal humor concluyes: "No le caigo bien". Pensar que las decisiones de los demás de alguna forma están relacionadas contigo afectará tu comportamiento.

Ser consciente de tus distorsiones cognitivas te ayudará a pensar de forma más realista. Esto te empoderará para convertirte en la mejor versión de ti (a pesar de las ocasiones en que otros intenten limitar tu potencial).

Cuando te atrapas catastrofizando y logras reflexionar: "Bueno, estoy exagerando y eso no ayuda, seguro no es tan malo como pienso", te das cuenta de que tus pensamientos no son hechos. O cuando reconoces que estás leyendo la mente de alguien, recuérdate que tus pensamientos sólo son suposiciones y es probable que estén mal. Eso te ayudará a calmarte y generar una perspectiva más realista.

SIGUE ADELANTE INCLUSO CUANDO LA GENTE NO CREA EN TI

Cuando Shakira era niña, su maestro de música dijo que no cantaba tan bien como para unirse al coro de la escuela. Sus compañeros de clase se burlaban de ella y le decían que sonaba como una cabra. Pero no dejó de cantar.

Lanzó sus primeros discos a principios de los años noventa y no fueron bien recibidos. Continuó trabajando en su voz y cantando hasta que su esfuerzo la recompensó. Entre 2000 y 2009 Shakira tuvo cuatro de los 20 éxitos más vendidos. Era más de lo que cualquier artista hubiera generado. Ganó cinco premios de los MTV Video Music Awards, tres Grammy y fue nominada para un Globo de Oro. Ha vendido cerca de 125 millones de discos en todo el mundo y tiene una estrella en el Paseo de la fama de Hollywood. Nada mal para alguien a quien le dijeron que sonaba como cabra.

Ella es un claro ejemplo de alguien que no se rindió incluso cuando otras personas le dijeron que lo hiciera. Pero eso no significa que no debas escuchar los comentarios de los demás.

Si ignoras a todos los que te dicen que no puedes cantar, corres el riesgo del "efecto American Idol". El *show* ganó fama por mostrar gente joven tratando de convertirse en el mejor cantante en América. Aunque muchos de estos jóvenes tenían talento, era obvio que otros no. La falta de autoconsciencia no te ayudará (a menos que seas William Hung, que realizó una presentación tan desentonada que ganó algunos fans por un corto periodo).

Algunos estudios han mostrado que tendemos a ser muy malos para evaluar nuestra propia creatividad. Calificamos nuestras habilidades de forma muy diferente a como lo harían profesionales o críticos. Así que, aunque no debes creer cada consejo que escuchas, tal vez quieras escuchar si hay un consenso general.

El punto es no permitir que las críticas cambien tu comportamiento. Puedes decidir que vas a seguir intentando incluso cuando no te escojan o cuando otras personas te digan que nunca lo lograrás. Continúa y no dejes que la opinión de nadie te limite para alcanzar tu mayor potencial.

ESTABLECE LÍMITES CUANDO RECIBAS CRÍTICAS INÚTILES Y CONSEJOS NO DESEADOS

El *vocal fry* se refiere al sonido grave, áspero y chirriante que con frecuencia llega cerca del final de un enunciado. Por lo general se asocia con las mujeres (a Kim Kardashian se le conoce por eso), aunque los investigadores descubrieron que los hombres también usan el *vocal fry* con mucha frecuencia. Pero las mujeres son más criticadas por esto. De hecho, las voces de las mujeres en general reciben más críticas que las de los hombres.

Un podcast llamado *99% Invisible* se llenó de correos de radioescuchas que se quejaban de las voces de sus reporteras. Por eso crearon una carpeta especial que enviaba la siguiente respuesta automática:

Hola. Escribiste para expresar tu disgusto por la voz de alguna de nuestras reporteras. No estás solo. Instalamos un filtro que envía este tipo de correos a una carpeta etiquetada con cero prioridad. Revisaremos y consideraremos las quejas dentro de... bueno, nunca. De manera sorprendente, esto no existe para las quejas sobre las voces de los hombres de nuestro *show* porque nunca hemos tenido una. ¿No es extraño? Creemos que sí. Como sea, esperamos que sigas disfrutando de nuestro podcast gratuito de alguna forma. Y si no puedes... pues hay muchos *shows* que no presentan voces femeninas.

No pierden su tiempo discutiendo con la gente que se queja. Y no tratan de justificar por qué decidieron tener mujeres en su programa. En vez de eso, automatizaron una respuesta que muestra que no les interesa abordar esos temas.

Con mucha frecuencia pareciera que hay una noción de que si no alzas la voz, es porque dejas que te pisoteen o que alguien te moleste. Pero a veces el silencio (o una respuesta automática) dice mucho. Negarte a usar tu tiempo y energía en discutir, e ignorar a alguien por completo, puede ser una mejor forma de usar tus recursos.

Y aunque tal vez tú no quieras crear una carpeta que responda de forma automática, filtra las cosas que no sean útiles. Mientras más tiempo inviertas en tratar de cambiar la opinión de alguien o probar tu valor, menos tiempo invertirás en tus metas.

Es fácil ignorar las críticas o consejos no deseados de extraños. Pero cuando vienen de amigos, colegas o familiares, tal vez necesites establecer límites claros. Aquí hay algunas cosas que podrías intentar:

- **Expresa dolor.** Si un ser querido expresa su preocupación de que te "agotes" o de que estés persiguiendo un sueño que nunca sucederá, reconoce que es difícil escuchar esas palabras. Di algo como: "Es doloroso escuchar eso". No tienes que discutir o justificarte más.
- **Acepta lo que escuches.** Ya sea que tu suegra critique tus habilidades maternas o tu prima diga que deberías cambiar tus hábitos alimenticios, intenta decir: "Interesante idea, consideraré si es lo correcto para mí". Eso deja claro que no hay una solución en la vida que funciona para todos.
- **Deja claro que no estás interesada.** Cuando alguien opina sobre cómo podrías hacer mejor las cosas, pero tú no valoras su contribución, di algo como: "Justo ahora no estoy buscando ningún consejo".

Carrera

Investigadores de Stanford descubrieron que a las mujeres se les da retroalimentación ambigua en el trabajo y eso podría dañar sus carreras. En un artículo de 2016 de *Harvard Business Review*, Shelly Correll y Caroline Simard dijeron que cuando analizaron más de 200 evaluaciones de desempeño con una gran compañía tecnológica descubrieron que las evaluaciones de las mujeres eran más propensas a incluir declaraciones como: "Tuviste un buen año", mientras que las de los hombres señalaban con exactitud lo que habían hecho bien.

La retroalimentación sobre qué podían mejorar también fue vaga. Muchos comentarios eran como éste: "A veces su forma de hablar y de aproximarse es poco interesante para algunas personas". Los comentarios sobre lo que los hombres podrían hacer mejor ofrecían estrategias claras como: "Necesitas profundizar tu dominio sobre X tema, cuando tengas el conocimiento serás capaz de contribuir a las decisiones de diseño que impactan al consumidor".

Es claro que frases como: "Lo estás haciendo bien" o "deberías comunicarte mejor", no son útiles. Es probable que ese tipo de comentarios ambiguos te haga sentir frustrada.

Aunque decirle a tu gerente cómo comunicarse mejor no sea tu trabajo (irónico ¿no?), haz preguntas que detallen ciertas cosas que puedes hacer para mejorar tu trabajo. Pide ejemplos o estrategias claras.

Tu meta no es evitar todas las críticas. Aunque sea incómodo escucharlas, éstas pueden ser clave para ayudarte. Y tus supervisores te pueden decir qué necesitas hacer para mejorar tu desempeño en el trabajo.

Familia

Tu familia de origen juega varios papeles interesantes en la capacidad de alcanzar tu potencial. Como hablamos antes, tus padres formaron algunas de tus creencias fundamentales. Pero cuando se trata de tu familia hay otra dinámica interesante en juego, ellos establecieron creencias sobre ti cuando eras niña. Y puede ser difícil liberarse de sus expectativas.

No sólo tus padres te ven como la misma niña que solías ser. Tal vez tus hermanos mayores todavía se refieren a ti como "la bebé de la familia" y te traten como tal. Quizá tu tía todavía te llama con el ridículo apodo que tenías en tu infancia. Y cada vez que te ve, tu abuela te recuerda algo vergonzoso que hiciste cuando tenías 10 años.

Sin importar cuánto creciste y cambiaste con los años, la forma en que te ve tu familia quizá no cambió. Incluso si estás criando a tu tercer hijo, es posible que tu madre todavía te dé consejos en cómo dormir a un bebé. O tal vez tienes un sueldo de seis cifras y tu abuelo te regaña por gastar mucho en el nuevo auto que te acabas de comprar.

De hecho puede ser más difícil ser auténtica cerca de la gente que te ha conocido toda la vida. Si te has encontrado revelando algo a un completo extraño, como la persona al lado de ti en el avión o a la nueva estilista que encontraste, es porque ese individuo no tiene ninguna noción preconcebida sobre ti. Ellos no saben que te molestaban de niña porque eras mala en matemáticas o no saben que mojaste la cama hasta los 22 años. Los extraños no esperan que cumplas cierto papel o que seas de cierta forma.

Por eso es importante pensar en cómo las expectativas que tu familia tiene sobre ti afectan tu potencial. ¿Te minimizas para encajar en sus creencias sobre ti? ¿O eres capaz de ser tú aun cuando tu "yo adulto" no coincide con la versión que tienen de ti?

Vida social

Una vez trabajé con una joven que tenía una gran deuda por un préstamo universitario. Tomó la decisión de tomar un trabajo extra los fines de semana para pagar su deuda tan rápido como fuera posible. Pero en vez de apoyar sus esfuerzos, sus amigos le dijeron que estaba loca. Algunos le dijeron que se iba a matar trabajando tanto y otros le dijeron que estaba desperdiciando los mejores años de su vida trabajando horas extra. Un amigo incluso le dijo: "Nadie dice en su lecho de muerte que desearía haber trabajado más".

Pero mi paciente estaba motivada en pagar sus préstamos tan rápido como fuera posible. Le gustaba su trabajo de fines de semana y se sentía bien con ella por pagar sus deudas. No entendía por qué sus amigos no estaban felices por ella.

Por desgracia, no todos querrán que triunfes en la vida. Incluso algunos de tus supuestos amigos y familiares pueden tratar de convencerte de no mejorar. Hay muchas razones para eso. Que hagas cosas geniales puede ser una amenaza para ellos, ¿qué tal si los sobrepasas? O tal vez tu éxito les recuerda su falta de triunfos.

También existe la posibilidad de que estén preocupados de verdad por tu bienestar. Pueden tener las mejores intenciones cuando te advierten o tratan de convencerte de cambiar tu comportamiento. Así que es importante considerar sus comentarios, pero no estás obligada a hacer lo que quieren. Establece límites saludables que eviten que te retengan o desmoralicen.

No permitir que otros limiten tu vida te hace más fuerte

Aunque la magnate de las bienes raíces Barbara Corcoran ha atraído algunas críticas de mujeres por admitir que ha usado minifaldas para llamar la atención en reuniones y alentó a otras a hacer lo mismo, también ha hablado sobre los atributos no físicos que las mujeres pueden traer a la mesa.

Y probó que no debes permitir que el rechazo te retenga. Está acostumbrada a pelear por lo que quiere, incluso cuando le dicen que no lo haga.

En 2008 la ABC le pidió que participara en *Negociando con tiburones* como "tiburón" (uno de los cinco empresarios y jueces de la serie). Pero poco tiempo después de firmar el contrato aceptando el puesto, recibió una llamada de los productores diciéndole que habían cambiado de idea. Decidieron poner a otra mujer en su lugar.

En vez de retirarse con la cabeza abajo, Barbara peleó. Escribió un correo al productor del *show*, Mark Burnett. No pidió el trabajo. En vez de eso solicitó una oportunidad de probarse. Tampoco se quejó o tomó el papel de víctima. Se presentó como alguien capaz de recuperarse y vencer a las probabilidades. Y resaltó las razones por las que era la mejor persona para el trabajo.

En el mensaje le dio tres razones por las que debería considerar invitar a las dos para hacer una audición:

1) Doy lo mejor cuando tengo estoy contra la pared.

2) Si tienes a las dos mujeres en Los Ángeles, puedes armar una discusión para ver qué personalidades se combinan mejor para tu *show*.

3) Desde el principio supe que el papel de tiburón es perfecto para mí.

Barbara continuó diciendo que ya había reservado su boleto para Los Ángeles y esperaba hacer una audición.

Su correo funcionó. Le dieron una oportunidad de probarse y obtuvo el papel. Se ha convertido en una de las favoritas de los fans.

Aunque rogar por una oportunidad hace que te veas desesperada, decir que quieres una oportunidad de probarte demuestra que te sientes segura. Claro que tal vez quieras pensar dos veces antes de llamar a alguien que te rechazó para un trabajo o una cita. Pero en la vida a veces vale la pena decir: "Aunque no crees en mí ahora, me gustaría una oportunidad de mostrarte que estoy lista para el trabajo".

En la vida es importante tener gente que te apoya. Pero no todos van a respaldar tus esfuerzos. Está bien. Decide dar tu mayor esfuerzo cuando alguien trate de limitar tu potencial.

Solución de problemas y trampas comunes

Es tentador ponerse muy a la defensiva cuando alguien duda de ti o dice que no puedes hacer algo. Pero dependiendo de la fuente, escuchar esa información a veces es útil. Así que mantén la mente abierta y ten voluntad de, al menos, escuchar las razones por las que alguien está preocupado.

También es importante notar que no todos limitan tu vida a propósito. No será útil para ti (ni para nadie) pensar que todo el mundo está en tu contra. Quizá alguien sólo está expresando su opinión para explicarte por qué no hacer algo o dando un consejo de cómo mejorar.

Otra trampa común es tratar de probar que alguien está mal cuando no necesitas la aprobación de esa persona. Decir: "Les voy a demostrar", puede sentirse empoderador por un momento, pero al final hace que pierdas de vista lo que importa. No tienes que probarles a tus padres que eres mejor de lo que piensan ni a ese antiguo novio que eres más lista de lo que creía. De hecho, sin importar qué tan exitosa seas, tal vez nunca tengas su aprobación. Así que haz que tu prioridad sea trabajar en tus metas para ti, no para tratar de ganar estatus con alguien más.

Tampoco culpes a nadie de retenerte. Tú controlas el tipo de vida que creaste. Así que, incluso si otras personas te lastiman, tienes el poder de seguir adelante y vivir mejor.

ES ÚTIL

- Examinar las creencias autolimitantes que aceptaste como verdades.
- Reconocer errores de pensamiento.
- Trabajar por tus metas a pesar de las dudas de las personas.
- Establecer límites claros.
- Buscar críticas útiles.

NO ES ÚTIL

- Rendirte porque te rechazaron.
- Vivir de acuerdo con tus etiquetas.
- Quedarse estancada en patrones de pensamiento dañinos.
- Permitir que las dudas de otras personas eviten que intentes hacer algo.
- Dejar que consejos no deseados te retengan.

10

No se culpan cuando las cosas salen mal

No seas muy dura contigo. Hay mucha gente dispuesta a hacer eso por ti.

SUSAN GALE

Han pasado tres años desde que el hermano menor de Erin murió de una sobredosis. Mientras más pasaba el tiempo, más profundo era el dolor. Cuando entró en mi consultorio dijo: "Cada día que pasa me alejo más de los días que pasé con mi hermano. No sé cuánto más podré soportar".

Erin y su hermano crecieron en una casa feliz con dos padres amorosos. En la adolescencia, mientras ella se metió a los deportes, su hermano se perdió un poco. "Empezó a juntarse con la gente equivocada y sus supuestos amigos lo indujeron en las drogas", explicó.

Cuando Erin se fue a la universidad su hermano abusaba de medicamentos para el dolor y experimentaba con drogas duras. Pero sus padres se hacían de la vista gorda cuando llegaba drogado, como si no pudieran reconocer lo que sucedía bajo su techo.

Un día en el primer semestre en la universidad, Erin recibió una llamada de su padre. Su hermano había muerto de sobredosis.

Erin fue a casa para estar con su familia. Tenía la intención de regresar a la escuela después del funeral, pero nunca lo hizo.

Dijo: "Estaba tan concentrada en la escuela, en mis amigos y en mi vida que ni siquiera hablé con mi hermano en meses. Me siento tan culpable por eso ahora. Tal vez pude haberlo hecho entrar en razón. Sabía lo que estaba haciendo y no dije nada".

Era claro por qué Erin estaba estancada en su pena, se culpaba por la sobredosis de su hermano. Pensaba que debió impedir que se autodestruyera.

Como con mucha gente que lidia con familiares con alguna adicción, el tratamiento de Erin se centró en dejar ir su culpa. Debía ver que ella no causó la adicción de su hermano, no podía controlarla ni sanarla.

"Me siento tan triste de que mi hermano no pudiera crear una vida que no implicara drogas. Pudo ser cualquier cosa que hubiera querido. Pero las drogas lo atraparon y nunca encontró la salida", dijo.

Tomó un largo tiempo para que Erin aceptara que no era responsable de las decisiones de su hermano y que no lo habría convencido de dejar las drogas. Tuvo que dejar ir toda la ira y la culpa que sentía.

Para sanar fue necesario que aprendiera más sobre las adicciones. Entendió que alejarse de su hermano cuando abusaba de drogas fue su forma de sobrellevar su enfermedad (una forma sana de manejarlo).

Cuando empezó a pensar de manera diferente sobre las adicciones, liberó algo de culpa. Después, por fin, fue capaz comenzar un proceso de duelo y el camino a sanar.

¿Te culpas mucho?

Es importante tomar responsabilidad por tu comportamiento. La culpa es una respuesta sana por hacer algo malo. Pero culparse demasiado es un problema. ¿Respondes de forma afirmativa alguna de las siguientes frases?

☐ Cuando la gente me trata mal pienso que lo merezco o que lo ocasioné.

☐ Otras personas me dicen que no debería disculparme tanto.

☐ Cuando las cosas salen mal, siempre pienso que tengo la culpa.

☐ Cuando mi equipo pierde o fracasa, asumo que fui yo quien se equivocó.

☐ Cuando algo malo pasa, siempre veo atrás y pienso en las cosas que pude haber hecho para prevenirlo.

☐ Me cuesta trabajo ser amable conmigo porque creo que no lo merezco.

☐ Cuando alguien a mí alrededor está infeliz o incómodo me siento responsable por sus sentimientos.

☐ Siento culpa casi todo el tiempo.

☐ Cuando cometo un error no pienso que haya tomado una mala decisión, pienso que soy una mala persona.

☐ A veces siento que no puedo hacer nada bien.

Por qué lo hacemos

Erin pensaba que las adicciones sólo se daban en hogares con problemas y en malos vecindarios. No le cabía en la cabeza el hecho de que su hermano usara heroína cuando venía de una familia amorosa de clase media con padres alentadores. Dijo: "Tuvimos la misma educación. Tiene que haber una razón por la que escogió ir por el mal camino y yo no". La única conclusión posible a la que llegó fue que no le dio suficiente apoyo y guía. Como hermana mayor, Erin sentía que era su trabajo guiarlo por el buen camino. Y como él no tomó buenas decisiones, sentía que había fallado.

Dijo: "Como mujer, siento que debería ser una buena cuidadora, educadora y hábil para comunicarme. En vez de estar con mi hermano cuando me necesitaba, lo abandoné. ¿Cómo podría ser una buena esposa o madre si no le puedo dar una mano a la gente que amo cuando más me necesita?"

Erin tenía que entender que la muerte de su hermano no era su culpa. Pero antes de lograrlo debía cambiar sus creencias y aceptar que la gente buena se puede hacer adicta a las drogas (incluso cuando tienen familias amorosas). Y reconocer que su trabajo no era salvar a su hermano. Sin importar cuánto lo amara, no lo habría convencido de salir de sus problemas de abuso de sustancias.

Aunque nunca te hayas culpado por la muerte de un ser querido, tal vez hayas sentido que no hiciste suficiente o que no fuiste lo suficientemente buena. Quizá te responsabilizas por no ser capaz de salvar tu matrimonio; por no haber cuidado de tu padre o de tu madre cuando eran mayores; por el diagnóstico de tu hijo... Cualquiera que sea la razón por la que te sientes culpable, no estás sola.

LOS NIÑOS APRENDEN A CULPAR A OTROS, LAS NIÑAS A CULPARSE

Muchas niñas crecen escuchando cosas como: "¡No hagas enojar a tu hermano!" Comentarios así les inculcan la idea de que de alguna forma son responsables por el comportamiento de los niños. Si tu hermano te golpea es porque tú lo provocaste. Es tu culpa.

Para muchas niñas el mensaje es peor. He trabajado con muchas mujeres cuyos padres abusivos insistían en que el abuso físico, sexual o emocional era su culpa. Empezaron a pensar: "Soy mala", y luego a culparse por todo lo malo que pasaba.

Estudios han mostrado que las mujeres experimentan más culpa que los hombres, al menos en culturas individualistas donde los logros personales se valoran más que cualquier otra cosa. En culturas colectivistas los hombres muestran niveles similares.

En un estudio de 2009, publicado en *Spanish Journal of Psychology*, los investigadores preguntaron a hombres y mujeres de todas las edades qué situaciones les hacían sentir culpa con más frecuencia. Descubrieron que la culpa habitual era más alta de forma significativa en las mujeres de todas las edades.

No digo que estén mal por culparse más. De hecho, muchos investigadores sugieren que los hombres necesitan responsabilizarse más por su comportamiento (lo que significa que no sienten culpa suficiente). Pero hay una gran diferencia entre aceptar responsabilidad adecuada y culparse de forma tóxica. Una de las razones por las que las mujeres sienten culpa excesiva podría ser toda la cuestión de culpar a la víctima. La sociedad culpa a las víctimas de ataques sexuales por vestir de forma provocativa o por ponerse en riesgo. A mujeres en relaciones abusivas se les culpa por no dejar a su pareja cuando las golpea.

Apenas empezamos a reconocer lo malo que es poner tanta culpa en las víctimas por estar en el lugar equivocado, en el momento equivocado o por no defenderse de sus atacantes. Por fortuna, el movimiento #MeToo ha abierto los ojos de algunas personas.

Una forma en la que vemos este cambio es la manera en que los medios entrevistan a las mujeres. Por años, cualquier persona que hubiera sufrido una violación, abuso o acoso padecía un ataque a su reputación. Aunque a muchas víctimas todavía se les cuestiona por sus decisiones, poco a poco vamos reconociendo que muchas de las preguntas de los medios todavía culpan a la víctima.

La presentadora de un *talk show*, Megyn Kelly, ha compartido un poco de su experiencia en este tema. En su libro *Settle for More* contó que fue acosada de forma sexual mientras trabajaba en Fox News. Fue el objetivo de Roger Ailes, quien prometió ayudarla con su carrera a cambio de favores sexuales.

Kelly dice que muchos presentadores de noticias le preguntaron por qué no denunció el acoso sexual en su momento. "Por fin encontré la respuesta correcta: 'No puedes preguntarme eso sin antes preguntarme si había una ruta segura para denunciarlo en mi compañía. Y sólo si la respuesta es sí puedes hacer la pregunta número dos'".

Como sociedad, nos gusta culpar a alguien cuando algo sale mal. Si una pareja se divorcia, la gente habla sobre quién cometió el error. O en un accidente, queremos saber quién tuvo la culpa. Nuestro deseo de señalar a alguien tiene sentido. Saber qué estuvo mal nos ayuda a prevenir los mismos errores.

Cuando una persona es violada de alguna forma, tenemos una sensación de alivio cuando nos enteramos de que la víctima rompió las reglas. Saber que un hombre engañó a su esposa porque "ella era adicta al trabajo" o que una empleada fue acosada por su jefe después de tener una aventura con un colega del trabajo pone nuestra mente en paz. Nos reconforta pensar que si seguimos las reglas nada malo nos pasará. Claro que este tipo de seguridad es muy vil la mayoría del tiempo.

CUANDO OCURRE ALGO EN CONTRA DE TUS CREENCIAS, ES PROBABLE QUE TE CULPES

Akemi Look es una antigua gimnasta rítmica que fue tratada por el doctor Larry Nassar, quien abusó de ella como de muchas otras atletas de élite. No le dijo a nadie lo que pasó porque sentía culpa y confusión.

En una entrevista en el programa *20/20* de la ABC, Look dijo: "Me culpé por años porque estaba muy molesta. Confié en ese hombre. No lo quería acusar de nada porque era como un dios. Era el doctor que nos veía a todas, que yo creía que se preocupaba mucho por mí".

Es común tratar de proteger a alguien que te lastimó y aceptar la culpa por las acciones de esa persona. Cuando algo está en contra de tus creencias fundamentales, encontrarás formas de explicar la discrepancia que mantenga tus creencias intactas. Por eso, si crees que alguien es una gran persona y abusa de ti de alguna forma, es posible que arregles la discrepancia concluyendo que hiciste algo mal.

No sólo los eventos traumáticos llevan a culparse. También sucede cuando tu situación no se alinea con tu visión del mundo. Por ejemplo la frase: "Puedes ser lo que quieras si te lo propones". Aunque el mensaje suena bien por fuera, es un poco dañino si lo miras de cerca.

Tal vez tu sueño era ser astronauta. Bueno, de acuerdo con la revista *Wired*, las probabilidades de alguien que aplica para ser astronauta de la NASA son de cerca de una en 600. Eso significa que tienes menos del 0.17% de probabilidades de alcanzar tu sueño. Si no te seleccionaron, ¿qué podrías concluir? Si tus padres te dijeron que lo único que tenías que hacer era "proponértelo", podrías decidir que eres una perdedora, que no te entregaste en cuerpo y alma o que no lo querías lo suficiente.

Bueno, hay muchas otras razones por las que no te seleccionaron. Tal vez había alguien con más experiencia que tú. O quizá quienes hicieron las contrataciones en la NASA escogieron a sus amigos para tripular las naves espaciales. Podría no tener nada que ver contigo.

Pero cuando te dicen que puedes hacer cualquier cosa y que depende de ti alcanzar tus sueños, el cien por ciento de la responsabilidad por todo lo que pasa cae sobre ti.

Con razón las mujeres padecen niveles más altos de culpa. Hay mucha presión sobre ellas para lograr y hacer más (el fenómeno de la supermujer). Y si no eres capaz de alcanzar altos niveles de éxito, mantener una relación saludable o criar hijos felices, te podrías sentir incompetente.

Por qué es malo

La culpa de Erin evitaba que sanara y eso le ocasionó una profunda depresión. Durante una de sus sesiones semanales dijo: "Siento que el dolor que tengo es mi castigo por ser una terrible hermana mayor. No merezco ser feliz".

Empezó con terapia por la insistencia de su mamá. Confesó: "Cree que necesito medicación o algo. ¿Pero por qué debería tomar pastillas para mejorar mi vida cuando no pude evitar que mi hermano tomara las pastillas que lo llevaron a la muerte?"

Para que Erin se sintiera mejor, tenía que creer que merecía vivir una vida saludable y feliz. Pero su culpa la mantenía estancada de forma emocional, física y económica. Seguía viviendo con sus padres, no tenía trabajo y no terminó la universidad.

Nadie sale adelante en la vida culpándose. De hecho, la culpa excesiva evitará que actúes de forma positiva.

CULPARTE AFECTA TU BIENESTAR PSICOLÓGICO

Una nueva paciente entró a mi consultorio y dijo: "Arruiné todo para mi familia". Dejó su trabajo formal para dedicar más tiempo a cuidar a sus ancianos padres. Le aseguró a su esposo que ganaría el mismo dinero empezando un negocio en casa con un horario flexible.

Pero el negocio nuevo fue más difícil de lo que pensó. Tampoco estaba tan disponible para sus padres como esperaba. Su negocio necesitaba una buena cantidad de tiempo y también sus padres.

Se sentía culpable de forma constante. Cuando estaba trabajando se sentía culpable por no ayudar a sus padres. Cuando estaba con sus padres se sentía culpable por no estar ganando dinero para su familia.

Un día recibió una llamada. Le informaron que su padre se había caído y después su madre al tratar de ayudarlo. La señora se había arrastrado hasta el teléfono para pedir una ambulancia. El médico en la sala de emergencias llamó a mi paciente para decirle que debía hablar con un trabajador social porque era claro que sus padres "necesitaban más ayuda de la que estaban recibiendo". El trabajador social le recomendó que buscara una casa de retiro.

Escuchar esas palabras hizo que se sintiera como un completo fracaso. Había dejado su trabajo para ayudar a sus padres a quedarse en casa, pero ahora un profesional le decía que no podía hacer eso. Se sentía tan incompetente para siquiera buscar opciones de casas de retiro. Le daba miedo arruinar eso también. "¿Qué tal que encuentro un lugar muy costoso y se quedan sin dinero?", preguntó.

Estaba cayendo en picada. Se culpaba por ser una cuidadora ineficiente y una empresaria incompetente. Y su culpa le hacía imposible tomar decisiones saludables para seguir adelante. Mientras menos lograba, peor se sentía. Por fortuna decidió asistir a terapia para desestancarse.

La culpa excesiva se ha asociado con una variedad de problemas: baja autoestima, un deseo de complacer gente, intentos de evitar críticas y miedo a parecer que tienes derecho. La culpa excesiva también es un síntoma de depresión. Pero hay una pregunta al estilo del huevo y la gallina: ¿La culpa excesiva produce problemas psicológicos o la mala salud mental genera culpa excesiva? Los investigadores no están seguros. Pero sí saben que la culpa y la depresión van de la mano. Mientras más te culpas, peor te sientes.

Los investigadores también han asociado la culpa con:

- Vergüenza.
- Autorrechazo.
- Autodesprecio.
- Desórdenes alimenticios.
- Trastorno por estrés postraumático.

La culpa también disminuye tu empatía por otros. Si te consideras cien por ciento responsable por todo lo que pasa en tu vida, considerarás igual a los demás. Sentirás menos compasión por alguien que atraviesa un momento difícil o que lidia con problemas económicos porque pensarás que es su culpa o que debería sobrellevarlo de mejor forma. Y esa falta de autocompasión y empatía daña tus relaciones.

LA CULPA TÓXICA GUÍA AL AGOTAMIENTO

Culparte por cosas que no puedes controlar, como el comportamiento de otras personas o el resultado general de todo un proyecto en el que estuviste involucrada, hará que te quedes sin estima y te agotes. No importa qué impacto positivo tengas, aceptar mucha responsabilidad hará que sientas como si no estuvieras haciendo suficiente.

Toma a los médicos por ejemplo. Salvan vidas cada día. Pero encuestas han encontrado que de 40 a 60% de los practicantes experimentan algún grado de *burnout*. El agotamiento o desgaste profesional (en español) se define como una respuesta prolongada a estresores emocionales e interpersonales crónicos en el empleo. Se caracteriza por la despersonalización y baja satisfacción con el trabajo. El agotamiento lleva a una disminución del profesionalismo, incremento de errores médicos, peores resultados en los pacientes y mala situación económica de los hospitales.

Se dice que los cirujanos tienen tasas casi tres veces más altas de ingesta de alcohol y pensamientos suicidas que la población general. Pero esos números se disparan cuando el cirujano experimenta desgaste profesional. Un estudio de 2017 titulado "Burnout syndrome in critical care team members" descubrió que cuando existe este síndrome el riesgo promedio de síntomas de depresión entre los médicos aumenta 170 por ciento.

Investigadores en la Universidad de Pittsburgh querían saber más por qué tantos médicos sufren *burnout*, así que estudiaron a residentes de medicina interna para obtener más datos. ¿Por qué estos profesionales tan trabajadores que sobrevivieron a la escuela de medicina experimentan índices más altos de problemas psicológicos tan pronto en sus carreras?

Descubrieron que la culpa era una de las principales causas del agotamiento y del cansancio emocional. Y encontraron que las mujeres tendían más a sentirse culpables.

A pesar de que las residentes fueron más propensas a tener habilidades para salir adelante (como buscar apoyo emocional), también fueron más propensas a envolverse en "culpa tóxica". Las estudiantes de medicina se culpaban por cosas fuera de su control, como pacientes que no seguían los consejos médicos o una enfermedad que no respondía a un tratamiento. Sus estrategias saludables para salir adelante no eran suficientes para deshacer el daño hecho por la culpa.

Tratar de resolver un problema que no puedes gastará tus recursos y no te llevará a ningún lado. A veces ocasiona que dirijas tus esfuerzos al lugar equivocado. Una mujer que se culpa por ser abusada puede dirigir su energía a tratar de ser más servil con la esperanza de terminar el abuso. Cuando sus esfuerzos fracasen, el ciclo continuará y ella se agotará. O una mujer que se culpa por no ser una madre lo suficientemente buena puede gastar su energía regañándose. Como consecuencia, le costará trabajo estar presente con sus hijos.

La culpa evita que hagas cambios en el entorno. Te mantiene enfocada en arreglarte, incluso cuando no hay nada que arreglar en ti.

Qué hacer en vez de eso

Antes de que Erin comenzara a sanar por la muerte de su hermano, tenía que creer que merecía sentirse bien. De otra forma ninguna estrategia en el mundo la ayudaría a lidiar con su pena.

Su tratamiento implicó cambiar algunas de sus creencias fundamentales y dejar ir los pensamientos que contribuyeron a su culpa. Cuando empezó a soltar el sentimiento que había albergado por años, la transformación fue obvia. Se paraba más derecha, hacía más contacto visual, su humor era diferente, incluso su voz se escuchaba distinta. Era claro lo mucho que la había afectado el peso de cargar con tanta culpa.

La culpa viene en muchas maneras. Tal vez te culpas por todo. O quizá cometiste un error y no te puedes perdonar. O lastimaste a alguien porque tomaste una mala decisión. Cualquiera que sea la razón por la que te sientas mal, es importante encontrar una forma de aceptar la responsabilidad adecuada sin culparte en exceso.

CÓMO LIDIAR CON LA CULPA CUANDO ERES LA VÍCTIMA

Teri Hatcher es mejor conocida por sus papeles de Lois Lane en la serie *Lois & Clark: Las nuevas aventuras de Superman* y como Susan

Mayer en *Esposas desesperadas*. Pero debajo de su alegre personalidad y brillante sonrisa escondía un secreto oscuro y un profundo dolor.

En una entrevista con *Vanity Fair*, Teri reveló que fue abusada por un tío (esposo de la hermana de su madre) desde los cinco años. No le dijo a nadie lo que había pasado y se culpaba de forma parcial. Aunque sentía repulsión por su tío, también se sentía especial y anhelaba la atención que le daba.

Cuando tenía ocho o nueve años, su madre invitó a su tía y a su tío a cenar. Teri se enojó y su madre se dio cuenta de que algo andaba mal. Nunca le preguntó por qué estaba tan molesta, pero Teri nunca volvió a ver a su tío.

Trató de enterrar lo que le había pasado tan profundo como pudo y nunca contó sobre el abuso. Pero casi 30 años después escuchó que una chica de 14 años se suicidó después de ser violada por el mismo hombre. Había sido arrestado, pero no parecía que fuera una sentencia fácil.

Teri contactó a la policía para revelar que había sido víctima del mismo hombre. Con más evidencia contra él, su abusador fue encontrado culpable y enviado a prisión.

Aunque ahora reconoce que el abuso no fue su culpa, Teri acepta que el dolor todavía afecta su vida. Le dijo a *Vanity Fair*: "Este dolor de sentir que es tu culpa y no saber cómo resolver el problema… es un patrón muy familiar en mi vida. Como cuando un chico deja de llamarte y este patrón lo hace más doloroso porque, en realidad, sólo es un chico estúpido que no te llama. Hay un ciclo en el que eres incapaz de darte un descanso y siempre encuentras un camino para castigarte".

Continúa diciendo que todas experimentamos dolor y que su historia de abuso sexual es su dolor. "Las mujeres andan por la vida como si todo fuera su culpa y si pudieran ser mejores obtendrían algo bueno. Quiero decirles: '¡Ey! Me he sentido así toda la vida, pero ¿adivinen qué? No tienen que perder un kilo, no tienen que obtener un trabajo maravilloso, no deben conseguir novio, ¡sólo empiecen a tratarse bien ahora mismo!'"

NO SE CULPAN CUANDO LAS COSAS SALEN MAL

He trabajado con un sinnúmero de mujeres a lo largo de los años que se culpan por ser las víctimas. Por fuera, muchas dirían que no es culpa de una mujer ser golpeada ni de un niño sufrir abuso. Pero sienten que son la excepción a esa regla. Dicen cosas como: "Pero decidí regresar con él aunque mi familia me habría aceptado" o "yo inicié el contacto sexual".

La culpa y el trauma a menudo van de la mano. Y con mucha frecuencia las mujeres no sólo culpan a su comportamiento, sino a su carácter. Creen cosas como: "Me atacaron porque soy imprudente" o "abusaron de mí porque no valgo nada". Es difícil ir en contra de esas creencias tan arraigadas por el trauma.

Estudios demuestran que la culpa tras incidentes traumáticos incrementa las probabilidades de que alguien caiga en estrategias dañinas para salir adelante (como alcoholismo o evasión), lo que lleva a más problemas que perpetúan el ciclo.

Si te sientes culpable después de ser la víctima, busca ayuda profesional. Hablar con un psicólogo o terapeuta te ayudará a encontrar formas saludables de manejar tus emociones y sobrellevar lo que te pasó. Incluso sólo unas pocas sesiones de terapia podrían ser suficientes para ayudarte a liberar la culpa tóxica.

SEPARA LOS HECHOS DE LA FICCIÓN

Los eventos en tu vida no causan estrés. Es tu reacción a esos eventos lo que determina si creces o te angustias por ellos. Y parte de esa reacción implica la historia que te cuentas sobre tu responsabilidad.

Por eso es importante dar un paso atrás y separar los hechos de la ficción. Hacer eso te ayudará a aceptar la cantidad apropiada de culpabilidad de tus actos. He aquí algunas cosas que preguntarte:

- **¿Culpo a mi comportamiento o a mi carácter?** Hay una gran diferencia entre "tomé una mala decisión" y "soy un ser

245

humano horrible". Culpar a tu comportamiento significa que crees que cometiste un error, pero puedes tomar mejores decisiones en el futuro. Pero culpar a tu carácter deja poco espacio para un cambio.

- **¿Cuál es el porcentaje de responsabilidad que puedo soportar?** Cuando te culpes por algo, haz una pausa y pregúntate ¿qué tanto del problema es mi responsabilidad? Es poco probable que sea cien por ciento (incluso si así se siente). Tal vez decides que eres 40% responsable porque cometiste un error o 75% porque no hiciste nada. Llega a un número, el que sea.
- **¿Cómo mi prejuicio de retrospectiva afecta mi culpa?** Cuando ves el pasado, es fácil pensar: "Debí notar que estaba enferma" o "debí reconocer que sólo me estaba usando". Pero eso es porque estás viendo la situación con la información que tienes ahora. Así que haz una pausa y piensa si en verdad debiste ver algo venir o si tenías la información para prevenir que algo malo sucediera.
- **¿Hay alguna creencia fundamental que estés protegiendo?** ¿Tu creencia de que el mundo es bueno o que cierta persona es amable te ocasiona poner culpa innecesaria sobre ti? Piensa por un minuto en lo que significaría si algo no fuera tu culpa para nada. ¿Sería difícil creerlo porque impactaría la forma en que ves el mundo?
- **¿Qué le diría a una amiga si me dijera esto?** Es fácil decirle a tu amiga que los atrasos en el desarrollo de su hijo o que su lucha con la infertilidad no son su culpa. Pero puede ser mucho más difícil darte ese consejo. Así que toma un minuto para considerar lo que le dirías a una amiga y trata de ofrecerte el mismo consuelo.

Cuando pienses en qué tan responsable eres por una situación, un problema o un asunto, recuerda estas verdades:

- Puedes influenciar a otros pero tú no eres responsable por sus decisiones.
- No tienes forma de saber cómo habrían resultado las cosas si las hubieras hecho de otra manera.
- Tomaste decisiones basadas en la información que tenías en el momento (no en la que tienes ahora).

La meta no es que tu culpabilidad llegue a 0%, sino que seas responsable sin aceptar culpas innecesarias.

CAMBIA LA HISTORIA QUE TE CUENTAS

Es fácil contarte una historia que pone la culpa en ti. Pero ésa es sólo una versión, hay muchas formas de contar la misma historia.

Una podría ser que perdiste tu trabajo, te deprimiste, luchaste por sobrevivir y tuviste que empezar a vender bolsas por internet sólo para llegar a fin de mes porque eres una perdedora y no puedes conseguir trabajo en ningún lado. Pero por otro lado tu historia podría ser que durante una crisis económica había menos demanda de tus habilidades y, aunque fue muy difícil para ti, no te rendiste. Siendo la persona trabajadora que eres, lanzaste tu propio negocio vendiendo bolsas por internet. Es la misma situación, sólo con un giro diferente en tu responsabilidad sobre el resultado y si eres una víctima o una guerrera. Aquí hay algunos ejemplos de historias que se pueden contar de forma diferente:

- **Vieja historia:** Soy una mala hija por poner a mi mamá en una residencia para ancianos.
- **Nueva historia:** Decidí que lo más amoroso que podía hacer por mi mamá era buscar cuidadores profesionales para que la ayuden.
- **Vieja historia:** Debí reconocer que mi hijo tenía problemas de aprendizaje antes. Soy una mala madre.

- **Nueva historia:** No soy una educadora profesional. Soy una madre amorosa. Hago lo mejor que puedo para criar a mi hijo bien.
- **Vieja historia:** Si tan sólo hubiera llamado al doctor antes. Mi padre seguiría vivo si yo no fuera tan idiota.
- **Nueva historia:** No hay prueba de que si llamaba al doctor antes las cosas serían diferentes. Hice lo mejor que pude con la información que tenía.

Cambiar la forma en que piensas cambia la manera en que te sientes. Así que, cuando dejas de decirte que todo es tu responsabilidad, te sientes menos culpable sobre tu situación.

PIDE PERDÓN

La culpa no siempre es imaginaria o exagerada. A veces es apropiada. Tal vez lastimaste a alguien. O quizá hay algo que no hiciste, no fuiste amable o no evitaste que alguien se lastimara. Pero golpearte en silencio no ayuda en nada.

Si eres responsable de lastimar a alguien, discúlpate. Reconoce que hiciste mal y di que lo sientes. Claro que no tiene sentido hacerlo a menos que cambies tu comportamiento. Decir: "Perdón mamá, nunca te visito", y después seguir sin visitarla no vale. Pero si has visto que estás mal y planeas cambiar tu comportamiento, bien hecho.

Disculparse es difícil. Se requiere valor para decir: "Lo siento". Pero aceptar la responsabilidad y pedir perdón puede reparar tus relaciones y evitar que cometas los mismos errores otra vez.

Cuando se trata de pedir perdón, hay una fórmula para hacer tus disculpas efectivas. Investigadores de la Universidad Estatal de Ohio estudiaron por qué algunas disculpas reparan la confianza y otras no. Descubrieron que las más efectivas para reparar relaciones contenían los siguientes componentes:

1) Expresan remordimiento.

2) Explican qué estuvo mal.
3) Aceptan responsabilidad.
4) Declaran arrepentimiento.
5) Ofrecen reparo.
6) Piden perdón.

He aquí dos ejemplos de disculpas que contienen los seis componentes:

- *Discúlpame por dejar de devolverte las llamadas. Estaba atrapada con el trabajo y con mi novio de ese momento. Ocasioné que perdiéramos contacto por años y de verdad lo siento. Te extraño y quiero recuperar nuestra amistad. Si en tu corazón queda espacio para perdonarme, me encantaría reconstruir nuestra amistad otra vez.*
- *Perdón por decir que no me importan tus sentimientos. Estaba enojada y lastimada. Pero no estuvo bien ser mala contigo. Necesito trabajar en manejar mejor mi temperamento. No quiero nunca lastimar tus sentimientos otra vez sólo porque me siento mal. Me gustaría escuchar lo que piensas y prometo no interrumpir esta vez. ¿Me perdonas?*

Si tus decisiones han lastimado a alguien, discúlpate. Eso no borrará lo que hiciste, pero decir que lo sientes te ayudará (y a la persona que lastimaste) a salir adelante de una forma más productiva.

Si no puedes disculparte con la persona porque murió o perdiste contacto con ella, escríbele una carta de disculpa. Aunque no puedas entregarla, te ayudará a reconocer que estás aceptando la responsabilidad adecuada por tu comportamiento.

ARREGLA LAS COSAS

Una de mis antiguas pacientes hizo algo casi impensable para las madres, no les creyó a sus hijas cuando le dijeron que su padrastro abusaba de ellas. Como consecuencia los servicios de protección a menores le quitaron a las niñas y las mandaron a otro hogar. Pero en vez de pelear por recuperar a sus hijas, peleó por limpiar el nombre de su esposo.

Al principio le autorizaron visitas supervisadas a sus hijas. Pero cuando las evidencias apuntaban a que las niñas decían la verdad, el Estado le dio un ultimátum, debía escoger: su esposo o sus hijas. Eligió al esposo.

Cuando fue claro que las niñas no podrían volver a casa, las visitas terminaron y ellas fueron adoptadas por otros padres. Muchos meses después el esposo de mi paciente se declaró culpable por los delitos de abuso sexual. Decía que no quería involucrar a las niñas en un juicio. Al principio ella pensó que eso era evidencia de que él era "una buena persona". Pero poco a poco, en el transcurso de un año, empezó a cuestionar su inocencia.

Cuando se dio cuenta de que sus hijas habían dicho la verdad era muy tarde. No las podía recuperar. Ni siquiera les podía decir que ahora les creía. Su única esperanza era que cuando cumplieran 18 años ellas quisieran recuperar el contacto.

Llegó a terapia diciendo: "Me convertí en el tipo de persona que detesto. Soy el peor monstruo que existe". Se odiaba por permitir que lastimaran a sus hijas. "¿Qué tipo de madre permite que sus hijas sean abusadas y después les dice mentirosas cuando piden ayuda?", preguntó.

Muchas de sus declaraciones eran correctas, había lastimado a sus hijas, había cometido grandes errores y sus decisiones fueron la razón por la que ahora no puede tener contacto con ellas.

Pero creer que era una persona horrible incapaz de redimirse tenía un inconveniente, evitaba que hiciera cualquier cosa bien con su vida.

Aunque no podía arreglar las cosas con sus hijas ahora (y era incierto si ellas querrían contactarla cuando alcanzaran la mayoría de edad), todavía podía tener un impacto positivo en el mundo. En el transcurso de varios meses identificamos varias cosas positivas qué hacer para seguir adelante.

Decidió ofrecerse como voluntaria para una organización donde pudiera hablar con otros padres sobre las señales de advertencia de abuso sexual y de la importancia de creerles a los niños que acusan. Dijo: "Quiero hablar con otras madres de los errores que cometí. No mantuve a mis propias hijas a salvo, pero espero ayudar a otras madres a prevenir que sus hijos sufran de abuso".

Como mi paciente, hay mucha gente que ha hecho algo que dañó a alguien. A veces implica un mal juicio, como manejar intoxicado. Otras, implica negligencia, como olvidar cerrar una puerta que va a la alberca.

Tal vez no puedas disculparte con la gente que lastimaste o reparar un error que cometiste, pero puedes decidir arreglar las cosas y seguir adelante.

Carrera

La culpa no siempre es por traumas muy arraigados, con frecuencia es por una serie de pequeños sentimientos que se suman y causan un mayor impacto. Tal vez el ejemplo más claro de esto está en el trabajo.

Hay una creencia general de que la satisfacción en el trabajo depende de tu habilidad de tener cierto control en él. Investigadores y gurús de autoayuda hablan de la importancia de usar tus habilidades de una forma que te haga sentir más efectiva en tu trabajo, porque ésa es la clave para manejar el estrés.

Pero eso no es verdad para todos. De acuerdo con investigadores de la Universidad de Drexel, si eres alguien que tiende a tomar responsabilidades extra, tal vez estés mejor en un trabajo donde tienes menos decisiones y control. En un estudio que examinó cómo ciertas personas sobrellevan las demandas de trabajo, los investigadores descubrieron que quienes se culpan cuando las cosas salen mal tienen más enfermedades cuando están en un empleo que les da mucho control. Sospechan que los índices más altos de enfermedades surgen del estrés que estos individuos experimentan cuando se culpan por el resultado de proyectos en equipo o por el desempeño general de la compañía.

Así que trata de reducir la culpa que sientes y examina si tu trabajo se acopla a ti. Tener muchas decisiones y opciones podría drenar tu energía mental.

Un horario flexible o una cantidad ilimitada de días de vacaciones suenan como un sueño. Pero si eres alguien que se culpa por todo, tal vez no seas capaz de ver los frutos de tu trabajo. Quizá te sientas muy culpable de usar esos beneficios de forma útil. O si te dan mucha rienda suelta en proyectos que te asignaron, tal vez te culpes cuando las cosas no salgan tan bien como las esperaba tu jefe.

Ser mentalmente fuerte no se trata de soportar situaciones que drenan tu energía. En vez de eso es importante crear una vida que te ayude a florecer. Aunque muchas veces es importante transformarte, otras es importante cambiar tu entorno. Si el trabajo te dificulta tomar cantidades saludables de responsabilidad, tal vez debas buscar algo que te rete sin agotar tu energía mental.

Familia

Si la culpa se volvió un hábito crónico, puede ser de utilidad reflexionar y pensar de dónde viene esa tendencia. Para muchas personas está arraigada en la infancia.

Muchos niños se convierten en chivos expiatorios. Los padres que insisten en que tienen un "hijo problemático" o los que ven al niño como la causa de los problemas maritales le echan la culpa para no tener que lidiar con lo que pasa en realidad. Y el niño comienza a creer que sí tiene la culpa de los problemas familiares.

La culpa también es común en gente que creció en familias que querían aparentar que eran perfectas. Tal vez estos padres invirtieron más energía en verse bien que en ser buenos. La presión de parecer perfecto puede causar que los niños piensen que sus sentimientos están mal y que su comportamiento no es correcto. Nunca se sienten suficientemente buenos.

Si te culpas de forma habitual, rastrear eso hasta sus raíces puede darte algo de conocimiento y ayudarte a cambiar la historia que te cuentas de ti. Eso no significa que culpes a tus padres o a tu educación por todos los problemas de tu vida (como adulto, debes aceptar la responsabilidad adecuada por tus acciones). Pero obtener un mejor entendimiento de cómo desarrollaste algunas de tus creencias fundamentales y hábitos es clave para crear un cambio positivo.

Vida social

Una de mis antiguas pacientes tuvo un aborto espontáneo. Aunque su médico le aseguró que no había sido su responsabilidad, estaba llena de culpa. Ella y su esposo no habían dicho que estaba embarazada, así que tampoco compartieron lo del aborto. Sufría su pena en privado y se sintió muy sola cuando su esposo parecía estar bien un par de semanas después.

Ya hablaba de tratar de embarazarse otra vez. Pero el pensamiento la aterraba. Estaba convencida de que el aborto había sido su culpa. Vino a terapia para tratar de descubrir lo que había hecho mal.

Hacía muchas preguntas como: "En la universidad me purgaba. ¿Eso podría haber dañado mi cuerpo?" y "soy vegetariana. ¿Crees que haya tenido algo que ver?"

Sabía que no había suficientes estudios o palabras de aliento para poner su mente en paz. Así que le sugerí asistir a un grupo de apoyo para mujeres que habían perdido embarazos. Estaba un poco reacia al principio, pero accedió a ir.

Tras varias semanas de asistir al grupo empezó a sentirse mejor. Escuchó a otras mujeres que vivían culpas similares. Se atrapó asegurándoles que no era su culpa. Y el oírse consolando a otras la ayudó a ver que ella tampoco era responsable.

También compartió su historia con el grupo. Y escuchar que mujeres de verdad entendían su dolor y le decían: "Nosotras hemos sentido lo mismo, pero no hiciste nada mal", la ayudó a sanar.

A lo largo de los años he recomendado grupos de apoyo para mujeres que lidian con culpa por una gran variedad de problemas. El apoyo social es muy poderoso para ayudar a reducir la culpa.

Si estás lidiando con la culpa, palabras lindas de tus amigos y familiares pueden hacer una gran diferencia. Pero si los que te rodean no conocen tu situación o no entienden lo que estás atravesando, es importante buscar personas que lo hagan. Eso significa unirse a un grupo de apoyo o buscar apoyo en línea de mujeres que conocen tu dolor.

Cuando te culpas por algo, es tentador alejarte de la gente y sufrir en silencio. Pero hablar de las cosas por las que estás pasando puede ser la clave para sanar. Ya sea que te unas a un grupo de apoyo, que te abras a tus amigos o te fíes de un profesional, obtén apoyo de otras personas y verás que no estás sola.

Aceptar la responsabilidad adecuada te hace más fuerte

Elizabeth Smart ganó atención en Estados Unidos cuando fue secuestrada a los 14 años. Durante nueve meses la gente buscó a la adolescente perdida y muchos perdieron la esperanza de encontrarla con vida.

Contra toda posibilidad, Elizabeth sobrevivió. Sus captores habían abusado de ella y la amenazaron con asesinar a su familia si trataba de escapar. Aunque había estado en lugares públicos varias veces, nunca escapó y no le dijo a nadie que necesitaba ayuda.

Aunque las personas la buscaban, no la reconocían en lugares públicos porque la obligaban a usar un velo que le cubría el rostro.

En algún momento un policía la cuestionó sobre su identidad. Ella negó ser Elizabeth Smart.

Después alguien llamó a la policía cuando vio a Elizabeth y sus captores caminando por la calle y por fin fue rescatada. Tan pronto como la noticia de que estaba en casa con su familia se esparció, mucha gente empezó a preguntarle: "¿Por qué no escapaste?" Algunas personas incluso la acusaron de simpatizar con sus captores.

En una autobiografía de la cadena A&E, Elizabeth habló sobre este asunto. Dijo: "Por años esa pregunta me molestaba de verdad. Con el tiempo me di cuenta de que mi cerebro escuchaba: 'Debiste correr. Debiste intentar algo. Es tu culpa'. Ahora, cuando me encuentro comentarios como ésos siento que es una gran oportunidad de hablar sobre por qué no lo hice. Es algo muy común en sobrevivientes. No es que no queramos o que nos guste ser lastimados o retenidos en cautiverio. Es porque la gente que nos está lastimando es muy manipuladora. Mis captores me quitaron todo. Tomé cada decisión para sobrevivir. Viendo hacia atrás ¿desearía haber sido rescatada antes? Absolutamente. ¿Desearía haber sido salvada antes? Absolutamente. Pero no lamento ninguna decisión que tomé porque al final me ayudó a sobrevivir y es la razón por la que hoy estoy aquí".

Incluso cuando otros han tratado de culparla, Elizabeth no se culpa por lo que le pasó. Reconoce que es fácil para una persona que nunca ha estado en esa situación decir lo que debió hacer de forma diferente, pero acepta que tomó las mejores decisiones que pudo en las circunstancias en las que estaba.

Se convirtió en autora *bestseller* del *New York Times*, oradora pública y defensora de otras personas que han sido victimizadas. Alienta a cualquiera que haya pasado por una experiencia traumática a hacer las paces con el pasado y aceptar el futuro.

Cuando decides desechar la culpa innecesaria, vergüenza e ira eres libre de seguir adelante de forma productiva y saludable para ser la mejor versión de ti.

Solución de problemas y trampas comunes

No confundas arreglar las cosas con castigarte de forma rigurosa. Entregarse a una causa o trabajar para arreglar las cosas con un límite de tiempo es sano. Pero ofrecerse de voluntaria cientos de horas a la semana porque no mereces ser feliz no te ayuda. Asegúrate de que tus esfuerzos para arreglar las cosas surjan del remordimiento, no del autodesprecio.

Aunque algunas mujeres se culpan mucho, también es posible ser muy indulgente contigo. Negar el dolor que has causado a otros o minimizar el impacto que han tenido tus errores no te ayudará a mejorar en el futuro. Es importante balancear el autoperdón y la toma de responsabilidades.

Y ten en mente que un poco de culpa es bueno. Significa que tienes conciencia y te sientes mal por algo que hiciste. La vergüenza, el autodesprecio y una vista negativa de tu carácter son dañinos.

Si estás luchando para dejar ir la culpa y está impactando tu bienestar, busca ayuda profesional. Hablar con un profesional de salud mental te puede ayudar a dejar la carga que llevas contigo.

ES ÚTIL

- Hacer preguntas que te ayuden a establecer una vista más realista de tu nivel de responsabilidad.
- Cambiar la historia que te cuentas cuando sufres de culpa excesiva.
- Pedir perdón cuando cometes un error.
- Arreglar las cosas cuando lastimaste a alguien más.
- Obtener apoyo social que te ayude a lidiar con culpa excesiva.

NO ES ÚTIL

- Castigarte de forma rigurosa.

- Perdonarte muy rápido cuando lastimaste a otros.

- Sentirte responsable por los sentimientos y acciones de otras personas.

- Creer que eres una mala persona en vez de pensar que tomaste una mala decisión.

11

No se quedan calladas

*Nos damos cuenta de la importancia de nuestra voz
cuando nos silencian.*

MALALA YOUSAFZAI

Wendy entró en mi consultorio diciendo: "Necesito ayuda para manejar mi estrés en el trabajo". Le pregunté de forma específica qué la estresaba y dijo: "Es un trabajo acelerado y siempre hay mucho qué hacer. Mis compañeros también están estresados, eso significa que siempre están malhumorados. Y mi jefe es una persona muy difícil".

Wendy trabajaba en el departamento de finanzas de una distribuidora de automóviles. Dijo que su jefe tenía la reputación de ser un "viejo rabo verde" y era conocido por contratar mujeres jóvenes. Cuando le pedí más detalles dijo: "Hace comentarios sexuales o inapropiados sobre lo que traigo puesto. Y no sólo a mí. También a otras".

"Por lo general me dice cosas como: 'Sonríe, Wendy. Te ves mejor cuando hay una sonrisa en tu rostro'. Pero el otro día hizo una especie de broma: '¿Podrías abrocharte la blusa más arriba? Casi te veo la clavícula'. Los demás se rieron... pensé que también sería bueno aprender a reírme de mí".

"Un día dijo: 'Tu esposo es un hombre afortunado. Eres un regalo para los ojos'. Y me hizo un guiño. En otra ocasión tiró un papel al piso y dijo: 'Ey, Wendy, ¿podrías agacharte y pasarme eso?' Me hizo sentir muy incómoda".

Le pregunté cuánto de su estrés laboral estaba relacionado con su jefe y dijo: "Quizá un 80%. No quiero preguntarle nada porque temo que me diga algo inapropiado. Esto me produce mucho trabajo extra. Tengo que dar 10 pasos para conseguir la respuesta a una pregunta simple que él me habría respondido en un minuto".

"¿Crees que sufres acoso sexual?", pregunté. "No lo llamaría acoso sexual. Más bien el señor es de otra generación y no sabe comportarse de otra forma", respondió.

Le pregunté si había pensado en tratar el problema de forma directa con su jefe. Afirmó que otras mujeres aguantaban el comportamiento y que le preocupaba que si hablaba, las personas dirían que era demasiado sensible o que estaba tratando de sacar ventaja en el trabajo al demandar a su jefe o algo.

Dijo: "Nunca me ha tocado o amenazado ni nada, así que no siento que sea *tan* malo. Pero no me gusta. He pensado en buscar otros empleos, pero todos están más lejos".

Tras aprender más sobre la situación de Wendy (y de dónde salía su estrés laboral) le expliqué que su angustia era una reacción normal a la situación. *Debería* estar estresada. Y no bajaríamos su estrés sin cambiar su situación.

Al final de la cita la animé a investigar la definición legal de acoso sexual y considerar si el comportamiento de su jefe calificaba. Aunque estaba segura de que lo haría, quería que ella sacara sus conclusiones.

A la semana siguiente me dijo: "No me siento como una víctima ni nada de eso. Sólo siento que el señor es indecente".

Dio excusas sobre su comportamiento y también dudó del suyo: "Algunos de sus comentarios sexuales podrían entenderse de distintas formas. No estoy segura de que sea tan malo como para entrar en acción y hacer algo más grave".

Como muchas mujeres con las que he trabajado, Wendy se sentía incómoda al etiquetar como acoso sexual lo que estaba viviendo. Usar ese término le causaba gran malestar. Así que pasamos varias semanas hablando sobre eso y lo que en verdad significaba.

Cuando asimiló la idea de que era acosada de forma sexual, discutimos algunas de sus opciones. Podía seguir en silencio, cambiar de trabajo o hablar al departamento de recursos humanos.

Le aconsejé que hablara con un abogado para aprender más sobre sus derechos legales porque yo sólo la ayudaba desde el área de salud mental. Al principio dijo: "Prefiero no hacerlo. Estoy tratando de evitar que esto se haga más grande". Entonces le pregunté: "¿Cómo crees que será tu vida el próximo año si no haces nada al respecto?" Y respondió: "No estoy segura de aguantar otro año".

Le aseguré que hablar con un abogado no significaba demandar a nadie, sino que le daría claridad sobre sus derechos y opciones. Estuvo de acuerdo en contactarlo y empezar la conversación.

A la semana siguiente se reunió con un abogado y, siguiendo su consejo, empezó a documentar cada incidente. También imprimió los correos de su jefe que tuvieran contenido sexual.

Registrar cada comentario y gesto inapropiado hizo que se diera cuenta de la gravedad de la situación. Diario tenía al menos una cosa que agregar a su archivo y al ver los papeles apilarse cambió su perspectiva. Decidió entrar en acción.

Con el apoyo de su abogado, Wendy se acercó a la oficina de recursos humanos. El director de recursos humanos tomó la información y empezó la investigación. Y Wendy esperó a ver qué pasaba.

Para su sorpresa, todo fue muy rápido. En una semana, su jefe aceptó de forma voluntaria una posición diferente dentro de la misma compañía. Su nuevo puesto significaba que ya no tendría contacto con Wendy (también lo cambiaron de edificio).

A la semana siguiente, cuando Wendy llegó a su cita, empezó a llorar. Dijo: "Estoy muy feliz de que eso terminara, pero triste por no haberlo hecho antes. Estoy enojada de que pasara en primer lugar. Y molesta por vivir en un mundo donde ocurren estas cosas".

Después de esto, vi a Wendy algunas sesiones más. Se sentía menos estresada sin su jefe en el edificio y descubrió que su trabajo acelerado era mucho más fácil de manejar sin tener que dedicar tanta energía a protegerse.

¿Te quedas callada?

Ya sea que no le hayas dicho a nadie cuando un miembro de la familia violó tus derechos hace 20 años o no hayas levantado la voz cuando alguien hizo comentarios sexistas en la sala de juntas la semana pasada, todas hemos vivido situaciones en las que no decimos lo que pensamos cuando algo está mal. Pero el problema no es sólo el silencio ante una conducta inapropiada. Muchas mujeres no comparten sus ideas y opiniones en el trabajo, relación o conversaciones diarias. ¿Respondes de forma afirmativa a alguno de los siguientes puntos?

- ☐ Evito compartir mis ideas porque pienso que los demás no valoran mi opinión.
- ☐ En las reuniones dejo que otras personas lideren la conversación.
- ☐ Con frecuencia no expreso mis ideas para no generar conflicto.
- ☐ Me da vergüenza contarle a alguien cuando soy victimizada.
- ☐ Quiero manifestarme cuando violan los derechos de otras personas, pero con frecuencia no hago ni digo nada.
- ☐ Guardo profundos secretos.
- ☐ Cuando me siento incómoda por los comentarios de alguien, me quedo en silencio.
- ☐ Me callo porque no quiero meter a otros en problemas.
- ☐ Me da mucho miedo lo que pueda decir o pensar la gente sobre mí si expreso mi opinión.
- ☐ Me preocupa que hablar sobre cosas que me incomodan haga que los demás piensen que soy demasiado sensible.

Por qué lo hacemos

Wendy hizo un poco de introspección para descubrir por qué toleró ser acosada de forma sexual durante tanto tiempo. Dijo: "Nunca pensé que sería el tipo de mujer que toleraría ese problema. Si en la tienda me cobraban 10 pesos de más, rápido me quejaba. O si pienso que un contratista me está estafando, le diría: 'No puedes tratarme así'. Por eso es raro que dejara que mi jefe me acosara de forma sexual".

Pasamos varias sesiones profundizando para revelar explicaciones sobre por qué no habló antes. Entender por qué (ella y muchas mujeres) se quedan calladas fue fundamental para su proceso de sanación.

Al final concluyó: "Una parte de mí pensaba que si lo minimizaba no sería cierto. No quería ser una víctima. Otra parte de mí estaba aterrada de que si hablaba nadie me creería. Además tenía miedo de qué pensaría la gente de mí. Pero me alegro de que, por fin, dije algo".

Hay muchas razones por las que las mujeres no denuncian el abuso, agresiones sexuales, acoso y otras violaciones a los derechos. Y culpar a las mujeres que no encuentran su voz para expresarse no nos hace bien. Sólo nos lastima más a todas, como género. Es importante ser amables entre nosotras, apoyarnos y permanecer juntas para que las mujeres de cualquier parte sean capaces de levantar la voz.

Si eliges permanecer en silencio, no significa que no eres mentalmente fuerte, pero guardar un secreto drenará tu fuerza mental.

LOS NIÑOS SON FUERTES, LAS NIÑAS CALLADITAS

Si un hombre habla mucho, la gente dice que es amigable o extrovertido. Pero si una mujer habla mucho dicen "que no puede callarse". Es decir, cuando hablan se les acusa de molestas, irritantes y "quejumbrosas".

En 2017 Jameis Winston, un jugador de futbol americano de los Bucaneros de Tampa Bay, dio una charla motivacional a los niños de la escuela primaria Melrose en St. Petersburg, Florida. Se paró frente a un salón lleno de estudiantes de tercero a quinto año y compartió sus tres principios en la vida: Dios, escuela y la creencia de que puedes hacer todo lo que te propongas.

Pero su mensaje positivo rápido cayó en picada cuando tocó temas de género:

"Todos los niños, levántense. Las niñas, siéntense —dijo Winston—. Pero todos mis niños, párense. Somos fuertes, ¿verdad? ¡Somos fuertes! Somos fuertes, ¿verdad? Todos los niños, repitan conmigo: Puedo hacer todo lo que me proponga. Recuerden, los niños no tienen la voz suave. ¿Entienden lo que les digo? Un día todos ustedes tendrán una voz grave como ésta [en voz grave y fuerte]: Un día todos ustedes tendrán una voz grave como ésta."

"Se supone que las niñas son calladas, educadas, gentiles. Mis chicos, mis niños se supone que son fuertes. Quiero que todos me digan cuál es la tercera regla de la vida: Puedo hacer todo lo que me propongo. ¡Grítenlo!"

La historia no tardó mucho en llegar a los medios cuando alguien retomó el hecho de decirles a las niñas que fueran calladas. Winston se disculpó y dijo: "Durante mi charla usé una palabra mal elegida que restó importancia al mensaje positivo".

Pero no es la primera vez que se cuestiona la actitud del jugador hacia las mujeres. En 2012, cuando era estudiante en la Universidad del Estado de Florida, una estudiante lo acusó de abuso sexual. Nunca se le impusieron cargos y su acusadora presentó una demanda contra Florida, alegando que la escuela no investigó el caso de forma efectiva y a tiempo. La universidad llegó a un acuerdo fuera de la corte por cerca de 20 millones de pesos.

Otra estudiante también lo acusó de abuso sexual en la universidad, pero tampoco se levantaron cargos en su contra.

En 2017 lo acusaron de manosear a una conductora de Uber. La NFL investigó y encontró el reporte "consistente y creíble". Suspendieron a Winston durante tres juegos. En respuesta, Winston se disculpó con la taxista por la "posición en la que te puse".

Algunos sostienen que como nunca fue condenado por abuso sexual, está bien que siga ganando su gran salario de la NFL y que los fans usen su jersey con orgullo. Hay quienes incluso dicen que es un buen ejemplo para los niños.

Pero dejando de lado los cargos por abuso, no es precisamente un ciudadano modelo. Cuando era estudiante universitario hubo un incidente donde subió a una mesa y gritó: "Fuck her right in the pussy!" Una frase ofensiva y muy común en Estados Unidos. Fue suspendido medio juego. Durante una conferencia de prensa dijo que no era "mala persona" y se disculpó con sus compañeros porque en consecuencia tuvo que estar sentado parte del juego.

El hecho de que se le considere tanto como para que una escuela lo invite a dar una plática motivacional a los niños habla mucho sobre nuestra cultura. La creencia de que las mujeres deben ser calladas está muy arraigada.

HABLAR CUANDO ERES VICTIMIZADA ES UN GRAN RIESGO

Para las personas que no han sido victimizadas es fácil decir: "Deberías hablar", pero las mujeres que denuncian corren un gran riesgo y deben enfrentar consecuencias graves.

Más de 60 mujeres se presentaron ante la policía para decir que fueron abusadas por Bill Cosby. Sus historias abarcaron cinco décadas y compartieron informes muy similares: Cosby las drogó y abusó de ellas. Aun así, nadie quería creer que "el papá de Estados Unidos" era un violador en serie.

Historias como ésta aclaran por qué muchas mujeres no denuncian y desaniman a otras de contactar a las autoridades. Después de todo, ¿quién quiere ir a la policía si no le pasará nada al responsable?

Hablé con una mujer de 21 años sobre su experiencia en un campus de la universidad. Me compartió esta historia:

Me violaron en el segundo año de la universidad. Cuando fui a la policía me sentí como si me estuvieran interrogando aunque yo no era el violador. Me trataron como culpable hasta probar mi inocencia, mientras que mi abusador fue inocente hasta probar su culpabilidad. El detective me preguntó cosas como: "¿Qué estabas usando durante el abuso? ¿Qué le dijiste para que lo hiciera? ¿Cuántas parejas sexuales has tenido? ¿Eres promiscua sexualmente?"

Tras mis respuestas, preguntó si había vivido con mi padre. Cuando le dije que mis padres estaban divorciados, dijo: "Ah, tienes temas con papá. Por eso estás en esta situación y por eso tienes problemas de autoestima". Sus palabras me lastimaron, como presenté cargos cuatro días después del abuso, me intimidé. Sentí miedo. Me sentí herida porque no sólo no me creían, sino que me responsabilizaban o hacían sentir que era mi culpa.

El detective me asustó tanto que le envié un correo. Le dije que su lenguaje era inapropiado. Después de eso, respondió que se negaban a presentar cargos contra mi agresor. Fue muy frustrante, considerando la fuerte evidencia que tenía. Tenía una grabación de mi agresor explicándome lo que me había hecho. Entendí que no podía confiar en un sistema de justicia criminal para darme justicia a mí y a otras víctimas de violación, cuando ése nunca fue el propósito del diseño original. El sistema está diseñado para rehabilitar al agresor y hacer menos a la víctima.

Según la Rape, Abuse and Incest National Network (RAINN), de cada 1 000 violaciones 310 son informadas a la policía y sólo seis violadores son encarcelados. Pero claro, estas estadísticas sólo son estimadas. No tenemos idea de cuántas mujeres son abusadas porque se reportan muy pocos incidentes.

No sólo los ataques sexuales no son denunciados. El Federal Bureau of Justice Statistics estima que se reporta a las autoridades 50% de los incidentes de violencia doméstica. Y la encuesta de

CareerBuilder descubrió que 72% de las personas que experimentan acoso sexual en el trabajo nunca lo reporta.

Hay muchas razones por las que las víctimas guardan silencio. He aquí las más comunes:

- **Por lo general, las víctimas conocen a su atacante.** Muchas mujeres no son víctimas de un crimen al azar. Son abusadas o atacadas por sus padres, familiares o conocidos. Reportar el incidente afectaría su carrera, familia o círculo social. Además, pueden tener sentimientos encontrados sobre meter al agresor en problemas.
- **Miedo a las represalias.** Acudir a la policía no garantiza que el agresor enfrente la justicia. De hecho, pueden ser despedidos, degradados o excluidos. En casos de violencia doméstica, 75% de los asesinatos ocurrió después de que la mujer dejó a su pareja.
- **El proceso legal puede ser humillante.** Contar la historia a un sinnúmero de extraños es vergonzoso, abrumador y hasta traumático. Y si el caso va a la corte, la víctima tiene que contar los detalles muchas veces frente a mucha gente.
- **No siempre les creen.** A veces, cuando una mujer se presenta a la policía, la gente dice cosas como: "Sólo está buscando atención" o "su historia no encaja".
- **Las víctimas sufren un ataque a su persona.** Con frecuencia las víctimas son culpadas por la forma en que se visten, los eventos que las llevaron a ser abusadas o sus elecciones pasadas.
- **Desventaja de ser la primera.** Con frecuencia la primera víctima es castigada. La primera mujer que denuncia el acoso sexual en el lugar de trabajo es maltratada. O la primera persona en exponer que están violando sus derechos recibe una respuesta violenta.
- **Las autoridades no siempre son útiles.** Por desgracia, a muchas mujeres les dicen que no hay suficiente evidencia para que

las autoridades respondan. O a veces son maltratadas por la misma gente a la que le están pidiendo ayuda.

- **Las víctimas se culpan.** Muchas víctimas se preocupan porque creen que dieron señales confusas o no hicieron lo suficiente para esquivar un ataque.
- **Las víctimas no quieren creerlo.** A veces las víctimas minimizan o niegan lo que pasó. Por ejemplo, las víctimas de violación con frecuencia no quieren creer que fueron violadas, así que tratan de convencerse de que tuvieron sexo consentido.
- **No saben a quién decirle.** Puede ser complicado saber a quién decirle o cómo empezar la conversación.

No sólo las víctimas se quedan calladas. A veces las mujeres que son testigos de una violación de derechos de otra mujer también guardan silencio. En ciertas familias la violencia doméstica es tan común que parece normal. En algunas compañías el acoso sexual se arraiga tanto en la cultura que la gente se desensibiliza. Cuando otros testigos no reaccionan la mayoría de los espectadores no quieren ser el único individuo que dé un paso y diga algo.

A pesar de todos los riesgos y desventajas de levantar la voz, la gente sigue comentando: "¿Por qué no dijo nada?" o "debería de haber ido antes a la policía".

Por qué es malo

Ser acosada de forma sexual en la oficina no sólo afectó el trabajo de Wendy, también dañó su vida personal. Regresaba a casa de mal humor y tuvo un costo en las relaciones con su familia. Evitaba hacerle preguntas a su jefe, incluyendo si podría salir más temprano para asistir al partido de futbol de su hijo, así que se perdió algunas de las actividades de sus niños. Incluso afectó en su forma de comprar. Evitaba la ropa que le diera a su jefe la oportunidad de hacer comentarios. Y en definitiva, evitó que hiciera su mayor esfuerzo.

Wendy sabía que esto también les ocurría a otras mujeres en la oficina. Como nadie decía nada, no quería levantar la voz por miedo a verse como una quejumbrosa. En consecuencia, su silencio aumentó su sufrimiento.

El silencio permite que continúen los problemas. Ofrece a los atacantes la capacidad de seguirlo haciendo. Y esto incorpora cada vez más el problema en la cultura.

Quedarse callada también drena tu fuerza mental. Esconder tus secretos, negar tus opiniones y enterrar tus ideas implica un esfuerzo extra. Y no puedes poner esa energía en algo más productivo cuando estás ocupada en silenciarte.

TARDÓ CASI CUARENTA AÑOS PASAR DEL "YO NO" AL "YO TAMBIÉN"

Las mujeres de la década de 1980 fueron la generación del "yo no". A pesar de que la discriminación de género aumentó sin control, la mayoría de las mujeres insistió en que nunca fueron víctimas.

En 1984 Faye Crosby, una profesora de psicología en Smith College, estudió este fenómeno. A través de una serie de encuestas, descubrió que las mujeres reconocieron con facilidad la discriminación en general. Pero cuando se trababa de discriminación de forma personal, no sintieron la injusticia. En vez de eso se culparon.

En uno de sus estudios, Crosby examinó a 182 hombres y 163 mujeres con educación, entrenamiento y experiencia similares. Aunque las mujeres ganaban mucho menos que sus equivalentes masculinos, sólo 13 se sintieron estafadas porque les pagaban menos. Casi todas pensaban que la discriminación de género era un gran problema, pero la mayoría se sentía exenta. La autora concluyó que las mujeres estaban más cómodas pensando que eran culpables, en vez de reconocer que habían sido discriminadas.

En un artículo para *The University Record*, Crosby contó una anécdota que escuchó en una docena de mujeres que se preparaban como ingenieros en Harvard durante la Segunda Guerra Mundial. En aquella época la escuela no tenía baños para mujeres, pero ellas nunca sintieron discriminación de género. Incluso cuando contaron sus experiencias, 40 años después, no sintieron que las hubieran discriminado.

Crosby y sus coautores descubrieron que la negación de las mujeres ante la discriminación implicaba varios factores. Entre ellos:

- Las mujeres quieren pensar que sus compañeros y supervisores son admirables.
- Reconocer que han sido victimizadas significa que no son tan especiales como esperaban.
- El trato injusto era impensable porque las mujeres querían sentir que serían recompensadas por sus esfuerzos, no sometidas a desgracias inmerecidas.

A primera vista, esta lista parece admirable. Después de todo, las mujeres quieren responsabilizarse de su comportamiento y ver lo bueno en sus colegas. Pero buscaron tanto lo positivo que ignoraron la realidad. Se negaron a creer que eran víctimas de injusticia y desigualdad.

Desde entonces hemos progresado en nuestra capacidad para desarrollar una perspectiva más balanceada. Pero ese progreso es lento. Tardó 40 años para que las mujeres pasaran de una actitud de "yo no" a la de "yo también".

Por suerte, #MeToo y #TimesUp ayudan a que las mujeres reconozcan que ser abusadas, victimizadas o discriminadas no las hace débiles. Tampoco tienes por qué avergonzarte de ello. Además, dispersar el mensaje ofrece la seguridad de que no estás sola y nos da a todas una idea de la extensión del problema.

Negar las desventajas personales no es sólo de las mujeres. También es un problema en otras minorías. Pero obvio, si no admitimos que somos víctimas, nadie habla de ello. Y si nadie habla de eso, nada cambia. El silencio le da permiso a la gente de seguir actuando de la misma forma.

EL SILENCIO MANTIENE A LAS MUJERES SEPARADAS

Una vez trabajé con una mujer cuya vida parecía muy feliz en el exterior. Ella y su esposo vivían en una linda casa en un vecindario agradable. Los dos tenían muy buenos trabajos y estaban involucrados en muchas actividades de su comunidad. Pero detrás de las puertas cerradas del hogar, su vida era un infierno vivo. Su esposo le gritaba, le ponía apodos ofensivos, la amenazaba con matarla y la golpeaba. Me dijo: "Eres la única persona que sabe de esto. Nadie lo entendería".

Lo que no sabía era que, dos horas antes, había visto a otra mujer que vivía en el mismo vecindario. Tenía una historia similar: su esposo hacía hoyos en las paredes, aventaba cosas y la golpeaba. Pero nadie sabía de la tortura que vivía en su casa.

Ambas mujeres se sentían solas y aisladas por completo. Si alguna vez se cruzaron en una tienda de abarrotes o en la calle, no tuvieron idea de que la otra también vivía su infierno privado. Claro, el secreto de confidencialidad evitaba que les dijera: "De hecho, una de tus vecinas está en las mismas circunstancias". Sólo pude desear que las dos se tomaran un café para hablar sobre lo que estaban pasando. Sospecho que una le habría dicho a la otra: "Te mereces algo mejor". Y quizá escucharse decir estas palabras en voz alta les ayudaría a ver que ambas merecen una vida mejor.

A veces mi consultorio parecía una puerta giratoria de mujeres que se sentían solas. Sus historias eran similares, aunque pensaban que nadie más podría entender sus situaciones.

Hay grupos de apoyo para víctimas de abuso sexual o de violencia doméstica. Pero es difícil convencer a una mujer de que asista. Y para las que siguen viviendo situaciones inseguras ir a este tipo de grupos puede ser demasiado riesgoso.

Incluso para mujeres que no están en daño físico asistir a un grupo de apoyo a veces se siente como un riesgo. Las mujeres importantes en la comunidad tienen miedo de compartir su historia por el impacto en sus carreras. Para otras, contar su historia y hablar sobre lo que les pasó es demasiado difícil.

Aunque el panorama empieza a cambiar, tenemos un largo camino por recorrer antes de que más mujeres se sientan empoderadas para ir a la policía. Hasta que estas conversaciones se vuelvan algo común y las mujeres sientan como si pudieran hablar de forma abierta, no podrán unir fuerzas y luchar por un cambio.

MENOS VOZ SIGNIFICA MENOS INFLUENCIA

El silencio es un problema que no sólo rodea al abuso. No compartir tus ideas en las reuniones de negocios o guardarte tus opiniones en las relaciones también puede ser un gran problema.

En 2012 un estudio liderado por investigadores de la Universidad Brigham Young descubrió que los hombres dominan las conversaciones en las reuniones. En general las mujeres hablan 75% menos que los hombres en juntas de negocios.

Durante los experimentos colocaron a los participantes en grupos de al menos cinco personas y les dijeron que necesitaban decidir cómo distribuir el dinero que habían ganado en una tarea hipotética. En promedio, los grupos deliberaron durante 25 minutos y luego votaron en secreto.

Si la mayoría era masculina, las mujeres no levantaban la voz ni expresaban sus opiniones, en especial cuando la mayoría gobernaba. Pero cuando los investigadores les indicaron a los grupos que debían alcanzar un consenso unánime las cosas cambiaron. Las mujeres participaron más. Sentían que podían influenciar y querían ser escuchadas.

Los autores del estudio dejaron claro que el problema no estaba en el tiempo de discusión. No era que las mujeres hablaran menos porque eran más eficientes en sus conversaciones... no querían compartir sus ideas. Pero cuando levantaron la voz influyeron mucho y fueron más efectivas que los hombres para persuadir las decisiones de otros miembros.

Pero el problema de que las mujeres no levanten la voz no ocurre sólo en las salas de juntas. Es un asunto que también se ve en las escuelas. Los estudios muestran de forma consistente que las niñas no hablan tanto como los niños en el salón de clase.

Un libro publicado en 1994 llamado *Failing at Fairness: How Our Schools Cheat Girls* describe cómo actúa la desigualdad de género en el salón de clase. Tras décadas de investigación, los autores, Myra y David Sadker, hicieron varios descubrimientos alarmantes sobre las tendencias de los maestros.

Descubrieron que los maestros pasan más de dos tercios de su tiempo dirigiéndose a los estudiantes varones. Los maestros también son más propensos a interrumpir a las niñas pero permiten que los niños hablen sobre ellas. Pasan más tiempo animando a los chicos a dar respuestas más profundas mientras recompensan a las chicas por estar quietas y calladas. Cuando los maestros hacen preguntas es más común que dirijan su mirada a los niños, en especial cuando son preguntas abiertas.

Cinco años después de publicar su primer libro, los autores se reunieron con Karen Zittleman para publicar una continuación titulada *Still Failing at Fairness: How Gender Bias Cheat Girls and Boys in School and What We Can Do About It*. Descubrieron algunas mejoras pequeñas en el salón de clases, pero en general encontraron que la preferencia de género seguía siendo un problema.

Un estudio de 2013, guiado por un investigador de la Universidad de Pittsburg, descubrió que los profesores informaron que las pequeñas tienen mejores habilidades de autorregulación que los pequeños, es decir, se comportan mejor. Pero los maestros en culturas asiáticas no reportaron los mismos hallazgos. Dijeron que niños y niñas tienen habilidades de autorregulación similares, lo cual llevó a los investigadores a pensar que la preferencia de género de los maestros juega un papel importante en el comportamiento de los pequeños. Los profesores en Estados Unidos son más propensos a decir: "Los niños serán niños", y darles un pase libre para portarse mal.

Megan McClelland, una autora del estudio, dijo: "En general hay más tolerancia para la participación activa en niños que en niñas. Se espera que ellas sean calladas y no hagan escándalo. Esta expectativa puede influir en algunas percepciones de los maestros".

En respuesta a las conversaciones sobre por qué las niñas no obtienen suficiente reconocimiento en el salón de clases, las Niñas Exploradoras crearon el distintivo "Levanta la mano" para alentarlas a que alcen la voz. Pero el problema no es que las niñas no levanten la mano, sino que los maestros no les dan la palabra.

Qué hacer en vez de eso

Cuando Wendy vino a terapia por primera vez quería hablar sobre su nivel de estrés. Pero no quería reconocer que estaba siendo acosada de forma sexual. Incluso después de aceptar lo que estaba pasando, confesó: "Decirlo en voz alta suena terrible".

Pero ponerle un nombre era importante. Cuando identificó lo que pasaba, pudo proceder. Educarse la empoderó. Y entre más empoderada se sentía, más confianza tenía de decir algo.

La voluntad de Wendy para levantar la voz llevó a resultados positivos (y rápidos). Por desgracia no todos tendrán esa experiencia. A veces denunciar no nos lleva a los resultados deseados. Pero eso no significa que no debamos hacerlo. Incluso si no somos efectivas en crear un cambio inmediato, nuestras voces darán poder a otras mujeres para expresar un cambio positivo. Y encontrar tu voz significa que ya no tendrás que desgastar tu energía mental en guardar un secreto o reprimir tu opinión.

RECONOCE QUÉ ESTÁ PASANDO

Todas hemos tenido momentos en los que escuchamos a alguien decir una broma ofensiva y no hacemos nada. Todas conocemos a alguien que lleva las cosas demasiado lejos y tampoco decimos nada. Ya sea que nos dé miedo parecer mojigatas o nos preocupe empeorar las cosas, nos quedamos calladas. Parte de la razón por la que guardamos silencio se origina en nuestra incapacidad de reconocer cuando nuestros derechos son violados o cuando somos cosificadas.

Como terapeuta, con frecuencia trabajo con padres enseñando a sus hijos las palabras correctas de forma anatómica para las partes del cuerpo. Hablar con tus hijos sobre su cuerpo y lo que constituye contactos seguros e inseguros es una de las mejores formas de protegerlos contra los depredadores de niños.

Tener el lenguaje correcto también es importante para los adultos. Necesitas saber qué te está pasando para actuar de forma apropiada. No digo que no levantes la voz si no estás bien segura de que lo que te ocurre constituye acoso o mala conducta sexual. Pero saber que violaron tus derechos o que eres sujeto de contactos inapropiados es importante.

La broma sexual que envió tu compañero por correo, los comentarios libidinosos que tu vecino hace sobre tu orientación sexual y los chiflidos que aguantas cuando caminas entre un grupo de hombres en la banqueta son sólo algunos ejemplos de comportamiento inapropiado.

Antes de que puedas hablar sobre lo que te pasa, necesitas el lenguaje para describirlo. Nombrarlo (ya sea acoso, abuso, violación, violencia, etcétera.) te da poder para expresarlo.

Es importante notar que no porque algo sea legal significa que está bien. Muchas de nuestras leyes son arcaicas. Es ilegal que un hombre se muestre desnudo para obtener gratificación sexual. Pero es legal que un hombre te envíe fotos desnudo.

No hay ninguna ley federal en contra del acoso en la calle. Los estudios muestran que 85% de las mujeres han experimentado algún tipo de este comportamiento, por ejemplo, los piropos. Algunos estados crearon legislaciones para proteger a los individuos en las calles de ser sujetos de acoso, pero sospecho que debe ser una ofensa grave para que la policía lo tome en serio. Llamar al 911 para decir que un albañil te chifló no creo que sea muy útil.

Pero algunas de las mujeres que entrevisté para este libro no se sintieron ofendidas cuando las piropearon. De hecho, una confesó: "Lo tomo como un cumplido. Me alegra que los hombres noten cómo me veo". Claro, muchas otras mencionaron lo incómodas que se sintieron con el acoso de la calle. Una dijo: "Los piropos han cambiado la forma en que me visto. Trato de cubrir mi cuerpo con grandes chamarras en invierno o evito usar faldas en verano porque no quiero llamar la atención. De hecho, hago todo lo que puedo para no ser vista".

Responder a un acosador en la calle no es probable que lo detenga. Incluso podría ser peligroso. Pero en conjunto las mujeres necesitan manifestar su oposición a ser cosificadas con comentarios groseros o gestos sexuales. Es una forma en que los hombres tratan de dominar a las mujeres. Si les hacemos saber que no está bien, quizá algún día podamos crear una cultura donde los piropos no sean la norma.

CUÉNTASELO A QUIEN MÁS CONFIANZA LE TENGAS

Es probable que escuches a la gente decir: "Tienes que llamar a la policía" o "necesitas defenderte". Pero estos consejos son un poco ingenuos. Enfrentar al agresor o ir con las autoridades es una decisión que sólo tú puedes tomar. Tu trabajo, seguridad, ingresos y muchas otras cosas pueden estar en juego. Y aunque alguien te diga: "El dinero no vale que te traten así" o "pensar en tu carrera es egoísta", no significa que sea cierto. Una madre soltera que necesita alimentar a sus hijos debe pensar en lo que pasaría si denuncia. Y una mujer que recibe amenazas debe considerar sus opciones con mucho cuidado.

No levantar la voz no significa que seas débil. Si eres victimizada, debes tomar la mejor decisión sobre cómo proceder. Y quizá decidas que hablar en ese momento no es una buena idea. Eso no significa que no seas mentalmente fuerte. Significa que tomaste la mejor decisión para evitar que te lastimaran más.

Pero guardar secretos profundos para siempre tiene consecuencias. Mantener la historia para ti porque te avergüenza drenará tu fuerza mental. Es importante decirle a alguien lo que te pasó para que no lleves siempre esa carga contigo.

Incluso si decides no acudir a las autoridades o no confrontar a la persona de forma directa (quizá sea peligroso), no significa que no puedas hablarlo.

Díselo a tu médico. Cuéntale a un terapeuta. Confía en un amigo. Llama a una línea directa de ayuda. Únete a un grupo de apoyo. Sólo habla con alguien.

Escucho a muchas mujeres decir: "Pero mis circunstancias no eran tan malas". Y no sienten que valga la pena unirse a las conversaciones de #MeToo. Se convencen de que ser acosadas, manoseadas o humilladas no constituyen ofensas lo suficientemente graves como para expresarlas.

Pero dar el paso y hablar no significa trivializar a aquellas que han sido tratadas con crueldad y victimizadas en las peores formas. En vez de eso, es una manera de dar apoyo a nivel general que dice: "Esto no está bien".

Incluso entablar una conversación como ésta: "Iba a una cita con un chico nuevo que conocí. Pero al escuchar lo que dijo...", puede poner en marcha una confesión. Cuando empiezas a compartir algunas de las cosas que te han pasado, verás cuántas personas han experimentado cosas similares.

Decirle a un doctor o un profesional de salud mental sobre los ataques o abusos que sufriste es importante para tu sanación física y mental. Además, he aquí algunas razones convincentes por las cuales hablar con tus amigos, familiares, una pareja o colegas:

- **Para tener apoyo moral.** Escuchar a otras personas validar tus emociones y asegurar que no fue tu culpa te ayudará a sanar.
- **Para crear conciencia.** Hablar sobre lo que te pasó ayudará a alguien más a sentirse menos sola. También puede abordar un tema de seguridad, como decirle a una prima lo que te pasó para que no deje a sus hijos cerca del agresor.

- **Para explicar tu comportamiento.** Si te niegas a sacar la basura en la noche o no quieres tomar el metro, explicar qué te pasó ayudará a los que te rodean a entenderte mejor.

Si piensas confiar en alguien que no es un profesional (tu pareja, un amigo, familiar o colega), debes considerar estas preguntas:

1) *¿Qué me motiva a decírselo?*
2) *¿Qué espero lograr?*
3) *¿Cuáles son los riesgos potenciales de decirlo?*
4) *¿Cuáles son los riesgos potenciales de quedarme callada?*

Incluso si han transcurrido décadas desde que algo te pasó, hablar ahora tiene valor. Ayudará a otras mostrándoles que no te avergüenzas y que sabes que no fue tu culpa. Y empezar la conversación es bueno para sanar.

LEVANTA LA VOZ POR LAS MUJERES QUE NO PUEDEN HABLAR

Hay mujeres en el mundo que no pueden expresarse. En 2017 las mujeres en Arabia Saudita obtuvieron el derecho a manejar un automóvil sin un hombre que las cuide. En Israel los divorcios judíos sólo se otorgan con el permiso del esposo. En el mundo hay mujeres que no tienen derechos. Pero es muy probable que no tengas que ir hasta el fin de la Tierra para encontrar a una que no pueda manifestarse cuando sus derechos son violados.

El efecto espectador es un problema real en casi todas partes. Diario vemos ejemplos de esto en las noticias. Cuando se reveló el mal comportamiento sexual del presentador de *Today*, Matt Lauer, mucha gente dijo que no era un secreto entre los empleados. Y cuando las mujeres confesaron ser abusadas por Harvey Weinstein, resultó que todo el mundo sabía que era un depredador.

Cuando veas a una mujer siendo acosada de forma sexual en la oficina, levanta la voz. Dependiendo de la situación, puedes:

- **Enfrentar al acosador.** Párate y di: "Esos comentarios son inapropiados y hacen que la gente se sienta incómoda". Que lo hagas en el momento o que se lo digas al acosador aparte depende de tu relación y posición en la compañía.
- **Salvar a la víctima.** Si no es seguro para ti enfrentar al acosador, interrúmpelo y di: "Tengo que hablar contigo de algo. ¿Tienes un minuto?" Y llévate a la víctima.
- **Decirle a un gerente o jefe.** Documenta el incidente y dile a tu gerente o a alguien del departamento de recursos humanos. No tienes que ser la víctima para reportarlo.

Incluso si no eres testigo directo de acoso, violencia o abuso puedes hacer algo para pronunciarte por las mujeres de todo el mundo cuyas voces son silenciadas. He aquí sólo algunas formas en las que puedes involucrarte:

- **Ser voluntaria en una organización.** Ya sea que dones cosas para las víctimas de tráfico de personas o que seas voluntaria respondiendo una línea directa de ayuda, hay muchas maneras de ayudar a mujeres en tu comunidad.
- **Involucrarte de forma política.** Llama a tus diputados y representantes, firma peticiones en internet, sé voluntaria en una campaña, asiste a marchas... en fin, haz todo lo que asegure que tu voz es escuchada.
- **Seguir educándote.** No importa qué tan consciente te sientas, sigue aprendiendo sobre estos temas. Es fácil quedar tan atrapada en tu mundo que olvidas que las mujeres de otras razas, etnias, religiones y preferencias sexuales experimentan represión en otros niveles.

Carrera

Con frecuencia me invitan a dar conferencias o charlas sobre fuerza mental en grupos de mujeres. Muchos son grupos voluntarios y formados para asegurar que sus voces serán escuchadas en industrias dominadas por los hombres. Una de las cosas que siempre me dicen es que cuando se unen "la vibra es diferente". Se sienten más cómodas al hablar, hacerse cargo y lograr cosas cuando los hombres no están presentes.

Cuando te haces consciente de las formas en que las mujeres son silenciadas en sus trabajos, se vuelve tan obvio que te preguntas por qué no te diste cuenta antes. En muchos lugares de trabajo a lo largo del planeta los hombres tienen mejores oficinas, salarios y clientes.

Algunos argumentan que se debe a que ellos levantan la voz en las reuniones. Pero claro, hay muchos factores que intervienen en la cantidad de tiempo que tiene alguien para hablar.

Date una vuelta por tu trabajo, y si notas que las mujeres no se pronuncian piensa en algunas razones. ¿Los hombres quitan la palabra? ¿Acusan a las mujeres de hablar demasiado, ser insistentes o quejumbrosas?

Pon tu granito de arena para asegurar que tu voz se escuchará. Siéntate adelante y aparta un lugar para tu amiga. Empieza una conversación por correo. Crea una lista de formas en las que tu lugar de trabajo expresaría mejor sus mensajes y preséntala a tus superiores.

Familia

Uno de los momentos más difíciles para levantar la voz es cuando estás lidiando con la familia. No importa si tienes un tío que se burla de los derechos de las mujeres en la cena de Acción de Gracias o un abuelo que hace bromas sexistas... decir algo es difícil.

Pero levantar la voz puede enviar un mensaje de que no estás cómoda escuchando esas cosas. No significa que vas a cambiar sus actitudes con un solo enunciado, pero tal vez los haga pensar dos veces antes de decir algo como eso de nuevo.

Si el comportamiento o los comentarios ocurren en tu casa, establece reglas. Puedes decir: "No usamos lenguaje sexista en esta casa". Es un buen mensaje para tus hijos y una buena forma de vivir.

Claro, si estás en casa de alguien más, tal vez decidas que tus pies hablen por ti. Sólo toma tu abrigo y dirígete a la puerta.

No tiene sentido discutir de política. De nuevo, no cambiarás la mentalidad de nadie. Pero puedes establecer límites que envíen un mensaje claro.

Vida social

Una de mis amigas fue acosada de forma sexual en el trabajo. Compartió algunos detalles sobre su experiencia en Facebook. Subió su número de teléfono y dijo: "Si alguna vez te ha pasado algo como esto, llámame por favor. Estaré feliz de escucharte y apoyarte: No te juzgaré sobre lo que pasó ni cómo lo manejaste. Sólo quiero que sepas que no estás sola".

Me dijo que recibió llamadas de muchas mujeres. A algunas ni las conocía bien. Con otras no había hablado desde la preparatoria. Pero las escuchó a todas y les aseguró que no estaban solas. Dijo que sólo hablar del asunto con otras que estaban relacionadas fue muy curativo porque nunca había conocido a ninguna mujer que fuera acosada de forma sexual.

Empezar conversaciones e invitar a otras a hablar contigo es una manera grandiosa de ayudar a que otras mujeres encuentren sus voces. También puede ayudarte a encontrar la tuya. He aquí algunas cosas a recordar si hablas sobre temas difíciles, como ser víctima de abuso sexual o violencia doméstica:

- **Escucha.** Déjala que cuente su historia sin interrupciones. Evita comparar tus experiencias con las suyas y no le des consejos sobre lo que debió hacer.
- **Asegúrale que no fue su culpa.** Sin importar lo que pasó, asegúrale que no hizo nada malo.
- **Respeta sus sentimientos.** Ya sea que esté enojada, avergonzada, asustada o deprimida, valídala. Evita decir: "No deberías sentirte avergonzada". Mejor usa la frase: "Es comprensible".
- **Ofrece recursos.** Aconséjale que contacte un médico, un profesional de salud mental (terapeuta, psicólogo) o una organización que atienda mujeres. Ofrécete a ayudarle para agendar una cita o acompañarla cuando vaya.

Levantar la voz te hace más fuerte

En 2013 Taylor Swift fue manoseada por un DJ durante un encuentro antes de un concierto. Taylor lo acusó con la estación de radio. Hicieron una investigación y despidieron al DJ. Le dijo a *Time*: "En ese momento yo era la artista principal de una gira y había mucha gente en la habitación que lo vio, además hay una foto de lo que pasó. Pienso que si fue tan desvergonzado para atacarme bajo esas peligrosas circunstancias y altos riesgos, imagina lo que le puede hacer a una artista vulnerable si tiene la oportunidad".

Luego el DJ demandó a Taylor, declarando que por su culpa lo despidieron. Taylor contrademandó por la suma simbólica de un dólar, acusando al DJ de agresión y maltrato.

El jurado apoyó a Taylor y el caso recibió atención mundial. Mucha de la atención se enfocó en el testimonio directo de Taylor.

Cuando el abogado defensor le preguntó si ella criticó a su guardaespaldas por no interferir si es que de verdad el DJ estaba buscando bajo su falda, ella respondió: "Critico a tu cliente por poner su mano bajo mi falda y agarrar mi trasero".

En una entrevista con *Time*, Taylor se refirió al proceso del juicio como "desmoralizante". Pero también animó a otras mujeres a denunciar al decir: "No deberían culparte por esperar 15 minutos o 15 días o 15 años para reportar acoso o abuso sexual o por el resultado de lo que le pasa a una persona después de que él o ella tomo la decisión de agredirte sexualmente".

Y parece que todos sus esfuerzos dieron resultados. El fin de semana siguiente al juicio, RAINN reportó 35% de incremento en sus llamadas a la línea directa de ayuda. El presidente de RAINN, Scott Berkowitz dijo a ABC News que el caso de Taylor fue "una gran demostración para otras víctimas de que hay fuerza en acudir a la policía y buscar justicia".

Tu voz es poderosa. Usarla para defenderte o denunciar algo puede hacer una gran diferencia en el mundo. Y también en ti. Quedarte callada te agotará. Entre más levantes y compartas tu voz, más fuerza mental tendrás para dedicarla a otras cosas.

Solución de problemas y trampas comunes

Algunas personas se preocupan porque dicen que estamos tomando una mentalidad de víctima al señalar la discriminación. Quizá sea el caso en algunas circunstancias donde las mujeres culpan a los hombres por retenerlas, dificultar su progreso o atribuir cada rechazo al sexismo. Pero es claro que la discriminación existe y es importante reconocerla. Pero obsesionarse por la discriminación sólo aumentará tu estrés. Es importante encontrar un balance entre denunciar los incidentes de discriminación y rumiar en todas las formas en que las otras personas te retienen.

Evita culpar a otras mujeres por no manifestarse. Las víctimas de agresión, acoso o discriminación tienen razones para no denunciar (o no hacerlo a tiempo). Juzgarlas por sus decisiones no ayudará a nadie.

A veces no levantan la voz porque no creen que su experiencia sea *tan* mala. Por eso una mujer acosada de forma verbal quizá piense que decir algo de alguna manera hace menos la queja de otra atacada físicamente. Pero no importa qué tan grave es una violación, puedes denunciarla.

Otra trampa común es negarte a contarle a alguien qué pasó después de tener una mala experiencia. Tal vez tu madre no te creyó cuando de niña le dijiste lo que te hizo tu nana. O quizá tu jefe no te tomó en serio cuando le expresaste tus preocupaciones. No dejes que estas experiencias te callen. Encuentra gente segura en quien confiar. Eso quizá signifique recurrir a un profesional.

Por último, si viviste algo traumático, busca ayuda profesional. Los traumas pueden hacerte sentir demasiado asustada para hablar con alguien. Pero hablar sobre lo que pasó es la clave para reducir el impacto que tiene una experiencia traumática en tu vida.

ES ÚTIL

- Reconocer cuando eres victimizada o discriminada.
- Contarle a alguien tus experiencias.
- Pronunciarte por mujeres que no pueden levantar la voz.
- Invitar a otras a compartir sus experiencias contigo.
- Establecer reglas claras que prevengan el sexismo en tu casa.
- Hacer lo necesario para asegurar que tu voz sea escuchada.

NO ES ÚTIL

* Asumir que la discriminación nunca te pasará.

* Permitir que otros hagan comentarios sexistas en tu presencia sin levantar la voz.

* Ser pasiva ante el acoso sexual.

* Ser una espectadora silenciosa cuando se violan los derechos de otra mujer.

* Mantener tus experiencias en secreto.

12

No se sienten mal por reinventarse

Si no te gusta la calle en la que estás caminando, empieza a pavimentar otra.

DOLLY PARTON

Cuando Karen entró en mi consultorio dijo: "Estoy aquí para asegurarle a mi esposo que no estoy haciendo locuras. Y creo que yo también necesito estar segura de ello". Karen y su esposo, Bruce, acababan de quedarse solos. Ella fue madre de tiempo completo y ahora que sus hijos se mudaron se sintió un poco perdida.

"Siempre fui una mamá activa. Llevaba a nuestros hijos a los entrenamientos, los recogía, preparaba el *lunch*, fui presidenta de la Asociación de Padres de Familia y siempre me involucré en conseguir fondos para las actividades de los niños. Por eso ahora que se fueron tengo demasiado tiempo libre." Durante los primeros días de estar solos dedicó el tiempo extra a su hijo pequeño (que estaba en la universidad). Pero tras un par de semanas de cajas de comida diarias él le dijo que ya no tenía espacio en su dormitorio.

Se unió al grupo de Amigas de la Biblioteca como último recurso. Todos los miembros eran al menos 30 años mayores que ella y sólo se reunían una vez al mes. Esperaba que le diera algo que hacer y que la sacara de casa de vez en cuando. Pero en la primera reunión uno de los miembros mencionó que su hija daría un retiro de yoga el fin de semana. Karen preguntó los detalles, y aunque no sabía nada de yoga se inscribió en cuanto llegó a casa.

Disfrutó su escapada de fin de semana. Le gustó conocer gente nueva y estaba feliz de aprender yoga. Así que cuando la instructora anunció que planeaba un viaje a Camboya para hacer un retiro de meditación de una semana, Karen dijo que le gustaría ir... pero primero necesitaba platicarlo con su esposo.

Bruce no se emocionó, ni siquiera un poco. "Sabe que leí *Comer, rezar y amar*, así que creo que está preocupado de que me embarque en alguna especie de búsqueda para divorciarme. Pero ni al caso", dijo.

Bruce expresó preocupación de que Karen estuviera atravesando la crisis de la mediana edad. Karen dijo: "Al principio pensé que el retiro sería una gran oportunidad para mí, como que empecé a descubrir qué hacer con esta nueva fase de mi vida. Pero después del comentario de mi esposo... me pregunto si será una mala idea".

Le cuestioné qué significaba la crisis de la mediana edad para ella. "Es cuando haces algo estúpido porque quieres sentirte joven otra vez. Como cuando los hombres arruinan sus matrimonios por mujeres más jóvenes. Se trata de no apreciar lo que tienes frente a ti porque estás concentrada en todas las cosas que te perdiste."

Así que le pregunté: "¿Crees que ir a este retiro de meditación encaja en esa definición?"

"No. *No lo creo*. No estoy tratando de construir una nueva vida. Sólo quiero agregar cosas nuevas a mi vida actual, ahora que tengo más tiempo libre. Pero por otro lado quizá no reconocería una crisis de la mediana edad si estuviera en medio de una, ¿no?" Tenía alrededor de un mes entre su primera terapia y la fecha límite para inscribirse en el retiro, así que estuvo de acuerdo en asistir a algunas citas para ayudarla a desenmarañar sus preocupaciones.

Pasamos el siguiente par de sesiones explorando qué significaba para ella el retiro de meditación y si había algún significado profundo detrás de su deseo de embarcarse en esta nueva aventura.

Una de las cosas que descubrí fue que Karen pasó gran parte de su vida "estando ocupada". Descubrió que correr de una actividad de sus hijos a la siguiente la ayudaban a sentirse importante. Y ahora que los niños habían crecido se sentía inútil.

"Creo que quizá siempre me sentí mal por no tener una carrera. Tener una agenda atiborrada me ayudó a sentirme bien conmigo, aunque todas las cosas que hacía se centraban en los niños."

Pero ahora, como madre sola, llegó a la conclusión de que su vida ya no sería medida por qué tan lleno estaba su calendario. Aceptó la idea de que una vida más tranquila podría ser muy significativa. Pensaba que aprender sobre meditación sería una buena forma de reflexionar más en esto.

Al final de nuestro tiempo juntas concluyó: "Las cosas en mi vida cambiaron. Entonces tiene sentido que yo también haya cambiado. No significa que voy a transformar todo, sino que explorar cosas nuevas me ayudará a aprender más sobre lo que quiero hacer en el siguiente capítulo de mi vida".

Karen decidió ir al retiro. Con un poco más de explicación sobre por qué quería hacerlo, Bruce la apoyó. Ella sintió confianza en que sería una buena forma de reinventarse para lo que venía. "Quiero aprender cómo convertirme en una mejor versión de mí. Y pienso que agregar la meditación es una buena forma de empezar la misión de sentirme más en paz."

¿Tienes miedo de reinventarte?

Reinventarte de vez en cuando es una gran forma de asegurar que estás aprendiendo, creciendo y adaptándote a los cambios de la vida. Pero transformar algo de ti puede dar miedo (aunque sea un cambio para mejorar). ¿Alguna de estas frases te describe?

☐ Estoy tan atrapada en mi vida diaria que no veo el panorama general para saber si es el tipo de vida que quiero crear.

- ☐ Tengo miedo de qué pensarán otras personas si hago cualquier cambio grande.
- ☐ Supongo que si todavía no me he convertido en la persona que quiero ser ya no hay esperanza de que eso pase.
- ☐ No tengo energía o motivación para crear cambios positivos en mi vida.
- ☐ Si hago cambios en mi vida personal o profesional, temo que empeore las cosas.
- ☐ Creo que sería algo malo si alguien me dice: "Has cambiado".
- ☐ Me da miedo sobrepasar a la gente que me rodea.
- ☐ Vivo en mi zona de confort.
- ☐ Pocas veces exploro mis intereses, pienso en carreras profesionales diferentes o pruebo cosas nuevas.
- ☐ Tengo otras cosas que me gustaría hacer en la vida, pero siempre me desaconsejo hacerlas.

Por qué lo hacemos

Durante una de sus citas Karen recordó a una amiga que tuvo problemas con el envejecimiento. Dijo: "Cuando cumplió 40 se volvió una fanática de la salud. Dejó de tomar agua de la llave porque pensaba que el fluoruro era malo. Compró las cremas antiarrugas más caras que encontró y tomaba docenas de suplementos en cada comida. Diario iba varias horas al gimnasio y su vida entera se centró en estar en forma y lucir atractiva. Sabíamos que tenía miedo de envejecer". Karen dijo que todas comentaban lo mucho que su amiga había cambiado (y no para bien). No quería convertirse en alguien que cambia para empeorar.

Dijo: "Suena a cliché, pero no quiero escapar de mi vida. Quiero asegurarme de que voy hacia algo". Karen tenía miedo de que hacer cosas de forma diferente o tratar nuevas cosas significara que estaba insatisfecha con su vida o que no agradecía lo que tenía. Y no quería que nadie pensara que hacía estos cambios porque tenía miedo de envejecer.

Aunque sólo era un retiro, a Karen le asustaba lo que podría significar en su vida. Hacer cosas agradables por ella misma y adoptar una vida espiritual era raro y no se sentía cómoda con la idea. Aunque estaba emocionada, sus miedos la hacían dudar.

Incluso si nunca quisiste aprender meditación con un monje, seguro en alguna ocasión has dudado en reinventarte. Ya sea que estés insegura sobre lo que piensen los demás o te preocupe empeorar tu vida de alguna forma, el miedo a reinventarte puede ser un gran problema.

Reinventarte no quiere decir volverte una persona nueva. Significa hacer algunos cambios simples en tu vida que te ayudarán a convertirte en la persona que quieres ser.

LAS MUJERES QUIEREN CAMBIAR CÓMO SE SIENTEN; LOS HOMBRES QUIEREN CAMBIAR SUS CIRCUNSTANCIAS

Seguro has escuchado que a las mujeres les gusta hablar sobre problemas y a los hombres sobre soluciones. El enfoque diferente entre sexos no es un estereotipo (hay una investigación que respalda la idea de que hombres y mujeres enfrentan la angustia de forma diferente). Un estudio de 2008, publicado en *Journal of Depression and Anxiety*, examinó cómo lidiaba cada género con sucesos preocupantes. Los investigadores descubrieron que las mujeres son más propensas a usar un mecanismo enfocado en las emociones y los hombres en los problemas.

Esto significa que cuando las mujeres enfrentan un problema se esfuerzan por cambiar cómo se sienten. Reducen su angustia emocional usando estrategias como desahogar o cambiar la forma en que piensan sobre la situación.

Los hombres, por otro lado, tratan de eliminar la fuente de su angustia. Luchan para cambiar el entorno, en vez de sus emociones.

He aquí un ejemplo de esta diferencia: a una persona no le gusta su trabajo. Si es mujer quizá se desahogue con su pareja sobre los problemas en la oficina y trate de verlo por el lado bueno recordando las cosas que le gustan de su empleo. Si es hombre es probable que hable con su supervisor sobre lo que podría mejorar o aplique para un puesto nuevo.

El enfoque en las emociones es una ventaja en situaciones que no se pueden cambiar (como una enfermedad crónica). Por eso las mujeres enfrentan mejor los problemas que no tienen solución.

Pero en situaciones donde los individuos pueden resolver el problema (como los asuntos financieros) la estrategia enfocada en los problemas es mejor.

Los investigadores sospechan que la tendencia de las mujeres a usar un mecanismo enfocado en las emociones puede ser la razón por la cual las mujeres tienen tasas de depresión y ansiedad más altas que los hombres. A veces necesitas cambiar tus circunstancias y no sólo la forma en que sientes o piensas sobre tu situación. Crear cambios significa reinventarte. Negarte puede hacer que te quedes atorada (y esto llevarte a más problemas).

REINVENTARTE PARECE DEMASIADO COMPLICADO, CURSI, DÉBIL O FALSO

Por lo general las mujeres entran a mi consultorio porque se quieren sentir mejor. Pero cuando hablamos sobre hacer algo diferente para lograrlo escucho muchas preocupaciones. He aquí algunas de las razones más comunes de las mujeres que no quieren reinventarse:

- **No tengo la energía para cambiar.** Hacer cosas de forma distinta no requiere energía extra. Incluso implica menos energía que la que estás invirtiendo en repetir lo mismo que no funciona una y otra vez.
- **Suena demasiado *new age*.** Reinventarte no tiene que involucrar alguna especie de despertar espiritual o renacimiento de tu niño interior. Las mujeres se han reinventado por años (sólo

que no lo llamaron así, por ejemplo, cuando fueron a trabajar a las fábricas mientras los hombres estaban en guerra).

- **Debería tolerar esto.** Cambiar tu situación, como elegir una nueva carrera porque eres infeliz con tu trabajo actual, no significa que seas débil. Se necesita fuerza para hacer algo nuevo.
- **"Soy quien soy."** Reinventarte no significa cambiar tu personalidad o pretender ser alguien que no eres. Significa hacer tu mejor esfuerzo o moderar algunos comportamientos. No tienes que convertirte en una persona diferente (sólo la mejor versión de ti).

Reinventarte no significa transformar todo sobre tu vida. Puede involucrar hacer algunos cambios simples pero efectivos que aumenten la calidad de tu vida (o de alguien más). He aquí algunas formas:

- **Cambiar un hábito.** Primero identifícalo: ¿Quieres dejar de desvelarte como un búho y ser más madrugadora? ¿Dejar de fumar? Haz una lista.
- **Aceptar la espiritualidad.** La espiritualidad no siempre involucra religión. A veces implica encontrar más significado y propósito a tu vida diaria.
- **Conseguir un trabajo nuevo.** La mayoría de las mujeres pasa un gran porcentaje de su vida trabajando. Así que decide si es tiempo de cambiar de puesto o de carrera.
- **Conocer gente nueva.** Las personas con las que pasas tiempo tienen una gran influencia en tu vida. Puedes conseguir un mentor, unirte a una organización o sólo empezar a tener nuevos amigos.
- **Desarrollar un pasatiempo.** Desde proyectos para mejorar tu casa hasta jardinería, desarrollar un pasatiempo nuevo o resucitar el que abandonaste, puede sacar un lado nuevo de ti.
- **Cambiar algo de tu apariencia.** Algo tan simple como un nuevo corte de cabello puede hacer maravillas en cómo te sientes y

cómo actúas. Considera actualizar tu guardarropa o dejarte las canas si quieres crear una transformación física.
- **Cambiar tu actitud.** No necesariamente tienes que hacer algo para ser diferente (al menos no al principio). Puedes empezar cambiando tu forma de pensar. Desarrollar una "actitud de gratitud" o ser más empática es la mejor forma de transformar tu mundo.
- **Realinear tus prioridades.** El ajetreo diario facilita que tus prioridades queden relegadas. Reinventarte puede involucrar pasar más tiempo con la familia o menos en las redes sociales.
- **Aprender una habilidad nueva.** Tomar clases de piano, aprender reiki o descubrir cómo hacer una página de internet. Aprender nuevas cosas expande tu mente y tus posibilidades.

Por qué es malo

Cuando Karen cuestionó su decisión de ir al retiro de meditación, se dijo: "Ésa no soy yo. Yo no viajo de forma lujosa con alguien que apenas conozco para aprender sobre algo que nunca me ha importado". Cuando lo puso de esa forma sonaba disparatado.

Pero esa oración estaba basada en la idea de que su personalidad, sus intereses y su identidad eran estáticos. Asumió que era demasiado vieja para descubrir talentos ocultos o que era demasiado tarde para desarrollar habilidades nuevas. Atorada en esta mentalidad, no podría experimentar cualquier crecimiento en esta nueva fase de su vida.

Mucha gente cree que debes "encontrarte" a los veintitantos. Luego pasas el resto de tu existencia viviendo acorde a los sueños y reglas que estableciste en esa época. Pero ese tipo de mentalidad te subestima. El crecimiento y cambio personales son parte integral de convertirse en la versión más fuerte de ti.

Muchas de las mujeres que entrevisté para este libro explicaron lo mucho que evolucionaron con los años conforme crecían y se sentían más cómodas en su cuerpo. Una dijo: "Cuando era adolescente aprendí de los medios de comunicación la imagen de cómo debía ser una mujer. Pasé mis veinte tratando de ser delgada, educada y apoyadora con los hombres. En los treinta me di cuenta de que no me estaba haciendo ningún favor. Sólo reforzaba la presión de cumplir los estándares de los hombres de 'la mujer perfecta'. Ahora estoy más cómoda y segura con quien soy, incluso si no cumplo los estándares de la sociedad".

TU PERSONALIDAD CAMBIA... AJÚSTALA DE FORMA ACORDE

Existe la idea de que tu personalidad e identidad se establecen cuando te conviertes en adulto. Muchas mujeres creen que la persona que eran a los cinco años es la misma que serán a los 65, pero el estudio Mills Longitudinal descubrió que la personalidad cambia con el tiempo.

Los investigadores empezaron estudiando mujeres que se graduaron de preparatoria. En el transcurso de más de 50 años han visto que sus personalidades cambiaron. Las mujeres, ahora en sus setenta y tantos, siguen mostrando cambios de personalidad conforme envejecen. Más o menos 10% de las mujeres en el estudio mostraron cambios importantes entre los 60 y 70 años de edad, demostrando que las personalidades crecen con nosotros.

En una entrevista para *Psychology Today*, Ravenna Helson, la autora que dirigió el estudio, dijo: "Debemos modificar nuestras identidades conforme crecemos. Incluso a los 60, la gente decide convertirse en la persona que le gustaría llegar a ser".

Solíamos creer que la personalidad moldeaba las experiencias. Si eras extrovertida podías elegir un empleo en servicio al cliente. Y quizá tenías un calendario social ocupado lleno de un amplio rango de compromisos sociales. Y si eras más introvertida quizá tendías a un trabajo remoto y tu calendario incluiría compromisos sociales que te permitieran conectar con tu grupo selecto de amigas.

Pero ahora sabemos que las experiencias también forman la personalidad. Uno o dos divorcios difíciles (comparado con un matrimonio feliz a largo plazo) afectan cómo te ves a ti y cómo interactúas con otros. De forma similar, la satisfacción con tu trabajo afecta tu humor, ingreso, relaciones y planes para el retiro.

Un estudio de 2018, publicado en *Personality and Individual Differences*, encontró que la maternidad transforma los valores de las mujeres, pero no los de los hombres. Los investigadores descubrieron que las nuevas mamás empiezan a valorar más la "conservación" que la "apertura al cambio". Esto significa que la autonomía y los objetivos individuales se vuelven menos importantes y las mujeres empiezan a preocuparse más por la tradición, el conformarse y la seguridad.

Cuando tus valores se transforman, tu vida también. Lo que priorizabas en una época de tu vida puede ya no ser prioridad en la siguiente. Reinventarte sólo refleja estos cambios.

Así que, sin importar si has atravesado grandes cambios con los años o has tenido una vida estable, es muy probable que tu personalidad se haya transformado. Reconocer y honrar esto te ayudará a sacar lo mejor de tu vida. Y con frecuencia eso significa reinventarte.

NO QUIERES MEJORAR TU VIDA

Una de mis antiguas pacientes era enfermera. Durante muchos años le encantó trabajar en un hospital. Pero las cosas han cambiado desde que empezó su carrera. Se cansó de las políticas de salud, los mandatos de las compañías de seguros y la tecnología en constante cambio. Sintió que ya no era capaz de ofrecer calidad en el cuidado de sus pacientes.

Había muchas oportunidades afuera que le podían dar un nuevo respiro: trabajos de asistencia médica privados, escuelas, consultorios y una gran variedad de cosas. Pero no quiso buscar otras oportunidades. Su identidad estaba atrapada en ser una enfermera de quirófano en un hospital.

Quería hacer un buen trabajo, pero su molestia le imposibilitaba dar su mayor esfuerzo. Se sentía atorada, pero tenía miedo de hacer algo diferente.

He visto que muchas mujeres luchan para reinventarse. Como esta paciente, algunas se quedan en trabajos que odian porque no quieren hacer un cambio de carrera. Otras se quedan en relaciones horribles porque no quieren estar solas.

Tristemente no fueron capaces de mejorar su vida. Ya sea que dudaron de su capacidad de hacer algo diferente o les preocupaba lo que pensaran otras personas, muchas de ellas lucharon para crear un cambio positivo.

Si te pones necia y decides que debes continuar de la misma forma, te quedarás estancada. Los demás te superarán. Tu vida nunca cambiará para mejorar.

Qué hacer en vez de eso

Karen tuvo que ocuparse de sus miedos. Le preocupaba que otras personas pensaran que se estaba "convirtiendo en hippie" cuando empezó a hacer yoga y meditación. Y tenía miedo de que su deseo de crear cambios positivos significara que albergaba alguna especie de descontento con su vida.

Pero estaba haciendo cosas mucho más complicadas. Sólo tenía que aceptar que estaba en una fase de su vida e intentar nuevas cosas tenía sentido. Si no le gustaba el retiro, habría desperdiciado tiempo y dinero, pero de todos modos habría ganado experiencia.

Durante una de sus citas le pregunté: "¿Qué pasaría si desperdicias la oportunidad de ir al retiro? ¿Qué harías en vez de eso y cómo te sentirías?" Respondió: "Seguro pasaría el verano sembrando flores con los Amigos (de 80 años) de la Biblioteca". Tras reflexionar un momento, agregó: "Podría hacerlo, pero no creo que me sienta emocionada por la vida. Aunque decida que la meditación no es para mí, prefiero decir que al menos intenté algo nuevo".

Si estás pensando en reinventarte, tendrás que enfrentar tus miedos. Y aunque no hay garantía de que te dará más felicidad, salud o satisfacciones, al menos te dará la experiencia del aprendizaje.

ALÉJATE Y EVALÚA EL PANORAMA GENERAL

A veces un suceso grande hace que evalúes tu vida: un cambio en la salud, un rompimiento, la pérdida de un ser querido, un cumpleaños parteaguas o un contratiempo decepcionante. En estas situaciones, la reinvención puede surgir de la necesidad o hasta de la desesperación. Y aunque crear cambios positivos tras una crisis puede ser impactante, no necesitas esperar hasta que tu vida cambie para modificar tu vida.

Es tan fácil quedar atrapada en el ajetreo diario que olvidas revisar si estás viviendo el tipo de vida que quieres. Pero para algunas mujeres el problema no es identificar lo que quieren hacer de forma diferente, sino hacerlo.

Aléjate un poco y pregúntate si de verdad vives a la altura de las expectativas de tu mayor potencial. Recuerda que tu mayor potencial no necesariamente significa ganar mucho dinero, tener el trabajo más prestigioso u obtener los logros más altos. Tal vez sea algo que no puedes medir, como ser amable, generosa y ayudar a los demás.

Adopta el hábito de revisarte cada mes. Considera los hábitos que deseas cambiar o los objetivos que anhelas lograr. Para identificar los cambios que quieres crear pregúntate lo siguiente:

1) *¿Cómo se ve la persona que quiero ser?* Toma un minuto para imaginar qué está haciendo con su vida una persona sana o feliz. O imagina cómo se comporta un gran líder. Piensa en las cosas que hacen esas personas.

2) *¿Qué pasos puedo dar en este momento para convertirme en ella?* Identifica las acciones que puedes realizar para convertirte en la persona que quieres ser. No significa imitar ni copiar a alguien, sino cambiar lo que se siente incómodo.

3) *¿Qué debo dejar para alcanzar mis objetivos?* Todo lo que ganas implica alguna especie de precio. Es importante identificar el sacrificio que estás dispuesta a realizar. Ir al gimnasio significa menos tiempo para ver televisión por las tardes. Asistir a clases de arte significa menos dinero en el presupuesto para salir a cenar. Reconoce lo que necesitas dejar al reinventarte.

4) *¿Cómo sabré si voy por buen camino?* La transformación no se dará de un día para otro. Crear cambios positivos lleva tiempo. Por eso es importante poner atención a las cosas que notarás cuando vayas por el buen camino. Ya sea que te veas, actúes o sientas diferente, identifica las señales que te dirán que te vas en la dirección correcta.

IDENTIFICA QUÉ TE ESTORBA PARA REINVENTARTE

Tras cuidar a su abuela enferma durante varios años, una de mis antiguas pacientes decidió que quería renunciar a su empleo en ventas para empezar una organización que ofreciera cuidado para los ancianos. "En mi localidad no hay suficientes asistentes de salud a domicilio para adultos mayores. Quiero abrir una agencia que emplee gente que ayude a los ancianos a cocinar, limpiar y cuidarse para que se puedan quedar en su casa."

No sabía nada sobre cómo emprender este tipo de negocio. Y cuando investigó se sintió agobiada. "A veces pienso que estoy viviendo un sueño imposible." Se rindió muchas veces, pero cada vez que lo hacía no dejaba de pensar en su idea y empezaba a investigar de nuevo.

Pero se estresó (por eso vino a terapia). Dijo: "No sé si esto de verdad es algo bueno, si es un negocio que perseguir. Quiero hacerlo, pero no puedo avanzar".

La falta de motivación no era el problema, sino el miedo. Le preocupaba ser incompetente, fracasar y decepcionar a la gente.

Antes de avanzar debía reconocer esos temores. Cierto, sus preocupaciones podían hacerse realidad, pero hasta que reconociera su miedo seguiría saboteándose.

Cuando empezamos a hablar de sus miedos vio que incluso si se volvían realidad era lo suficientemente fuerte para manejarlos. Aunque el temor no desapareció de forma mágica con esta revelación, reconocer su estado emocional la ayudó a entender que podía avanzar a pesar de la ansiedad.

Poco a poco transformó su descripción de "gerente de ventas" y empezó a visualizarse como "directora de una agencia de cuidados para ancianos". Sabía que había un largo camino que recorrer para que su organización despegara, pero estaba determinada a hacer todo lo que pudiera para lograrlo.

Cambiar es difícil, aun cuando lo deseas. La motivación va y viene, siempre surgen obstáculos y los viejos hábitos son difíciles de eliminar. Reconoce los miedos que sabotean tu progreso y tus oportunidades de éxito.

He aquí algunos de los miedos que pueden atorarte:

- Miedo a empeorar las cosas.
- Miedo a cómo responderán los demás.
- Miedo a fracasar.
- Miedo a sentirte demasiado incómoda.
- Miedo a avergonzarte.

Cuando localices tus miedos, pregúntate: "Si mis temores se volvieran realidad, ¿qué tan malo sería?" Con frecuencia evitamos cosas porque no queremos sentir angustia. Pero cuando te detienes y lo reflexionas, la mayoría de los resultados malos no son tan malos. Fracasar, avergonzarte o empeorar las cosas pueden ser mejor que el arrepentimiento de nunca haberlo intentado.

RESPONDE LA PREGUNTA MÁGICA

Una vez trabajé con una mujer joven que tenía trastorno de ansiedad social. Toda su vida había sido tímida, pero en la preparatoria su ansiedad empeoró y no podía ir a la escuela. Dejó de ir a eventos sociales. Sus padres tenían miedo de que no lograra graduarse, así que la dejaron asistir a clases por internet para que consiguiera el certificado.

Dos años después de graduarse seguía sin empleo y viviendo en casa de sus padres. Pasaba la mayor parte del tiempo viendo televisión y navegando en internet. Seguía en contacto con dos amigas de la preparatoria, pero las veía muy poco porque estaban en la universidad.

Ella también quería ir a la universidad en persona (no en línea), por eso empezó con la terapia. Quería sentirse más cómoda socializando.

Al principio su tratamiento se enfocó en una terapia de exposición. Practicó interacciones sociales regulares para enfrentar su ansiedad. Esto ayudó un poco, pero seguía lejos de poder asistir a clases.

Así que empezó a cambiar algunos de los pensamientos que tenía sobre sí. Cuando entraba a una situación social, estaba convencida de que la gente la observaba y juzgaba. Desarrollamos frases saludables que se repetía para calmar su ansioso diálogo interno. Esto también ayudó, pero no lo suficiente.

Así que en una sesión le pregunté lo que se conoce como la pregunta mágica. "Supongamos que esta noche, mientras duermes, ocurre un milagro. Mañana despiertas y tu ansiedad social ha desaparecido. ¿Cómo sabrías que de repente la vida mejoró?"

Respondió: "Seguro me vería mejor en el espejo, me vestiría diferente y mi cabello sería distinto". En los últimos años había dejado de usar maquillaje y dejó que su cabello rizado creciera tan largo que tapaba su rostro cuando veía había abajo. Casi siempre vestía ropa negra.

Le pregunté cómo pasaría el tiempo y dijo: "Estaría contactando un par de universidades que quiero visitar y haciendo planes para regresar a la escuela".

La animé a empezar algunas de esas cosas... a actuar como si el milagro hubiera ocurrido. Al principio dijo: "No puedo hasta que me libre de la ansiedad", pero la alenté a intentarlo y ver qué pasaba. Estuvo de acuerdo.

A la siguiente semana se presentó con una evidente alegría en su andar... y en su cabello. Se lo había cortado, traía un suéter rosa en vez del típico negro y una gran sonrisa en el rostro. Dijo: "Cortarme el cabello y usar colores brillantes otra vez me está ayudando más de lo que imaginé".

Claro, su cambio de apariencia no curó su ansiedad, pero fue un gran paso en la dirección correcta. Era el impulso que necesitaba para ayudarla a seguir adelante. Y la mejor noticia fue que esta solución surgió de ella. Yo no le prescribí un corte de cabello y colores brillantes como tratamiento para la ansiedad. Pero la "pregunta mágica" la ayudó a encontrar la solución por su cuenta.

"Si mañana despiertas y ocurrió un milagro durante la noche, ¿cómo sabrías que las cosas han mejorado?", es una técnica de terapia enfocada en la solución. Es una de mis formas favoritas de ayudar a la gente a empezar a identificar sus propias respuestas.

Pregúntate lo mismo. Imagina cómo sería tu vida si de repente todo mejorara. ¿Cómo sabrías que las cosas están mejor? ¿Qué harías diferente? Luego realiza esas cosas.

Si tu "milagro" implica algo imposible, por ejemplo, pasar tiempo con un familiar que murió, piensa en otra persona con la que puedas pasar tiempo que te daría algo de consuelo.

Muchas mujeres esperan hasta sentirse diferentes para ser diferentes. Después de todo tienden a sentir primero y actuar después. Pero a veces cambiar primero tu comportamiento es la clave para sentirte diferente. No te sentirás más confiada de forma mágica si no te estás retando. O no experimentarás de repente un aumento de motivación a menos que ya estés trabajando para lograr un objetivo. No esperes a sentirte diferente para convertirte en alguien diferente. Cambia tu comportamiento primero y cambiarás cómo te sientes.

Carrera

Reinventarte no implica cambiar nada por fuera. Más bien puedes hacer algunos cambios internos.

Una vez trabajé con una mujer cuya hija le dijo: "Sin ofender, mamá, pero quiero un trabajo que agregue valor al mundo". La madre, una estilista, le respondió: "No me ofende. Mi trabajo tiene mucho valor. Cada día les doy a las mujeres cortes de cabello que las ayudan a sentirse mejor".

Todos necesitan significado en su vida. Pero tu propósito no tiene que involucrar cambios en el mundo entero. En vez de eso puedes encontrar significado en cambiar el mundo de una sola persona.

Tampoco tienes que esperar hasta que los niños crezcan o seas estable de forma económica para reinventarte. Aunque no te parezca sensato ajustar tu vida por completo hasta que tu situación cambie, reinvéntate ahora para encontrar más significado y propósito.

No es necesario regresar a la escuela para obtener nuevo conocimiento o aprender un conjunto de habilidades. Toma lo que tienes ahora y reinvéntate con un cambio de carrera. No siempre tienes que planear qué harás después. Sólo permanece flexible y abierta a las nuevas oportunidades conforme se presenten.

Eso hizo Annie Duke. Trabajaba en su doctorado en psicología cuando se enfermó. Pasó dos semanas en el hospital, por lo que perdió su beca de investigación. Necesitaba dinero, así que recurrió al póker como una forma de ganar algunos pesos. Su hermano era jugador profesional y lo había visto algunas veces. Pensó que podría jugar durante un año... pero fueron 20.

Se volvió campeona mundial. Ganó millones de pesos en torneos de póker porque podía usar su conocimiento en psicología para leer a la gente y engañar a sus oponentes. Se volvió tan popular que la invitaron a aparecer en programas de juegos como *Are You Smarter Than a Fifth Grader?* Y fue finalista en *Celebrity Apprentice*.

En 2002 la invitaron a dar una charla sobre toma de decisiones. De verdad lo disfrutó mucho, así que hizo otro gran cambio de carrera: se volvió autora y conferencista.

Annie nunca se propuso el reinventarse, pero permaneció flexible a todo lo que la vida le puso en el camino. Me dijo: "He tenido mucha suerte en mi vida, incluyendo la enfermedad estomacal que evitó que terminara la escuela y consiguiera un trabajo en la facultad en 1992".

Hace poco le pregunté qué consejo tenía para las mujeres que temen reinventarse. Me dijo: "Es importante estar consciente de que si no estás satisfecha con tu versión actual debes aceptar el riesgo y la incertidumbre. Si eres infeliz, la barra está bastante baja y cualquier cambio será una mejora. Además, cualquier decisión de seguir con el *statu quo* involucra un riesgo e incertidumbre que seguro ignoras, en especial si estás en una mala situación".

Entonces, ya sea que quieras hacer un cambio de carrera completo como Annie o sólo una transformación pequeña, mantente abierta a lo que la vida te lanza. Y si eres infeliz con la forma en que las cosas están ahora, da un paso valiente y haz algo diferente.

Familia

La familia puede ser una de las mayores razones para que quieras reinventarte. Es probable que tu papel cambie con frecuencia. Te conviertes en esposa, madre, cuidadora, etc., todo en un par de décadas. Y si eres como la mayoría de las mujeres, es posible que cambies varios papeles a la vez.

Pero la familia también es uno de los mayores obstáculos para reinventarte. Tal vez tu pareja no apoya tu sueño. O quizá tus hermanos no quieren cuidar a sus padres ancianos y toda la carga cae sobre tus hombros.

No hay duda, tu familia afecta tu capacidad para crear cambios positivos. Pero es importante no culparla por retenerte.

Ya seas un ama de casa con pocos recursos o una mamá trabajadora con tiempo libre, la forma en que vives depende de ti. Y aunque la responsabilidad familiar puede evitar que intentes probar suerte con volverte estrella de rock, recuerda que sólo tú estás a cargo de tu felicidad.

Y si valoras a tu familia, mantener eso en perspectiva es la clave. Si los culpas por interponerse en tu camino, te volverás amargada y resentida, lo cual no es saludable para nadie.

Vida social

Una de mis antiguas pacientes nunca se preocupó por su salud hasta que el doctor le dijo que empezaría a tomar medicina porque tenía la presión arterial y el colesterol altos. Había ganado mucho peso con sus dos embarazos y nunca lo bajó. Estaba demasiado ocupada con las actividades de sus hijos como para preocuparse por su cuidado personal.

Pero esto fue una llamada de atención y decidió hacer de su salud una prioridad. En los siguientes meses bajó varias tallas de pantalón. Y cuando empezó a sentirse mejor, sus amigas comenzaron a hacer comentarios como: "Estás bajando de peso demasiado rápido" o "te ves demacrada".

No sabía qué hacer al respecto. Me dijo: "A veces rechacé invitaciones porque iba al gimnasio o porque sabía que no podía estar con ellas comiendo pizza sin excederme. Pero no entiendo sus comentarios. Pienso que deberían estar felices por mí".

Reinventarse en una persona más saludable hizo que sus amigas se sintieran incómodas. Ya sea que su pérdida de peso las pusiera celosas o que estuvieran molestas porque ya no estaba tan disponible como antes, era claro que les costaba trabajo apoyar sus esfuerzos. Por desgracia, su experiencia no es la única.

Mucha gente descubre que sus amigos no la apoyan cuando realiza cambios en su vida. Puede que "la nueva tú" no encaje en tu círculo social tan bien como "la vieja tú".

Pero eso no significa que has cambiado para empeorar. Más bien quiere decir que has superado a algunas personas o que tu nuevo estilo de vida no se ajusta a sus necesidades.

Esto no significa que debas dejar de tener amigas. La amistad juega un papel integral en la vida de las mujeres. De forma consistente, los estudios demuestran que las amistades femeninas ofrecen múltiples beneficios que van desde mejoras en el bienestar psicológico hasta una vida más larga.

Las amistades femeninas son muy importantes por la forma en que el apoyo social ayuda a las mujeres a manejar el estrés. Un estudio conducido por investigadores de la UCLA descubrió que mientras los hombres experimentan "lucha o huida" durante experiencias estresantes, las mujeres son más propensas a "proteger a las crías". Por naturaleza, las mujeres buscan a sus congéneres en momentos de estrés. El apoyo social evita que experimenten el nivel máximo de hormonas de estrés que alcanzan los hombres cuando están en circunstancias estresantes.

Si tus amigas no apoyan a la nueva tú, no dejes de tener amigas. Habla con ellas sobre cómo te sientes y lo que estás observando. Si siguen igual, busca gente que aprecie tus cambios. Y sé consciente de cómo tratas a las amigas que se reinventan. Cierto, no tienes que apoyar malas decisiones, pero pon atención a las veces en que no apoyas sus intentos por mejorar su vida.

Reinventarte te hace más fuerte

Tras estar en un hogar temporal durante el primer año y medio de vida, Lorraine Pascale fue adoptada, pero sus padres adoptivos eran inestables y terminó de regreso en el hogar temporal a los ocho años. Estuvo en varios espacios así y luego, a los 11, una organización de beneficencia pagó para que entrara a un internado.

Ahí floreció. Y aunque le gustaba realizar muchas actividades, descubrió su pasión por cocinar.

Cuando terminó la escuela se convirtió en modelo. Fue muy famosa y no tardó en encontrarse junto a Naomi Campbell y Kate Moss, pero el trabajo de modelo hizo que su alma se sintiera vacía. En su página de internet dice: "Quería tener esa felicidad que la gente como mi padre tenía cuando era maestro de español y amaba su trabajo. Yo de verdad quería amar mi trabajo". Así que después de casarse y tener una hija dejó el modelaje y se dispuso a encontrar un trabajo gratificante y satisfactorio.

Leyó *¿De qué color es tu paracaídas?* y empezó el camino para descubrir su pasión. Incursionó en mecánica automotriz, diseño interior e hipnoterapia antes de decidir regresar a lo que amaba hacer de niña: cocinar. Volvió a la escuela para aprender más sobre la industria alimenticia y, tras graduarse, abrió su propia pastelería.

Fue tan exitosa que le llovieron las ofertas. Firmó contratos para libros y apareció en muchos programas de televisión, como *Worst Bakers in America* y *Holiday Baking Championship*. Lorraine dice: "La única ruta a la verdadera felicidad es dar a los otros en todas las formas que podamos, no importa lo pequeñas que sean". Aunque se siente plena horneando, no duda en decir que quizá se reinvente otra vez. Está considerando regresar a la universidad para estudiar psicología y neurociencia "como algo extra".

En su página de internet, Lorraine dice: "Como la mayoría de los seres humanos, he enfrentado muchos retos en la vida. La forma de superarlos siempre es 'atravesándolos'. No hay atajos cuando se trata de ser mejor y sanar las heridas del pasado".

Lorraine nunca tuvo miedo de reinventarse, incluso cuando esto involucró dejar una carrera lucrativa. Pero como ella señala, hacer cosas nuevas puede ser la clave para el autoconocimiento y abre puertas que te ayudan a vivir una vida más satisfactoria y gratificante.

Solución de problemas y trampas comunes

Aferrarte a una fantasía no le hará bien a nadie. Decidir que "la nueva tú" será parte del equipo olímpico de atletismo a los 60 años podría hacer más daño que beneficio. Es importante reflejarte en tus objetivos y asegurarte de que están basados en la realidad. Aunque escuches historias increíbles de casos aislados que superaron las expectativas o hicieron lo imposible, esas historias no cuentan las miles de personas que no fueron capaces de realizar sus sueños. Por eso es importante asegurarte de que "la nueva tú" es algo que sí puedes hacer.

La mentalidad de "el pasto es más verde en el jardín de enfrente" es una trampa peligrosa para la gente que se está reinventando. Aunque un cambio de carrera o de estado civil te puede hacer más feliz, pensar siempre que algo va a mejorar te dejará decepcionada de forma crónica.

Si tienes el hábito de atreverte a hacer cosas en busca de la felicidad sólo para descubrir que el pasto no es más verde en el jardín de enfrente, reinventarte no será la solución mágica. Debes aprender cómo estar cómoda contigo y cómo ser feliz con lo que tienes antes de experimentar verdadera alegría en la vida.

ES ÚTIL

- Dar un paso atrás para examinar si estás viviendo acorde a tus valores.

- Identificar los cambios que quieres hacer para convertirte en la persona que quieres.

- Reconocer qué se interpone en el camino de reinventarte.

- Pensar en formas de usar tus habilidades actuales para hacer algo diferente.

- Reconocer cómo tu personalidad puede cambiar con el tiempo.

NO ES ÚTIL

- Quedar atrapada en una rutina que evita que hagas cosas de forma diferente.

- Asumir que el pasto siempre es más verde en el jardín de enfrente.

- Negarte a cambiar porque sientes que es demasiado tarde.

- Pensar que debes permanecer igual para ser auténtica.

- Esperar hasta que sientas que has cambiado para transformar tu comportamiento.

13

No minimizan su éxito

Nuestro miedo más profundo no es ser deficientes.
Nuestro mayor miedo es ser inmensamente poderosas.

MARIANNE WILLIAMSON

Charlotte llevaba 12 años como representante de ventas. Cada mes ganaba bonos por superar los incentivos de ventas y su éxito atrajo la atención a nivel estatal y regional.

Recibió varios premios a lo largo de los años por su exitoso desempeño, pero la invitación a ser entrenadora nacional la agarró por sorpresa. El ascenso incluía dar conferencias en las convenciones nacionales de ventas y aconsejar a los gerentes regionales sobre estrategias de ventas.

El puesto le permitía continuar con su trabajo actual, por eso dijo que sí de inmediato. Pero casi tan pronto como aceptó el miedo se apoderó de ella. Por eso empezó con terapia.

En su primera sesión dijo: "Debería estar emocionada por recibir un ascenso pero me siento aterrada. Estaba feliz en mi puesto de ventas. Me siento honrada porque me dieron la oportunidad, pero no sé si estoy a la altura del reto".

Charlotte no pensaba que estuviera calificada para hablar sobre estrategias de ventas. "Ni siquiera soy tan buena. Quizá sólo tengo suerte y clientes más interesados que los demás. ¿Qué voy a decir? ¿Que el secreto de vender es ser una persona agradable?"

Pasó los siguientes minutos cuestionando su éxito y por qué la eligieron para el puesto. "Me siento como una idiota en estos momentos por muchas razones. Hice que la gente creyera que soy grandiosa en ventas y me salió contraproducente porque ahora quieren que revele mis 'secretos', ¡pero no tengo ninguno! Me siento tan tonta por venir a terapia. ¿Quién necesita ayuda psicológica por conseguir un aumento?"

Le aseguré que no era la única: "Es normal sentirse ansioso y cuestionar tu competencia en momentos como éste".

"Ay, Dios. Entonces, ¿qué debo hacer para sentirme más competente? Pienso en leer todos los libros de ventas que pueda para tener algo interesante que decir cuando la gente me pregunte", dijo.

"¿Crees que tus jefes quieren que leas libros de ventas y luego vacíes la información sobre los vendedores? ¿O que compartas conocimiento basada en tu experiencia?", pregunté. Charlotte respondió: "Oh, estoy segura de que quieren mi experiencia. Pero me temo que no tengo ninguna".

Le recomendé que dejara los libros (por ahora) y estableciera sesiones semanales de terapia para trabajar su ansiedad. Por suerte aceptó.

Al principio estaba convencida de que había dos Charlottes diferentes: la que veía ella y la que veían sus supervisores. Hablamos sobre cómo le era más fácil asumir que su jefa había cometido un error al pensar que estaba calificada, en vez de aceptar que quizá tenía más habilidades de las que creía.

También discutimos los peligros de creer que no era apta para el puesto. Si ella no creía en sí, era probable que no tuviera éxito.

Abordamos sus creencias acerca de ser humilde. Pensaba que decir: "El trabajo duro da frutos", era el equivalente de: "Merezco esto". Para ayudarle a reconocer sus habilidades y talentos creamos una lista de las estrategias de venta que usaba. Sólo le tomó cinco minutos llenar dos páginas. Cuando terminamos le dije: "Charlotte, basada en esta lista creo que tienes mucho que compartir. Pero no importa lo que yo piense. Lo importante es lo que *tú* crees".

Pasamos los siguientes meses trabajando la discrepancia entre su autoimagen y la imagen que otros tenían de ella. Aumentamos su autoconciencia y discutimos lo que podría hacer para volverse más segura en su habilidad de triunfar. Poco a poco la visión que tenía de sí empezó a cambiar.

Comenzó por asumir que la eligieron para el ascenso porque era buena en su trabajo. Cuando empezó a creerlo su pánico se convirtió en ansiedad normal. Estaba nerviosa por hablar en público e insegura de qué esperar cuando aconsejara a los gerentes, pero se sentía más confiada y segura de que tenía las habilidades y el conocimiento para triunfar.

¿Tienes problemas para reconocer tu éxito?

No es ningún secreto que el fracaso es incómodo, pero el éxito también crea una cantidad sorprendente de confusión en muchas mujeres. Ya sea que no puedas internalizar tu éxito o que temas verte como una narcisista, a veces es difícil reconocer el éxito. ¿Alguna de las siguientes frases te suena familiar?

- ☐ Siento que no merezco mis logros.
- ☐ Me siento incómoda cuando alguien me hace un cumplido.
- ☐ Cuando tengo éxito en algo siempre le doy el crédito a factores externos, como la buena suerte o la ayuda de alguien más.
- ☐ No hablo sobre mis triunfos porque no quiero sonar presumida.
- ☐ A veces minimizo mis logros, inteligencia o estatus porque no quiero que otros se sientan mal.
- ☐ Me cuesta trabajo reconocer mis habilidades, talentos y experiencia.
- ☐ Cuando la gente dice cosas agradables de mí, cuestiono su sinceridad en secreto.
- ☐ Con frecuencia siento que no soy tan lista, talentosa o hábil como la gente cree.

☐ Me da miedo que la gente reconozca que soy incapaz o incompetente.

☐ Experimento mucha ansiedad cuando logro algo grandioso.

Por qué lo hacemos

Durante una de sus sesiones de terapia Charlotte explicó que se sentía
insegura porque todos los demás en su equipo de ventas tenían títulos
de licenciatura. A veces asumían que ella también y le preguntaban
cosas como: "¿A qué universidad fuiste?" o "¿qué estudiaste?" Le
daba mucha pena tener que revelar que no había ido a la escuela.

Me dijo: "Todos en mi oficina son más inteligentes que yo. Todos tienen títulos". Ella atribuía su éxito a factores externos como
buena suerte, clientes amables y una jefa que pensaba que Charlotte
era más inteligente de lo que era. No podía reconocer que tenía más
habilidades y talento que la gente que había estado en la universidad.

Durante muchos años he visto pacientes que buscan terapia no
por sus fracasos, sino por sus éxitos. El síndrome del impostor, como
se le conoce, es un problema común en las mujeres. Aunque nadie es
inmune a sentir que no merece sus logros, las minorías y las mujeres
están más en riesgo (y es una de las grandes razones por las que luchan para reconocer su éxito).

MUJER QUE SABE LATÍN...

Seguro conoces, al menos, a una mujer que parece que "baja su nivel"
en presencia de un hombre. Ya sea que le dé el crédito por la idea que
ella tuvo o que le pida ayuda con algo que ella puede hacer, en pocas
palabras, le asegura al hombre que es mejor que ella. Tal vez hasta
tú lo has hecho.

En 2014 la doctora Maria do Mar Pereira de la Universidad de
Warwick realizó un estudio. Descubrió que alrededor de los 14 años
los niños adquieren la creencia de que las niñas de su edad deben ser

menos inteligentes. La autora declara: "La gente joven adapta su comportamiento a las presiones para encajar en la sociedad. Una de esas presiones es que los hombres jóvenes deben ser más dominantes (más astutos, fuertes, altos, divertidos) que las mujeres de su edad y que estar en una relación con una mujer más inteligente mina su masculinidad".

Tras pasar tres meses siguiendo a estudiantes de secundaria la autora descubrió: "Las niñas sienten que deben restar importancia a sus capacidades, pretendiendo ser menos inteligentes de lo que son, no manifestar su oposición al acoso y alejarse de pasatiempos, deportes y actividades que puedan verse 'poco femeninas'".

También encontró lo siguiente: "La creencia de que los hombres deben dominar a las mujeres hace que los niños se sientan constantemente ansiosos y bajo presión de probar su poder (peleando, bebiendo, acosando de forma sexual, negándose a pedir ayuda y reprimiendo sus emociones)".

Estas normas de género desarrolladas por los niños no desaparecen durante la adultez. Los investigadores que se dedican a estudiar esto han encontrado que:

- Los hombres prefieren parejas mujeres menos ambiciosas que ellos.
- Los hombres evitan parejas femeninas con características asociadas por lo general a la ambición profesional, por ejemplo altos niveles de educación.
- Es poco probable que una mujer gane más que su esposo. Cuando lo hace, la satisfacción marital es menor y el divorcio más probable.
- Los ascensos aumentan las posibilidades de divorcio en mujeres (pero no en hombres).

Con razón algunas mujeres encuentran difícil reconocer su éxito. Grandes logros pueden disminuir tu capacidad de encontrar una pareja o mantener una relación saludable y estable.

Esta idea de que a los hombres no les gustan las mujeres ambiciosas daña en especial a las solteras. En 2017 se realizó una investigación en estudiantes de primer año de maestría en Administración de Empresas. El 64% de las mujeres solteras dijo que evitaba pedir un aumento o ascenso porque tenía miedo de verse "demasiado ambiciosa, asertiva o agresiva". Sólo 39% de las mujeres casadas o en una relación seria dijo lo mismo (y 27% de hombres). El estudio también descubrió que las mujeres solteras participaban menos en clase cuando había hombres solteros en el salón.

Maddie, una estudiante universitaria de 18 años, me dijo en una entrevista que ha sido testigo presencial de este problema. "Conozco chicas inteligentes que actúan como tontas porque creen que es atractivo. Jamás abordaría a una para decirle 'oye, eres muy inteligente, ¿por qué actúas como estúpida?, pero me gustaría que supieran que no tienen que hacer eso para ser atractivas. Mis hermanos y los chicos que conozco o con los que platico preferirían salir con una chica lista, pero algunas mujeres no lo creen. Creo que la lección más importante que se debe enseñar a una mujer joven (y una que por suerte aprendí bien de mi madre) es sentir seguridad, confianza y orgullo de tu capacidad".

Por desgracia, enlistar tu educación en tu perfil de citas de internet, compartir tus aspiraciones de carrera en tu primera cita y ganar más que tu pareja pueden amenazar tu relación. Fuera del miedo de que puedan ahuyentar a un hombre, muchas mujeres minimizan sus logros, se sientan calladas al fondo del salón o mantienen su inteligencia en secreto. ¿Por qué?

LAS MUJERES NO QUIEREN SONAR ARROGANTES

En el mundo actual existe la idea de que a las mujeres les falta seguridad y confianza en sí mismas. Es un mensaje que las empresas nos lanzan porque la venta de productos depende de que nos sintamos mal con nosotras. Y aunque los problemas de imagen corporal son abundantes, el énfasis en la epidemia de autoestima dificulta que las mujeres se sientan bien de ser seguras y tener confianza en ellas.

La gente no espera que estemos orgullosas de nuestros logros (se ve con malos ojos). El miedo a sonar demasiado seguras ha hecho que muchas minimicen su éxito. Se ha vuelto tan común que a las mujeres les cuesta trabajo aceptar un cumplido por miedo a sonar demasiado seguras.

Los investigadores han encontrado que las mujeres luchan para recibir un halago en general, pero en especial cuando viene de otra mujer.

En un estudio, las mujeres aceptaron cumplidos 40% de las veces. Pero cuando provenían de otra mujer, sólo 22 por ciento.

¿Qué significa "aceptar un cumplido"? Los investigadores consideraron un cumplido aceptado cuando fue reconocido y aceptado con una respuesta como: "Gracias". Los no aceptados incluyen cosas como responder con uno de regreso ("no, tú eres maravillosa"), minimizar el logro ("no fue nada") y atribuir el éxito a alguien más ("en realidad mi colega hizo todo el trabajo").

Entonces, ¿por qué las mujeres tienen problemas para aceptarlos? Porque se siente como si decir "gracias" significara "sí, estoy de acuerdo". Cuando alguien dice: "Eres muy inteligente", quizá pienses que un simple "gracias" suena arrogante. Para sonar humilde, responden con una frase que minimiza su logro.

La dificultad de las mujeres para aceptarlos no siempre surge de querer parecer humilde. Para muchas, escuchar un halago es causa de angustia. He aquí tres razones por las que se avergüenzan:

1) **Baja autoestima.** Aunque se supone que los cumplidos ayudan a otros a sentirse mejor, con frecuencia causan el efecto opuesto en las personas con baja autoestima. Si no te gustas y escuchas cosas lindas sobre ti puedes sentirlo vergonzoso, raro y hasta falso.

2) **Autoimagen incongruente.** Si las cosas que alguien dice sobre ti no coinciden con la forma en que te ves crean algo conocido en el mundo de la psicología como disonancia cognitiva. Si crees que eres una tonta y alguien te dice lista, uno de los dos está equivocado y eso te hace sentir incómoda.

3) **Molestia con las grandes expectativas.** Escuchar que alguien te dice: "Eres muy talentosa, seguro serás un gran éxito", pone demasiada presión sobre ti. Entre más altas son las expectativas, más incómoda te sientes.

Por qué es malo

Durante la segunda cita de terapia de Charlotte, cuando discutimos su ascenso a entrenadora nacional de ventas, me dijo: "Creo que sólo debería sincerarme y decirle a mi jefa que se equivocó. No puedo enseñar nada a la gente". En aquel momento decirle a su jefa: "No soy tan buena como piensas", le parecía razonable. Casi rechazaba una oportunidad maravillosa porque no estaba segura de merecer el puesto.

Pero rendirse antes de siquiera comenzar no era el único peligro que Charlotte enfrentaba. Si hubiera seguido con el ascenso sin cambiar sus creencias fundamentales era poco probable que tuviera éxito. Si no creía que tenía algo que decir, ¿por qué alguien más la escucharía? Si iba a enseñarle a la gente lecciones valiosas, primero tenía que creer que lo que ofrecía era importante.

Las mujeres que no pueden reconocer sus éxitos terminan sintiéndose como un fraude. Nunca se sienten cómodas con sus logros y no son capaces de desarrollar y alcanzar su máximo potencial.

A LAS MUJERES CON SÍNDROME DEL IMPOSTOR LES CUESTA TRABAJO TRIUNFAR

El síndrome del impostor surgió en la década de los setenta. En aquella época los psicólogos pensaban que sólo las mujeres lo experimen-

NO MINIMIZAN SU ÉXITO

taban, pero ahora sabemos que los hombres también. Aunque no es un diagnóstico clínico, es un gran problema en la vida de muchas personas. Está ligado a la falta de confianza y al perfeccionismo.

Amy Cuddy, profesora de Harvard y autora de *El poder de la presencia*, sugiere que debería llamarse la "experiencia del impostor" en vez de síndrome. Según Cuddy, 80% de la gente se siente como un impostor de vez en cuando. Sugiere que no es algo que tengas o no, sino que es un sentimiento que viene y va.

En su libro, Cuddy explica que por poco no mencionaba cómo sintió que no pertenecía a la gente exitosa con la que estaba cuando dio su charla TED en 2012. Pensó que era demasiado personal revelarlo, pero al final decidió contar su historia. Desde entonces ha recibido miles de correos de personas que también se sienten como falsas, lo cual refuerza su posición de que mucha gente se percibe como impostora pero nadie lo admite.

Entre más exitosa te vuelves, más impostora te sientes. Un aumento de sueldo, un ascenso o un nuevo logro puede activar tu "experiencia del impostor" y convertirse en un obstáculo para logros futuros.

Aunque todo el mundo experimenta el síndrome del impostor de vez en cuando, las mujeres son más propensas a quedar atrapadas en él. Como discutimos en el capítulo de falta de confianza, las mujeres son más propensas a dejar que sus miedos de ineptitud afecten su comportamiento. He aquí algunas formas en que el síndrome del impostor puede retenerte:

- **Te convencerás de que no eres lo suficientemente buena.** Entre más éxito experimentes, más te preocupará el tener que mantener la "máscara" de parecer competente.
- **Te autosabotearás.** El síndrome del impostor implica un miedo al fracaso y al éxito. Los estudios demuestran que las personas que experimentan este estira y afloja interno con frecuencia sabotean sus oportunidades de éxito.

- **Asumirás que los demás te sobreestiman.** De hecho, los cumplidos, premios o ascensos pueden hacer que te sientas peor. Te preocupará nunca vivir a la altura de las expectativas que la gente tiene de ti.
- **Trabajarás demasiado.** Los estudios demuestran que la gente con síndrome del impostor tiene un riesgo más alto de *burnout*. Hace que te presiones más allá de tus límites y evita que disfrutes los premios y reconocimientos ganados en el camino.
- **No avanzarás en tu carrera.** Las investigaciones muestran que el síndrome del impostor hace que la gente se estanque y sienta insatisfacción con su carrera. Si sientes que no mereces tu éxito, es probable que no pidas un aumento o apliques para un ascenso.

MINIMIZARTE NO HARÁ QUE TE RESPETEN

Algunas mujeres piensan que al minimizar sus logros ayudarán a otras personas a sentirse mejor o, al menos, evitarán que se sientan intimidadas. Pero en realidad no están siendo humildes. Más bien están haciéndose pequeñas porque no están cómodas con su éxito (y no quieren hacer sentir mal a nadie a su alrededor).

Una de mis amigas es una conferencista famosa que asesora a algunos de los mejores CEO del mundo. Recibe llamadas telefónicas de gente exitosa alrededor del mundo buscando su consejo.

Se divorció hace algunos años y apenas se reintegró a la escena de las citas. Dice que la parte más incómoda de volver a salir es decir en qué trabaja. "A veces los hombres parecen intimidados cuando les digo lo que hago. Uno de ellos me dijo: 'Esos ricos te contratan por cómo te ves, no por cómo piensas'. Trató de actuar como si estuviera bromeando. Le respondí: 'No te parece interesante que cuando dije asesoro CEO ¿pensaras de forma automática en hombres? Las mujeres también son CEO exitosas'." Me contó que otro tipo le preguntó si su carrera fue la razón de su divorcio ya que "claramente piensas mucho en tu trabajo".

Después de algunas malas experiencias consideró ser ambigua sobre su carrera. Pero luego se dio cuenta de que si un hombre se siente intimidado era probable que tuvieran una mala relación. Ella quería a alguien lo suficientemente seguro de sí para manejar el estar con una mujer segura y confiada que reconoce su éxito.

Claro, no sólo las mujeres solteras o profesionistas luchan para reconocer sus triunfos. En respuesta a un cumplido sobre los buenos modales de un hijo, escuché que un ama de casa dijo: "Tuvimos suerte con éste", como si ella no mereciera el crédito por enseñarle cómo decir "por favor" y "gracias".

Y en respuesta a un cumplido como: "Te ves muy bien. Sé que trabajaste duro para perder todo ese peso", he escuchado mujeres decir cosas como: "Todavía me falta para deshacerme de estos gordos muslos" o "si algún día pudiera verme la mitad de guapa que tú, estaría feliz". Prefieren señalar defectos o insistir en que no son suficientemente buenas para que la persona que ofrece las palabras amables no piense que merecen demasiado crédito.

Incluso cuando se les pide a las mujeres que compartan sus habilidades, talentos y logros, no lo hacen. Los estudios sobre LinkedIn (la red en internet donde se supone que hablas de tus logros para que puedas avanzar en tu carrera) muestra que los hombres promocionan sus habilidades de forma más agresiva. Cuando los investigadores revisaron los perfiles de hombres y mujeres, descubrieron que:

- Los hombres sesgan sus logros profesionales para resaltar experiencia de un nivel más alto y con frecuencia quitan por completo los puestos de niveles bajos.
- Las mujeres tienen resúmenes de perfil más cortos.
- En Estados Unidos las mujeres incluyen 11% menos habilidades que los hombres en sus perfiles, incluso cuando tienen ocupaciones y niveles de experiencia similares.

En un mundo donde cada habilidad enlistada en un perfil importa (los miembros con cinco o más habilidades enlistadas reciben 17 veces más vistas), no reconocer tu éxito puede costarte caro.

Algunas mujeres piensan que necesitan minimizar su éxito para ayudar a otras a sentirse cómodas. Pero reducirte para que otras se sientan grandes no es efectivo. No digo que anuncies tu puesto a todo aquel que conozcas para que sepan que eres importante, pero ser capaz de hablar de forma confiada y segura sobre tus talentos, habilidades y experiencias no tiene que ser ofensivo.

Si sientes que tu éxito ofende a otros, algo está mal. Quizá tu relación está rota, tu valor y autoestima dañados o tienes algunas heridas del pasado sin sanar. Minimizarte no resolverá estos problemas.

Disminuirte no hará que alguien más se vea mejor, así como minimizar a otros no hace que tú te veas mejor. Puedes demostrar que valoras a alguien o que reconoces su importancia sin reducirte.

NO AVANZARÁS SI SIENTES QUE NO MERECES UN ASCENSO

Hay toneladas de consejos profesionales para ayudarte a progresar como: "Vístete para el trabajo que quieres, no para el que tienes" o "encuentra a un buen mentor". Y aunque estas estrategias son herramientas excelentes, también debes creer que te mereces el ascenso. De otra forma, tu inseguridad brillará e impedirá tu crecimiento.

Un estudio dirigido por investigadores de la Universidad de Texas, en Austin, descubrieron un vínculo entre síndrome del impostor, discriminación y problemas de salud mental en minorías. Los autores del estudio sugieren que las minorías se sienten marginadas cuando los miembros de su grupo no son representados en ciertas áreas. Sentirse como un impostor puede empeorar la discriminación. Y ésta alimenta los sentimientos de fraude, ansiedad y depresión.

Como las mujeres son poco representadas en posiciones de liderazgo, es probable que las que llegan a la cima se sientan como impostoras. Y tal vez esto juega un papel en la brecha salarial.

NO MINIMIZAN SU ÉXITO

Es difícil pedir un aumento o negociar un sueldo inicial más alto cuando te cuestionas si estás calificada para hacer el trabajo. Incluso si hablas de dientes para afuera y pides más dinero, tu lenguaje corporal, tono de voz y acciones gritarán fuerte y claro que en realidad no crees que merezcas más dinero.

Si quieres que alguien más crea en ti, necesitas creer en ti. Debes mostrar que eres capaz y competente. No podrás hacerlo si siempre estás cuestionando tus habilidades o diciéndote que no eres lo suficientemente buena.

Qué hacer en vez de eso

Durante una de sus citas Charlotte dijo: "Sólo porque mis estrategias de venta funcionan aquí no significa que serán efectivas en otras partes del país". Estuve de acuerdo y luego le pregunté: "¿Crees que tu jefa espera que conozcas qué funcionará para cada área geográfica o quiere que compartas lo que funciona para ti?"

"Supongo que comparta lo que me funciona", respondió. Hablamos sobre toda la presión que Charlotte se ponía. Pensaba que necesitaba tener todas las respuestas, todo el tiempo.

Parte de su tratamiento se enfocó en ayudarla a reconocer sus logros y fortalezas mientras aceptaba que nunca tendría todas las respuestas. Y eso estaba bien. No significaba que fuera incompetente o un fraude.

Reconocer tu éxito no se trata de llenar tu cabeza con clichés vacíos o exagerar lo maravillosa que eres. Se trata de asumir la realidad. Reconocer tus fortalezas te ayudará a sentirte confiada y segura de quién eres y lo que eres capaz de lograr.

RECONOCE POR QUÉ MINIMIZAS TU ÉXITO

En general las mujeres les restan importancia a sus logros por dos razones principales: no sienten merecer su éxito y no quieren hacer sentir mal a otras personas.

Reconoce las ocasiones en que te cuesta trabajo reconocer tu éxito. Los ejemplos pueden incluir:

- No decirle a nadie sobre tu último logro.
- Insistir en que tu éxito fue casualidad.
- Mantener tu ambición en secreto.

Recuerda que hay una diferencia entre ser humilde y no reconocer tu éxito. La humildad se trata de tener una visión realista de ti. Eso significa reconocer tus debilidades y admitir tus fortalezas.

Cuando notes que estás minimizando tu éxito, pregúntate lo siguiente:

- *¿Tengo miedo de lo que otros pensarán?* ¿Es miedo a cómo te verán? ¿A ofender a alguien? ¿Temes que te tengan envidia? ¿Quieres que la gente piense que eres modesta?
- *¿Siento que merezco mi éxito?* Si no sientes que mereces ser exitosa, es imposible hablar de tus logros con seguridad y confianza.
- *¿Temo que no dure?* ¿Te preocupa que alguien se dará cuenta de que no mereces el ascenso o que no eres lo suficientemente buena? Si sientes como si fueras a ser rechazada, degradada o eliminada en cualquier minuto, quizá no hablas sobre tu logro porque no quieres que todo el mundo se entere.

PRACTICA RECONOCER TU ÉXITO

Nadie quiere andar por ahí presumiendo lo grandiosa que es. Pero todo el mundo tiene experiencia en algo y compartir tu conocimiento con otras podría ayudarlas. Decirle a alguien sobre tu éxito quizá la inspire a hacer lo mismo o le dé ideas que la ayudarán. He aquí cómo puedes reconocer tu éxito sin sonar arrogante:

- **Expresa gratitud por tu éxito.** "Estoy agradecida por tener un mentor maravilloso." "Mis padres tuvieron mucho que ver con esto. Gracias porque me enseñaron el valor de un peso a buena edad." Estas frases muestran que reconoces el apoyo que te han dado. Recuerda: es muy diferente a decir que debes todo tu éxito a alguien más.
- **Evita el calificativo.** No te molestes en decir: "No quiero sonar presumida, pero..." Esto te hace sonar como que vas a decir algo hiriente y no te importa. En vez de eso, enfatiza las emociones positivas y salta a las buenas noticias. Di algo como: "Estoy muy emocionada de compartirles que..."
- **Sáltate la falsa modestia.** Cuando te sientes incómoda puedes caer en la tentación de agregar una frase de autodesprecio. Pero subir una foto de tus zapatos gastados a las redes sociales y decir: "Supongo que necesito zapatos nuevos ahora que soy gerente", no es una buena idea. Si recibes un ascenso, sólo di eso. Los estudios muestran que la falsa modestia te hace sonar así: falsa.
- **Enfatiza tu esfuerzo.** Decir: "Ay, no fue nada", cuando recibes un premio por tu último proyecto o "ser madre no es tan difícil cuando sabes lo que estás haciendo" cuando tu hija gana el Spelling bee te hará sonar engreída. Pero enfatizar tu esfuerzo muestra que trabajaste duro en alcanzar tus metas. Di algo más parecido a: "No fue fácil, pero todo el trabajo duro valió la pena".
- **Apégate a los hechos.** Nadie quiere escuchar que eres lo mejor que le ha pasado a la compañía o que sabes más que todos en la universidad. Así que sáltate los superlativos y ve directo a los hechos. Di algo como: "Dupliqué mis ventas respecto a las del año pasado" o "saqué 10 en el examen".

ACEPTA CUMPLIDOS DE FORMA ELEGANTE

A veces pensamos que somos amables al rechazar un halago. Pero si lo piensas bien, rehusarte a aceptar un elogio de alguien menosprecia su opinión. O en algunos casos, en esencia le estás diciendo mentiroso. He aquí algunos ejemplos de respuestas comunes y lo que implican:

Cumplido: "Hiciste un gran trabajo al dar tu opinión en la reunión de la mañana."
    Respuesta: "Sí, cómo no. Me vi súper tonta. En cuanto abrí la boca olvidé todo lo que iba a decir y sólo hablé sin parar."
    Qué implica tu respuesta: No tienes idea de lo que hablas.

Cumplido: "¡Me encantan tus pantalones!"
    Respuesta: "¿De verdad? Los compré en una liquidación hace como 10 años."
    Qué implica tu respuesta: Tienes mal gusto.

Cumplido: "Estoy muy impresionada con tu pérdida de peso. Estás haciendo un trabajo fantástico."
    Respuesta: "Tengo un largo camino por recorrer."
    Qué implica tu respuesta: No me importa lo que pienses sobre mi progreso.

Si has caído en el hábito de rechazar cumplidos, practica aceptarlos. Date permiso de reconocer y aceptar las palabras amables de alguien más. Sólo di "gracias" o "lo aprecio mucho" y ve lo que pasa. Es probable que al principio te sientas incómoda. Pero se hará más fácil conforme adoptes el hábito.

    Recibir palabras lindas sobre ti no es arrogante. Muestras respeto por los pensamientos de la otra persona y que tienes la suficiente confianza en ti para escuchar la opinión de alguien más. Cuando eres capaz de reconocer tu éxito, escuchar felicitaciones (y críticas) se vuelve más fácil porque estás bien segura de quien eres.

CREA UNA LISTA DE ÉXITOS Y LÉELA CUANDO LO NECESITES

A veces es difícil recordar evidencia que te recuerde que mereces éxito. En otras ocasiones te quedas en blanco o los únicos logros que se te ocurren no te ayudan a sentir exitosa (como ese trofeo que ganaste por participar en el equipo de basquetbol en tercer año).

Crear una lista de las razones por las que eres digna de éxito puede ayudar. Observar estas cosas en papel y agregarle más a tu lista con regularidad mantiene tus logros frescos en la mente.

Así que escribe todas las cosas que has conseguido y te ayudarán a reconocer tu éxito. He aquí el inicio de una lista muestra:

- Me gradué de la universidad con Mención Honorífica.
- Tengo 15 años de experiencia como maestra de primaria.
- He enseñado a algunos de los niños más difíciles de la escuela.
- La directora me puso en dos comités especiales.
- Me quedo una hora diaria después de la escuela y trabajo en lo que necesito para ser mejor.
- Tengo tres alumnos que dicen que soy la mejor maestra que han tenido.
- Recibí una nota de agradecimiento de la madre de un estudiante diciendo que su hijo nunca se habría graduado sin mi apoyo.

Tu lista no necesita girar en torno a tu vida profesional. He aquí un ejemplo que un ama de casa puede crear para recordar que es una buena madre:

- Diario me encargo de todas las necesidades de mis hijos.

- Mis niños saben que son amados.
- Mis hijos tienen buenos modales.
- Los dejo cometer errores y les enseño cómo aprender de ellos.
- Todos los días les leo un cuento.

También puedes crear una lista de razones por las que sabes que eres fuerte. Tal vez sobreviviste al abuso, burlaste a la muerte o superaste las expectativas. Cuando te recuerdas las cosas difíciles que has superado, verás que aceptar un cumplido o compartir tus buenas noticias no da tanto miedo.

Lee tu lista cada que necesites un recordatorio de que está bien reconocer tu éxito. Y mantenla a la mano para agregarle nuevos logros con regularidad. Revisarla te ayudará a que tus triunfos se arraiguen en ti y puedas sentirte digna de éxito.

Carrera

Llevaba como ocho años en mi carrera de psicoterapeuta cuando empecé a dar clases en la universidad de psicología y salud mental. Enseñaba en las noches y a veces los sábados, de manera que podía seguir trabajando como terapeuta. Aunque estaba preocupada porque meter más horas sería la receta para el agotamiento, dar clases, de hecho, me generó más emoción que nunca sobre mi carrera.

En mi trabajo diario era fácil olvidar lo mucho que aprendía. Todos los días atendía pacientes, iba a entrenamientos y asistía a reuniones, pero en realidad no me permitía dar un paso atrás y ver el panorama general. Dar clases me dio esa oportunidad. Podía compartir ejemplos de cómo aplicar la información del libro de texto en la vida real. Y responder preguntas de estudiantes participativos sobre teorías psicológicas y principios de salud mental. Me ayudó a reconocer mi éxito porque me sentía experta.

No necesitas convertirte en profesor de universidad para compartir tu sabiduría con los demás. Ser mentor de alguien también puede recordarte lo mucho que has aprendido a lo largo del camino. Ofrécete para orientar las carreras de los profesionales más jóvenes y recordarás lo lejos que has llegado desde que empezaste.

Busca otras oportunidades para compartir tu conocimiento. Empieza un blog, escribe un libro o imparte un taller. Haz algo que te ayude a ver que tienes experiencia, conocimiento y habilidades que te dan el derecho de reconocer tu éxito.

Recuerda que no reconocer tu éxito será negativo para tu carrera. Nadie quiere ascender a alguien que no puede darse el crédito por su trabajo duro. Y los clientes no te comprarán un producto si no sientes que mereces venderlo.

Familia

La autora Celeste Ng envió un mensaje a su madre que decía: "¡Buenos días, mamá! Seguro quieres ver la lista de *bestsellers* del *NYT* de esta semana". Luego envió una foto del *New York Times* que mostraba su libro en el cuarto lugar de la lista de ficción. Su madre respondió: "Maravilloso, bajo a desayunar en un rato. Te amo".

Celeste compartió una captura de pantalla de su conversación en Twitter y dijo: "Nadie como mamá para mantener tu ego controlado".

A diferencia de tus amigos, con quienes tienes varias cosas en común (nivel de educación, valores y estatus económico) tu familia puede tener un estilo de vida diferente al tuyo. No la conociste en la universidad ni se cruzaron caminos en el grupo "Mami y yo". Y aunque tal vez han vivido en la misma casa, pueden tener definiciones de éxito muy diferentes.

Así que mientras unos tienen familiares que los apoyan sin importar lo que pase, otros crecen con padres que nunca están satisfechos. Tengas la familia que tengas, recuerda que la gente que te conoció en pañales sufre para reconocerte como un adulto competente y exitoso. Pero no dejes que esto afecte cómo te sientes por tus logros. Puedes reconocer tu éxito aunque ellos no lo hagan.

Vida social

En la víspera de Año Nuevo una amiga compartió en redes sociales que cada año su familia identificaba una causa de caridad a la que querían ayudar. En vez de hacer algo tradicional concentraban sus esfuerzos en ser voluntarios a lo largo del año. Anunció la obra de caridad que habían elegido y subió una foto de su familia haciendo voluntariado. Decía: "Ganamos mucho dando a otros".

La mayoría de la gente respondió de forma positiva. Algunos dijeron que era una gran idea y que los inspiraba a hacer algo similar. Pero ciertas personas reaccionaron con enojo y disgusto, diciendo que estaba "echándose flores" y "presumiendo sus buenas obras para llamar la atención".

No todo el mundo aprecia las buenas noticias o las ideas inspiradoras. Siempre habrá quien se ofenda por algo (como decir que eres voluntario). Pero eso no significa que no debas compartirlo. No es tu responsabilidad controlar la forma en que otros responden.

Claro, subir *selfies* en traje de baño cada 10 minutos con el pretexto de inspirar a otras con tu cuerpo de sirena no creo que sea recibido como un favor. Presumir para ganar admiración es muy diferente a reconocer tu éxito.

Antes de que subas tu historia de éxito a las redes sociales o de que compartas tu último logro con tus amigas, considera tu objetivo. ¿Quieres inspirar a otras para que alcancen sus metas? ¿O buscas felicitaciones y admiración?

Si tu propósito es demostrar a los demás que eres buena persona o ganar su aprobación y que reconozcan que estás haciendo un buen trabajo, compartir tus logros puede estar más en el extremo narcisista que en el extremo reconoce-tu-éxito del espectro. Pero si esperas inspirar a otros al compartir tu viaje, publicar tus logros motivará a tus amigos a hacer lo mismo.

Nadie quiere ser la mujer que no deja de hablar sobre lo maravillosa que es. Pero si te preocupa mostrar demasiado tu éxito... seguro no lo eres.

Reconocer tu éxito te hace más fuerte

Mientras Mindy Kaling, una mujer amerindia, crecía, nunca vio a alguien en televisión que luciera como ella. Pero no dejó que esto evitara que entrara en la industria del entretenimiento. No sólo se convirtió en una actriz premiada, sino que probó que puede producir, escribir y dirigir algunas de las series más populares en televisión.

Decir que es exitosa sería quedarse corta. Desde actuar en *The Office* hasta escribir y producir *The Mindy Project*, se volvió una celebridad conocida a nivel mundial. Ha sido nominada a muchos premios Emmy y ganado varios Gracie Awards. La revista *People* la incluyó dos veces en su lista de las mujeres más hermosas, *Time* la nombró como una de las 100 personas más influyentes en 2012 y *Glamour* la llamó una de las mujeres del año en 2014. También es autora de varios *bestsellers* del *New York Times*.

En su libro *Why not me?* Kaling admite que a veces luchó por tener confianza. Pero dice que el secreto para sentir más seguridad fue el trabajo duro. Sabe que se ha esforzado mucho y se ha ganado el derecho de estar donde está.

Como sea, algunas personas no la quieren porque "piensa que es genial". Ella dice: "Pero no es que crea que soy maravillosa. Sólo no me odio. Hago cosas tontas todo el tiempo y digo cosas locas de las que me arrepiento, pero no dejo que todo me traume. Y he notado algo estremecedor: algunas personas de verdad se sienten incómodas cerca de mujeres que no dudan de sí. Por eso necesitas ser un poco más valiente".

Reconocer tu éxito puede molestar a otras personas y esto te incomodará al principio. Pero conocer tus fortalezas te ayudará a sentirte más cómoda en tu cuerpo. También hará que te sientas digna de tus logros, lo cual a su vez te ayudará a motivarte para continuar.

Solución de problemas y trampas comunes

A veces la gente no quiere reconocer su éxito porque significa admitir sus errores. Si te llevas el crédito por los resultados buenos, también debes aceptar tu papel por los malos. Como con todo, se trata de encontrar un balance en cuánta responsabilidad aceptas. Quizá atribuyas tu éxito a la buena suerte y culpes de tu fracaso a la mala economía. Algunas cosas están fuera de tu control. Pero es importante aceptar el crédito por el papel que juegas, a pesar del resultado.

También es importante ser sensible sobre el reconocimiento de tu éxito. Si recibes un ascenso el mismo día que despidieron a tu amiga, espera para compartir las buenas noticias. Puedes seguir reconociendo tu éxito mientras eres sensible a las necesidades de los demás.

Por último, sé consciente de que reconocer tu éxito no es lo mismo que presumir. Si puedes costear un auto bonito o una casa grande es maravilloso, pero sé consciente de los comentarios que parecen denigrar otros. Decir cosas como: "Usemos mi auto, es más bonito" o "vamos a mi casa, el comedor es mejor", caen en la categoría de alardear.

Reconocer tu éxito nunca debe despreciar a nadie. Si sientes la necesidad de señalar que ganas más dinero, te ves más atractiva o tienes una vida mejor que la de otra persona, quizá tengas un problema de valor y autoestima. Como dijimos en el capítulo 8, minimizar a alguien no te hará mejor ni ayudará con tu éxito. Cuando puedas reconocer las fortalezas de los demás (en especial las que no tienes) estarás mejor equipada para hablar de forma realista sobre las tuyas.

ES ÚTIL

- Reconocer cuando minimizas tu éxito.
- Hablar sobre tus logros de forma realista.
- Decir "gracias" cuando recibas un cumplido.
- Enlistar tus logros para recordarte que eres digna de éxito.
- Aconsejar, enseñar y entrenar a los demás.

NO ES ÚTIL

- Confundir la arrogancia con reconocer tu éxito.
- Presumir tus logros.
- Minimizarte para que otros se sientan importantes.
- Rechazar cumplidos.

Conclusión

Hay muchas mujeres valientes e inteligentes en el mundo haciendo una diferencia. Lucharon para cambiar leyes, superar tragedias terribles y lograr hazañas increíbles. Leemos sus historias en revistas, las vemos en las noticias y las escuchamos sus charlas transmitidas a millones.

Pero también hay muchas mujeres fuertes cuyos nombres nunca sabremos. No se volverán celebridades, portavoces ni figuras históricas. No emprenderán negocios, escribirán libros ni serán entrevistadas por los medios de comunicación. En vez de eso, son mujeres creando un impacto positivo en sus casas y comunidades.

Son las mamás que educan a sus hijos para ser amables, las mujeres que trabajan duro en sanar sus heridas y las que ayudan a otras. Puedes encontrarlas en todas partes.

Jill es una de ellas. Cuando anuncié en redes sociales que buscaba entrevistar mujeres, respondió de inmediato. Desde que leyó mi primer libro, *13 cosas que la gente mentalmente fuerte no hace*, trabajó duro para ayudar a otras a construir sus músculos mentales, al mismo tiempo que fortalecía los suyos.

Hace mucho tiempo Jill fue víctima de abuso sexual. En aquella época se sintió asustada, confundida y no supo qué hacer. Tras invertir años trabajando en superar el trauma que vivió, se inscribió como voluntaria en un servicio de emergencias de abuso sexual.

Para convertirse en voluntaria tuvo que asistir a un curso de entrenamiento de 40 horas que la prepararía para ayudar a víctimas y manejar cualquier situación (desde acompañar al hospital a personas que acababan de ser violadas hasta escuchar a quienes luchaban con *flashbacks* de cosas que les habían pasado 20 años atrás).

Cuando Jill les contó a sus amigas que planeaba ser voluntaria en una línea directa de ayuda, no compartieron su emoción. Le dijeron cosas como: "¿Por qué quieres hacer eso? Será muy duro". Sus respuestas hicieron que lo pensara dos veces.

Le comentó a su hija de 16 años que estaba nerviosa por el entrenamiento y las cosas que podría vivir. Le dijo: "Quizá sea demasiado para mí lidiar con eso". Sin inmutarse, su hija respondió: "¿Cómo crees que se sienten las víctimas?".

En ese instante su hija le recordó todo lo que le había enseñado sobre ser mentalmente fuerte. Esas palabras de apoyo y tranquilidad le recordaron a Jill que podía ayudar a otras aun cuando tuviera miedo.

Me dijo: "Sonreí y me sentí muy orgullosa de ella. Pienso que es la voz del futuro… más informada, segura y confiada".

Jill no sólo le enseñó a su hija cómo ser mentalmente fuerte. Está creando un efecto dominó en su comunidad a través de algunas de las acciones más simples, pero amables. Como seguimiento a nuestra llamada me envió este correo:

No tengo familiares cercanos por aquí y mis amigas están demasiado ocupadas con sus cosas. Aprendí que mi diálogo interno es clave. Cuando me siento agobiada o el dolor físico es insoportable, uno de mis mantras es: mañana será un día mejor. Remplaza los pensamientos negativos con esperanza. Guardo una lista de las personas que sé que estarían aquí en un suspiro si pudieran y que su amor está conmigo.

Hace algunos años empecé a entrenar en el gimnasio tras otra cirugía de rodilla. Algunas personas en la YMCA me apoyaron, me mostraron los aparatos y me ayudaron con los malabares que hacía con las muletas. Poco después mi esposo y yo empezamos el proceso de divorcio. En medio de todo eso, mi padre murió de forma repentina.

Entre lidiar con un divorcio devastador, dolor postoperatorio, montones de papeleos y exámenes, llamadas del hospital, planear el funeral de mi padre y vaciar la casa de mi niñez, me derrumbé.

Mis amigas del gimnasio me llevaron a la parte trasera de un salón para que llorara y me abrazaron. Sólo las veía unos minutos cada semana, pero estos momentos de amabilidad hicieron una gran diferencia para mí y me dieron mucha fuerza.

Puse sus palabras en mi tablero mental motivacional y diálogo interno. Aprendí la importancia de los pasos chiquitos, los poderosos, los pequeños actos de bondad, y entendí que todo el mundo tiene adversidades escondidas.

Empecé a obligarme a felicitar o halagar a las personas desconocidas y a pedir ayuda a las vecinas (lo que me permitió ser vulnerable). Esto aminoró mi pena.

Enseñé a mi hija a elogiar los aretes de una extraña o iniciar una pequeña charla con alguien porque todos esos momentos pequeños regresarán a ella cuando necesite ayuda.

Un par de años después una mujer llamada Ruth, que tenía parálisis cerebral y estaba en silla de ruedas, entró al gimnasio. Se veía derrotada, asustada y sola… igual que yo cuando empecé.

Me presioné para hablarle como otras lo habían hecho conmigo. Esos minutos a la semana me ayudaban a quitar la atención de mis penas y nos hacíamos reír. Ahora Ruth se ha vuelto una inspiración para muchas de nosotras, y de forma amable dice lo mismo de mí.

Bajó 25 kilos entrenando los brazos y ¡se convirtió en instructora de zumba! Es una bomba. No sé cómo lo hace.

Toma el transporte para discapacitados al gimnasio y trabaja ahí medio tiempo, incluso está en el cuadro de honor.

Gracias de nuevo por ayudarme a ser fuerte, Amy. Se ha vuelto un efecto dominó muy agradable.

Las mujeres como Jill están haciendo el mundo un lugar más fuerte, una persona a la vez. Su ejemplo habla mucho sobre cómo simples y pequeños cambios en tu vida pueden tener un impacto positivo en ti y en los que te rodean.

Al igual que Jill, habrá momentos en que te sientas lo suficientemente fuerte para ayudar a las demás a construir músculos mentales y momentos en los que tu ánimo dependerá de otra mujer para mantenerte motivada. Pero juntas podemos ayudarnos sin importar los altibajos de la vida.

Cómo seguir construyendo tus músculos mentales

Cuando dejas los malos hábitos que te roban la fuerza mental, tus hábitos buenos serán mucho más efectivos.

La mejor forma de mantener el ritmo es visualizarte como tu entrenadora de fuerza mental. Pon especial atención a tus hábitos para asegurar que no estás cayendo en la trampa de hacer cualquiera de las cosas que las mujeres mentalmente fuertes no hacen. Realiza ejercicios regulares de fuerza mental y esfuérzate mucho en construirla.

Monitorea tus:

- **Pensamientos.** Entrenar a tu cerebro para pensar diferente lleva bastante práctica. Pero sin importar cuánto músculo mental construyas, todavía habrá veces en las que te compares con otras, insistas en la perfección, sobrepienses en todo o dejes que la falta de autoconfianza evite que alcances tus objetivos.

Pero con la práctica estarás mejor equipada para responder de forma más productiva a esas voces negativas que atraviesan tu mente.

- **Sentimientos.** Tus emociones influyen cómo piensas y cómo te comportas. Volverte más consciente de cómo te sientes (y ganar las habilidades para enfrentar estas emociones de forma saludable) implica persistencia. Pero con la práctica encontrarás el coraje para romper algunas reglas que te retienen o liberarte de la culpa que evita que te sientas mejor.
- **Comportamientos.** Ya sea que te quedes callada, estancada o atorada, los patrones de comportamiento dañinos pueden ser difíciles de cambiar. Pero entre más fuerte te vuelves, más capaz serás de reconocer estos ciclos dañinos en los que te metes. Y podrás crear los cambios positivos que necesitas para mejorar.

La fuerza mental no es algo que tienes o no. Es algo que construyes con el tiempo y que necesitas seguir trabajando para desarrollarla. Los músculos mentales son como músculos físicos: tienes que ejercitarlos para mantenerlos fuertes.

Qué esperar conforme te vuelves más fuerte

A veces la gente piensa que ser mentalmente fuerte significa que ganarás millones de pesos o que serás inmune a los malos días o los malos humores, pero estas cosas no son los sellos distintivos de la fuerza mental.

De hecho, volverse más fuerte a veces significa decir no a oportunidades económicas lucrativas que no están alineadas con tus valores. Si quieres pasar más tiempo con tu familia y menos en la oficina, quitar horas a tu trabajo puede ser una señal de fuerza mental.

De forma similar, si has pasado incontables horas en el gimnasio porque odias tu cuerpo, aprender a amarte más puede significar

entrenar menos. Ser más amable contigo es una señal de mayor músculo mental.

He aquí tres beneficios que ganarás al construir músculo mental:

- **Aumentar la resistencia al estrés.** Aunque el estrés es parte
  de la vida, si no lo manejas bien puede cobrar un precio en tu
  salud mental y física. Construir fuerza mental amortigua los
  dañinos efectos del estrés.
- **Mejorar la satisfacción de la vida.** Conforme aumenta tu
  fuerza mental, aumentará tu seguridad y confianza en tu capacidad para lidiar con cualquier cosa que la vida te ponga en
  el camino. Tendrás paz mental que te ayudará a encontrar más
  disfrute en la vida diaria.
- **Mejorar tu desempeño.** No importa si tu objetivo es ser mejor
  madre o conquistar tus miedos, la fuerza mental te ayudará a
  desempeñarte al máximo.

Claro, nunca te volverás una experta en algo sólo leyendo un libro.
Las atletas, artistas y músicos de alto nivel no logran el éxito leyendo
un libro u observando a los demás. Tienen que practicar para mejorar. La fuerza mental es lo mismo. Se necesita dedicación y práctica
para volverse más fuerte.

Construir fuerza mental es más un viaje que un destino. Habrá
veces en las que cometas errores y tomes malas decisiones. Pero también habrá veces en las que te probarás que eres más fuerte de lo que
imaginaste.

Agradecimientos

Gracias a todos los que me ayudaron a que este libro fuera una realidad, empezando por el maravilloso equipo de HarperCollins. Gracias a Lisa Sharkey por creer en las 13 cosas desde el día uno y por apoyar mis tres libros. Gracias a Alieza Schvimer y Matt Harper por su ayuda.

Debo un gran agradecimiento a mi maravillosa agente Stacey Glick. Me contactó tras leer mi artículo "Las 13 cosas que la gente mentalmente fuerte no hace" y fue la primera en sugerirme que escribiera un libro.

Estoy agradecida con todas las mujeres que me permitieron compartir sus historias en este libro. Muchas de ellas respondieron a mi solicitud en las redes sociales y se tomaron el tiempo para hablar conmigo.

También estoy agradecida con Emily Morrison, la mejor amiga que cualquiera puede tener. Por suerte para mí, resultó ser maestra de inglés y leyó de forma voluntaria todos mis borradores. Y gracias a Julie Hintgen por su apoyo y retroalimentación.

Claro, nada de esto sería posible sin todos mis lectores que quieren continuar aprendiendo sobre fuerza mental.

También tengo la fortuna de haber encontrado a muchas personas mentalmente fuertes que me dieron valiosas lecciones a lo largo de los años. Hay muchos miembros de la familia, amigos, pacientes, vecinos, colegas y mentores que han dejado una profunda huella en mi vida y grandes enseñanzas sobre fuerza mental.

Referencias

Introducción

Harit, Shweta. 2016. *The New Face of Strength*. Kellogg's Special K. https://www.specialk.com/content/dam/Dam/Special_K/downloads/Kelloggs-special-k-inner-strength-whitepaper.pdf.

Capítulo 1: No se comparan con otras personas

Chou, Hui-Tzu Grace, y Nicholas Edge. " 'They Are Happier and Having Better Lives than I Am': The Impact of Using Facebook on Perceptions of Others Lives." *Cyberpsychology, Behavior, and Social Networking* 15, núm. 2 (febrero de 2012): 117-121. doi:10.1089/cyber.2011.0324.

Fardouly, Jasmine, Phillippa C. Diedrichs, Lenny R. Vartanian y Emma Halliwell. "Social Comparisons on Social Media: The Impact of Facebook on Young Women's Body Image Concerns and Mood." *Body Image* 13 (marzo de 2015): 38-45. doi:10.1016/j.bodyim.2014.12.002.

Franzoi, Stephen L., Kris Vasquez, Erin Sparapani, Katherine Frost, Jessica Martin y Megan Aebly. "Exploring Body Comparison Tendencies." *Psychology of Women Quarterly* 36, núm. 1 (marzo de 2012): 99-109. doi:10.1177/0361684311 427028.

Leahey, Tricia M., Janis H. Crowther y Kristin D. Mickelson. "The Frequency, Nature, and Effects of Naturally Occurring Appearance-Focused Social Comparisons." *Behavior Therapy* 38, núm. 2 (junio de 2007): 132-143. doi:10.1016/j.beth.2006.06.004.

Maloney, C. U. S. Congress. Joint Economic Committee. "Invest in Women, Invest in America: A Comprehensive Review of Women in the U.S. Economy", Carolyn B. Maloney, Cong. Rept. Washington: U.S. G.P.O., 2010.

Park, S. Y., e Y. M. Baek. "Two Faces of Social Comparison on Facebook: The Interplay Between Social Comparison Orientation, Emotions, and Psychological Well-being." *Computers in Human Behavior* 79 (2018): 83-93. doi:10.1016/j.chb.2017.10.028.

Sheinin, Dave. "How Katie Ledecky Became Better at Swimming Than Anyone Is at Anything." *Washington Post*, 24 de junio de 2016.

Want, S. C., y A. Saiphoo. "Social Comparisons with Media Images Are Cognitively Inefficient Even for Women Who Say They Feel Pressure from the Media." *Body Image* 20 (2017): 1-6. doi:10.1016/j. bodyim.2016.10.009.

Capítulo 2: No insisten en la perfección

Crawford, Cindy. *Into the Gloss*. Revisado el 16 de agosto de 2018. https://intothegloss.com/2014/05/cindy-crawford-2014/.

Curran, Thomas, y Andrew Hill. "Multidimensional Perfectionism and Burnout: A Meta-Analysis." *Personality and Social Psychology Review* 20, núm. 3 (julio de 2015): 269-288. doi:10.31234/osf.io/wzber.

Dahl, Melissa. "Stop Obsessing: Women Spend 2 Weeks a Year on Their Appearance, TODAY Survey Shows." TODAY.com. 14 de octubre de 2016. Revisado el 1º de octubre de 2018. https://www.today.com/health/stop-obsessing-women-spend-2-weeks-year-their-appearance-today-2D12104866.

Engeln, Renee. *Enfermas de belleza: Cómo la obsesión de nuestra cultura por el aspecto físico hace daño a chicas y mujeres*. Nueva York: Harper, 2018.

Flett, G., K. Blankstein, P. Hewitt y S. Koledin. "Components of Perfectionism and Procrastination in College Students." *Social Behavior and Personality: An International Journal* 20 (1992): 85-94. https://doi.org/10.2224/sbp.1992.20.2.85.

Flett, G. L., P. L. Hewitt y M. J. Heisel. "The Destructiveness of Perfectionism Revisited: Implications for the Assessment of Suicide Risk and the Prevention of Suicide." *Review of General Psychology* 18(3) (2014): 156-172. http://dx.doi.org/10.1037/gpr0000011.

Fry, Prem S., y Dominique L. Debats. "Perfectionism and Other Related Trait Measures as Predictors of Mortality in Diabetic Older Adults: A Six-and-a-Half-Year Longitudinal Study." *Journal of Health Psychology* 16, núm. 7 (28 de marzo de 2011): 1058-1070. doi:10.1177/1359105311398684.

Gray, Sophie. "Behind the Scenes of My 'Perfect' Instagram Life, My Anxiety Was Killing Me." *Marie Claire.* 15 de junio de 2017. Revisado el 1º de octubre de 2018. https://www.marieclaire.com/health-fitness/a27708/no-more-bikini-photos-unhealthy/.

Horne, Rebecca M., Matthew D. Johnson, Nancy L. Galambos y Harvey J. Krahn. "Time, Money, or Gender? Predictors of the Division of Household Labour Across Life Stages." *Sex Roles* 78, núms. 11-12 (junio de 2018): 731-743. doi:10.1007/ s11199-017-0832-1.

Kljajic, Kristina, Patrick Gaudreau y Véronique Franche. "An Investigation of the 2 × 2 Model of Perfectionism with Burnout, Engagement, Self-regulation, and Academic Achievement." *Learning and Individual Differences* 57 (julio de 2017): 103-113. doi:10.1016/j.lindif.2017.06.004.

Mitchelson, J. K. "Seeking the Perfect Balance: Perfectionism and Work-Family Conflict." *Journal of Occupational and Organizational Psychology* 82 (2009): 349-367. doi:10.1348/096317908X314874.

O'Toole, Lesley. "I Never Think I'm Thin Enough." *Daily Mail.* 18 de enero de 2002. Revisado el 13 de julio de 2018. http://www.dailymail.co.uk/tvshowbiz /article-95492/I-think-Im-enough.html.

Sherry, Simon B., Paul L. Hewitt, Avi Besser, Gordon L. Flett y Carolin Klein. "Machiavellianism, Trait Perfectionism, and Perfectionistic Self-presentation." *Personality and Individual Differences* 40, núm. 4 (febrero de 2007): 829-839. doi:10.1016/j.paid.2005.09.010.

Sherry, Simon B., Joachim Stoeber y Cynthia Ramasubbu. "Perfectionism Explains Variance in Self-defeating Behaviors Beyond Self-criticism: Evidence from a Cross-national Sample." *Personality and Individual Differences* 95 (junio de 2016): 196-199. doi:10.1016/j.paid.2016.02.059.

"Survey Finds Disordered Eating Behaviors among Three out of Four American Women." Statistics – Center of Excellence for Eating Disorders. 22 de abril de 2008. Revisado el 20 de septiembre de 2018. http://www.med.unc.edu/www/newsarchive/2008/april/

survey-finds-disordered-eating-behaviors-among-three-out-of-four-american-women.

Wade, Tracey D., y Marika Tiggemann. "The Role of Perfectionism in Body Dissatisfaction." *Journal of Eating Disorders* 1, núm. 1 (22 de enero de 2013). doi:10.1186/2050-2974-1-2.

Wong, Jaclyn S., y Andrew M. Penner. "Gender and the Returns to Attractiveness." *Research in Social Stratification and Mobility* 44 (junio de 2016): 113-123. doi:10.1016/j.rssm.2016.04.002.

Capítulo 3: No ven la vulnerabilidad como una debilidad

Dweck, C. S., T. E. Goetz y N. L. Strauss. "Sex Differences in Learned Helplessness: IV. An Experimental and Naturalistic Study of Failure Generalization and Its Mediators." *Journal of Personality and Social Psychology* 38(3) (1980): 441-452. http://dx.doi.org/10.1037/0022-3514.38.3.441.

Elsbach, Kimberly D., y Beth A. Bechky. "How Observers Assess Women Who Cry in Professional Work Contexts." *Academy of Management Discoveries* 4, núm. 2 (25 de junio de 2018): 127-154. doi:10.5465/amd.2016.0025.

Lewinsky, Monica. "Exclusive: Monica Lewinsky on the Culture of Humiliation." *Vanity Fair.* Junio de 2014. Revisado el 1º de octubre de 2018. https://www.vanityfair.com/style/society/2014/06/monica-lewinsky-humiliation-culture.

Meyers, Kate. "Our Son's Autism Almost Tore Us Apart." *Redbook.* 26 de abril de 2018. Revisado el 13 de julio de 2018. https://www.redbookmag.com/love-sex/relationships/advice/a6083/holly-robinson-peete/.

Salerno, Jessica M., y Liana C. Peter-Hagene. "One Angry Woman: Anger Expression Increases Influence for Men, but Decreases Influence for Women, During Group Deliberation." *Law and Human Behavior* 39, núm. 6 (diciembre de 2015): 581-592. doi:10.1037/lhb0000147.

Capítulo 4: No dejan que la falta de confianza evite que alcancen sus metas

Andrews, Travis M. "Annie Glenn: 'When I Called John, He Cried. People Just Couldn't Believe That I Could Really Talk'." *Washington Post.* 9

de diciembre de 2016. Revisado el 1° de octubre de 2018. https://www.
washingtonpost.com/news/morning-mix/wp/2016/12/09/to-john-
glenn-the-real-hero-was-his-wife-annie-conqueror-of-disability.

Bian, Lin, Sarah-Jane Leslie y Andrei Cimpian. "Gender Stereotypes about
Intellectual Ability Emerge Early and Influence Children's Interests."
Science 355, núm. 6323 (27 de enero de 2017): 389-391. doi:10.1126/
science.aah6524.

Constans, Joseph I. "Worry Propensity and the Perception of Risk." *Be-
haviour Research and Therapy* 39, núm. 6 (junio de 2001): 721-729.
doi:10.1016/s0005-7967(00)00037-1.

Ede, Alison, Philip J. Sullivan y Deborah L. Feltz. "Self-doubt: Uncertainty as
a Motivating Factor on Effort in an Exercise Endurance Task." *Psychology of Sport and Exercise* 28 (enero de 2017): 31-36. doi:10.1016/j.
psychsport.2016.10.002.

Ehrlinger, Joyce, y David Dunning. "How Chronic Self-views Influence (and
Potentially Mislead) Estimates of Performance." *Journal of Personality
and Social Psychology* 84, núm. 1 (enero de 2003): 5-17. doi:10.1037/
e633872013-215.

Lerner, Jennifer S., Deborah A. Small y George Loewenstein. "Heart Strings
and Purse Strings. Carryover Effects of Emotions on Economic Decisions." *Psychological Science* 15, núm. 5 (mayo de 2004): 337-341.
doi:10.1111/j.0956-7976.2004.00679.x.

Mirels, Herbert L., Paul Greblo y Janet B. Dean. "Judgmental Self-doubt:
Beliefs about One's Judgmental Prowess." *Personality and Individual
Differences* 33, núm. 5 (octubre de 2002): 741-758. doi:10.1016/s0191-
8869(01)00189-1.

Petry, Ashley. "A Conversation with Cheryl Strayed." *Booth: A Journal.* 25
de julio de 2014. Revisado el 1° de octubre de 2018. http://booth.butler.
edu/2014/07/25/a-conversation-with-cheryl-strayed/.

Richard, Erin M., James M. Diefendorff y James H. Martin. "Revisiting
the Within-Person Self-Efficacy and Performance Relation." *Human
Performance* 19, núm. 1 (noviembre de 2009): 67-87. doi:10.1207/
s15327043hup1901_4.

Vancouver, Jeffrey B., y Laura N. Kendall. "When Self-efficacy Negatively
Relates to Motivation and Performance in a Learning Context." *Journal*

of *Applied Psychology* 91, núm. 5 (septiembre de 2006): 1146-1153. doi:10.1037/0021-9010.91.5.1146.

Woodman, Tim, Sally Akehurst, Lew Hardy y Stuart Beattie. "Self-confidence and Performance: A Little Self-doubt Helps." *Psychology of Sport and Exercise* 11, núm. 6 (noviembre de 2010): 467-470. doi:10.1016/j.psychsport.2010.05.009.

Capítulo 5: No sobrepiensan en todo

Deyo, Mary, Kimberly A. Wilson, Jason Ong y Cheryl Koopman. "Mindfulness and Rumination: Does Mindfulness Training Lead to Reductions in the Ruminative Thinking Associated with Depression?" *EXPLORE: The Journal of Science and Healing* 5, núm. 5 (septiembre/octubre de 2009): 265-271. doi:10.1016/j.explore.2009.06.005.

Lareau, Annette, y Elliot B. Weininger. "Time, Work, and Family Life: Reconceptualizing Gendered Time Patterns Through the Case of Children's Organized Activities." *Sociological Forum* 23, núm. 3 (21 de julio de 2008): 419-454. doi:10.1111/j.1573-7861.2008.00085.x.

Michl, Louisa C., Katie A. McLaughlin, Kathrine Shepherd y Susan Nolen Hoeksema. "Rumination as a Mechanism Linking Stressful Life Events to Symptoms of Depression and Anxiety: Longitudinal Evidence in Early Adolescents and Adults." *Journal of Abnormal Psychology* 122, núm. 2 (mayo de 2013): 339-352. doi:10.1037/a0031994.

Nolen-Hoeksema, Susan, Blair E. Wisco y Sonja Lyubomirsky. "Rethinking Rumination." *Perspectives on Psychological Science* 3, núm. 5 (septiembre 2008): 400-424. doi:10.1111/j.1745-6924.2008.00088.x.

Sio, Ut Na, y Thomas C. Ormerod. "Does Incubation Enhance Problem Solving? A Meta-analytic Review." *Psychological Bulletin* 135, núm. 1 (2009): 94-120. doi:10.1037/a0014212.

Strick, Madelijn, Ap Dijksterhuis y Rick B. Van Baaren. "Unconscious-Thought Effects Take Place Off-Line, Not On-Line." *Psychological Science* 21, núm. 4 (26 de febrero de 2010): 484-488. doi:10.1177/0956797610363555.

Thomsen, Dorthe Kirkegaard, Mimi Yung Mehlsen, Søren Christensen y Robert Zachariae. "Rumination – Relationship with Negative Mood and Sleep Quality." *Personality and Individual Differences* 34, núm. 7 (mayo de 2003): 1293-1301. doi:10.1016/s0191-8869(02)00120-4.

Verkuil, Bart, Jos F. Brosschot, Kees Korrelboom, Ria Reul-Verlaan y Julian F. Thayer. "Pretreatment of Worry Enhances the Effects of Stress Management Therapy: A Randomized Clinical Trial." *Psychotherapy and Psychosomatics* 80, núm. 3 (2011): 189-190. doi:10.1159/000320328.

Winfrey, Oprah. "What Oprah Knows about the Power of Meditation." Oprah.com. Revisado el 13 de julio de 2018. http://www.oprah.com/spirit/what-oprah-knows-about-the-power-of-meditation.

"Women Have More Active Brains Than Men." *Journal of Alzheimer's Disease*. Revisado el 13 de julio de 2018. https://www.j-alz.com/content/women-have-more-active-brains-men.

Capítulo 6: No evitan los retos difíciles

"Billie Jean King: Accomplishments." Billie Jean King Enterprises. Revisado el 13 de julio de 2018. https://www.billiejeanking.com/biography/.

Chan, Amanda. "How to Be Brave, According to 8 Insanely Courageous Women." *Real Simple*. Revisado el 13 de julio de 2018. https://www.realsimple.com/work-life/life-strategies/how-to-be-brave.

Harris, Christine, y Michael Jenkins-Guarnieri. "Why Do Men Take More Risks than Women?" *Judgment and Decision Making* 1, núm. 1 (julio de 2006): 48-63. doi:10.1037/e511092014-212.

Kay, Katty, y Claire Shipman. *La clave de la confianza. El arte y la ciencia de la autoconfianza para mujeres*. Editorial Océano, México: 2018.

"Learning New Skills Keeps an Aging Mind Sharp." Association for Psychological Science. Revisado el 13 de julio de 2018. https://www.psychological science.org/news/releases/learning-new-skills-keeps-an-aging-mind-sharp.html.

Leibbrandt, Andreas y John A. List. "Do Women Avoid Salary Negotiations? Evidence from a Large-scale Natural Field Experiment." *Management Science* (2014).

Morgenroth, Thekla, Cordelia Fine, Michelle K. Ryan y Anna E. Genat. "Sex, Drugs, and Reckless Driving." *Social Psychological and Personality Science* (2017). 194855061772283 doi: 10.1177/1948550617722833.

Steinman, Judith L. "Gender Disparity in Organ Donation." *Gender Medicine* 3, núm. 4 (2006): 246-252. doi:10.1016/s1550-8579(06)80213-5.

Capítulo 7: No temen romper las reglas

Bowles, Hannah Riley, Linda Babcock y Lei Lai. "Social Incentives for Gender Differences in the Propensity to Initiate Negotiations: Sometimes It Does Hurt to Ask." *Organizational Behavior and Human Decision Processes* 103, núm. 1 (junio de 2005): 84-103. doi:10.1016/j.obhdp.2006.09.001.

Brauer, Markus, y Peggy Chekroun. "The Relationship Between Perceived Violation of Social Norms and Social Control: Situational Factors Influencing the Reaction to Deviance." *Journal of Applied Social Psychology* 35, núm. 7 (2005): 1519-1539. doi:10.1111/j.1559-1816.2005.tb02182.x.

Brescoll, Victoria L., y Eric Luis Uhlmann. "Can an Angry Woman Get Ahead?" *Psychological Science* 19, núm. 3 (marzo de 2008): 268-275. doi:10.1111/j.1467-9280.2008.02079.x.

Feldblum, Chai, y Victoria Lipnic. "Select Task Force on the Study of Harassment in the Workplace." Reporte de La Comisión para la Igualdad de Oportunidades en el Empleo de los Estados Unidos. Junio de 2016. https://www.eeoc.gov/eeoc/task_force/harassment/upload/report.pdf.

Flood, Alison. "Judy Blume: 'I Thought, This Is America: We Don't Ban Books. But Then We Did'." *The Guardian*. 11 de julio de 2014. Revisado el 13 de julio de 2018. https://www.theguardian.com/books/2014/jul/11/judy-blume-interview-forever-writer-children-young-adults.

History.com staff. "Eleanor Roosevelt." History.com. 2009. Revisado el 13 de julio de 2018. https://www.history.com/topics/first-ladies/eleanor-roosevelt.

History.com staff. "Susan B. Anthony." History.com. 2010. Revisado el 13 de julio de 2018. https://www.history.com/topics/womens-history/susan-b-anthony.

Huh, Young Eun, Joachim Vosgerau y Carey K. Morewedge. "Social Defaults: Observed Choices Become Choice Defaults." *Journal of Consumer Research* 41, núm. 3 (octubre de 2014): 746-760. doi:10.1086/677315.

Mohr, Tara. *Playing Big: Find Your Voice, Your Mission, Your Message.* Nueva York: Avery, 2015.

Montag, Ali. " 'Shark Tank' Judge Lori Greiner's Daily Routine Sets Her Up for Success." CNBC. 5 de octubre de 2017. Revisado el 13 de julio de 2018. https://www.cnbc.com/2017/09/18/shark-tank-judge-lori-greiners-daily-routine.html.

Reuben, E., P. Sapienza y L. Zingales. "How Stereotypes Impair Women's Careers in Science." *Proceedings of the National Academy of Sciences* 111(12) (2014), 4403-4408. doi: 10.1073/pnas.1314788111.

Schumann, Karina, y Michael Ross. "Why Women Apologize More Than Men." *Psychological Science* 21, núm. 11 (20 de septiembre de 2010): 1649-1655.doi:10.1177/0956797610384150.

"Supplemental Material for Student Characteristics and Behaviors at Age 12 Predict Occupational Success 40 Years Later over and above Childhood IQ and Parental Socioeconomic Status." *Developmental Psychology* 51, núm. 9 (septiembre de 2015): 1329-1340. doi:10.1037/dev0000025. supp.

"The Real Story." Kathrine Switzer: Marathon Woman. Revisado el 13 de julio de 2018. http://kathrineswitzer.com/about-kathrine/1967-boston-marathon-the-real-story/.

Capítulo 8: No menosprecian a otras para sobresalir

Brown, Anna. "The Data on Women Leaders." Pew Research Center's Social & Demographic Trends Project. 17 de marzo de 2017. Revisado el 14 de julio de 2018. http://www.pewsocialtrends.org/2017/03/17/the-data-on-women-leaders/.

Buss, David. *La evolución del deseo: Estrategias del emparejamiento humano*. Alianza Editorial, España: 2004.

"Civility in America VII: The State of Civility." Reportaje. https://www.webershandwick.com/uploads/news/files/Civility_in_America_the_State_of_Civility.pdf.

Dezső, C., D. Ross y J. Uribe. "Is There an Implicit Quota on Women in Top Management? A Large-sample Statistical Analysis." *Strategic Management Journal* 37, núm. 1 (2015): 98-115.

Feinberg, Matthew, Robb Willer y Michael Schultz. "Gossip and Ostracism Promote Cooperation in Groups." *Psychological Science* 25, núm. 3 (24 de enero de 2014): 656-664. doi:10.1177/0956797613510184.

Feinberg, Matthew, Robb Willer, Jennifer Stellar y Dacher Keltner. "The Virtues of Gossip: Reputational Information Sharing as Prosocial

Behavior." *Journal of Personality and Social Psychology* 102, núm. 5 (2012): 1015-1030. doi:10.1037/a0026650.

Forrest, Sarah, Virginia Eatough y Mark Shevlin. "Measuring Adult Indirect Aggression: The Development and Psychometric Assessment of the Indirect Aggression Scales." *Aggressive Behavior* 31, núm. 1 (2005): 84-97. doi: 10.1002/ab.20074.

Khazan, Olga. "The Evolution of Bitchiness." *The Atlantic*. 20 de noviembre de 2013. Revisado el 1º de octubre de 2018. https://www.theatlantic.com/health/ archive/2013/11/the-evolution-of-bitchiness/281657/.

"These Are the Women CEOs Leading Fortune 500 Companies." *Fortune*. 7 de junio de 2017. Revisado el 20 de septiembre de 2018. http://fortune.com/ 2017/06/07/fortune-500-women-ceos/.

Vaillancourt, Tracy, y Aanchal Sharma. "Intolerance of Sexy Peers: Intrasexual Competition among Women." *Aggressive Behavior* 37, núm. 6 (noviembre/diciembre de 2011): 569-577. doi:10.1002/ab.20413.

Valen, Kelly. "My Sorority Pledge? I Swore Off Sisterhood." *New York Times*. 2 de diciembre de 2007. Revisado el 1º de octubre de 2018. https:// www.nytimes.com/2007/12/02/fashion/02love.html.

Valen, Kelly. *The Twisted Sisterhood: Unraveling the Dark Legacy of Female Friendships*. New York: Ballantine, 2010.

Velasquez, Lizzie, y Catherine Avril Morris. *Dare to Be Kind: How Extraordinary Compassion Can Transform Our World*. New York: Hachette Books, 2017.

"Women Presidents Profile – American College President Study." The American College President Study. Revisado el 20 de septiembre de 2018. http://www.aceacps.org/women-presidents/.

Capítulo 9: No dejan que las demás limiten su potencial

Barlow, Rich. "BU Research: A Riddle Reveals Depth of Gender Bias." *BU Today*. Universidad de Boston. 16 de enero de 2014. Revisado el 14 de julio de 2018. http://www.bu.edu/today/2014/bu-research-riddle-reveals-the-depth-of-gender-bias/.

Brands, Raina A., e Isabel Fernandez-Mateo. "Leaning Out: How Negative Recruitment Experiences Shape Women's Decisions to Compete for

Executive Roles." *Administrative Science Quarterly* 62, núm. 3 (15 de diciembre de 2016): 405-442. doi:10.1177/0001839216682728.

Chen, Gina Masullo, y Zainul Abedin. "Exploring Differences in How Men and Women Respond to Threats to Positive Face on Social Media." *Computers in Human Behavior* 38 (2014): 118-126. doi:10.1016/j. chb.2014.05.029.

Correll, Shelley, y Caroline Simard. "Research: Vague Feedback Is Holding Women Back." *Harvard Business Review.* 29 de abril de 2016. Revisado el 14 julio de 2018. https://hbr.org/2016/04/research-vague-feedback-is-holding-women-back.

"From Upspeak to Vocal Fry: Are We Policing Young Women's Voices?" NPR. 23 de julio de 2015. Revisado el 14 de julio de 2018. https://www. npr.org/ templates/transcript/transcript.php?storyId=425608745.

Graham, Heather. "Heather Graham: Harvey Weinstein Implied I Had to Have Sex with Him for Movie Role (EXCLUSIVE)." *Variety.* 10 de octubre de 2017. Revisado el 1° octubre de 2018. https://variety. com/2017/film/columns/heather-graham-harvey-weinstein-sex-for-movie-role-1202586113/.

NDTV Profit. "Classmates Said I Sing Like a Goat, Owe Career to Parents, Shakira Tells Prannoy Roy." YouTube. 17 de enero de 2017. Revisado el 14 julio de 2018. https://www.youtube.com/watch?v=w1HGWyumfek.

Kay, Andrea. "At Work: To Succeed, Learn to Take Criticism." *USA Today.* 16 de febrero de 2013. Revisado el 14 julio de 2018. https://www.usa-today.com /story/money/columnist/kay/2013/02/15/at-work-criticism-sensitivity/1921903/.

Lebowitz, Shana. "After Getting a Brutal Rejection, Barbara Corcoran Spent 8 Minutes Writing a Powerful Email Defending Herself – and It Changed the Next 9 Years of Her Life." *Business Insider.* 8 de noviembre de 2017. Revisado el 14 de julio de 2018. http://www.businessinsider.com/ barbara-corcoran-almost-rejected-from-shark-tank-2017-11.

Pappas, Stephanie. "Male Doctors, Female Nurses: Subconscious Stereotypes Hard to Budge." *Live Science.* 20 de junio de 2016. Revisado el 14 de julio de 2018. https://www.livescience.com/55134-subconscious-stereotypes-hard-to-budge.html.

Wood, Dustin, Peter Harms y Simine Vazire. "Perceiver Effects as Projective Tests: What Your Perceptions of Others Say About You." *Journal of*

Personality and Social Psychology 99, núm. 1 (julio de 2010): 174-190. doi:10.1037/a0019390.

Capítulo 10: No se culpan cuando las cosas salen mal

Effron, Lauren. "Former Gymnast Says She 'Trusted' Larry Nassar: 'I Blamed Myself for Years'." ABC News. 26 de enero de 2018. Revisado el 14 de julio de 2018. https://abcnews.go.com/Sports/gymnast-trusted-larry-nassar-blamed-years/story?id =52608992.

Elizabeth Smart: Autobiography. A&E. 12 de noviembre de 2017.

Etxebarria, I., M. J. Ortiz, S. Conejero y A. Pascual. "Intensity of Habitual Guilt in Men and Women: Differences in Interpersonal Sensitivity and the Tendency Towards Anxious-Aggressive Guilt." *Spanish Journal of Psychology* 12, núm. 2 (2009): 540-554.

Glinder, Judith G., y Bruce E. Compas. "Self-blame Attributions in Women with Newly Diagnosed Breast Cancer: A Prospective Study of Psychological Adjustment." *Health Psychology* 18, núm. 5 (1999): 475-481. doi:10.1037//0278-6133.18.5.475.

Kelly, Megyn. *Settle for More.* Nueva York: Harper, 2016.

Malaquin, Stéphanie, Yazine Mahjoub, Arianna Musi, Elie Zogheib, Alexis Salomon, Mathieu Guilbart y Hervé Dupont. "Burnout Syndrome in Critical Care Team Members: A Monocentric Cross Sectional Survey." *Anaesthesia Critical Care & Pain Medicine* 36, núm. 4 (agosto de 2017): 223-228. doi:10.1016/j.accpm.2016.0 6.011.

Mann, Adam. "Your Odds of Becoming an Astronaut Are Going Up." *Wired.* 22 de abril de 2013. Revisado el 14 de julio de 2018. https://www.wired.com/ 2013/04/astronaut-applications/.

Lewicki, Roy J., Beth Polin y Robert B. Lount. "An Exploration of the Structure of Effective Apologies." *Negotiation and Conflict Management Research* 9, núm. 2 (6 de abril de 2016): 177-196. doi:10.1111/ncmr.12073.

Lutwak, Nita, Jacqueline Panish y Joseph Ferrari. "Shame and Guilt: Characterological vs. Behavioral Self-blame and Their Relationship to Fear of Intimacy." *Personality and Individual Differences* 35, núm. 4 (septiembre de 2003): 909-916. doi:10.1016/s0191-8869(02)00307-0.

Schaubroeck, John, James R. Jones y Jia Lin Xie. "Individual Differences in Utilizing Control to Cope with Job Demands: Effects on Susceptibility to Infectious Disease." *Journal of Applied Psychology* 86, núm. 2 (abril de 2001): 265-278. doi:10.1037//0021-9010.86.2.265.

Spataro, Brielle M., Sarah A. Tilstra, Doris M. Rubio y Melissa A. McNeil. "The Toxicity of Self-Blame: Sex Differences in Burnout and Coping in Internal Medicine Trainees." *Journal of Women's Health* 25, núm. 11 (noviembre de 2016): 1147-1152. doi:10.1089/jwh.2015.5604.

Capítulo 11: No se quedan calladas

"Be Bold. Be Brave. Raise Your Hand." Girl Scouts: Nation's Capital. Revisado el 14 de julio de 2018. http://www.gscnc.org/raiseyourhand.

Bianchi, Mike. "Jameis Winston Message to Girls: Be Quiet and Let the Boys Show You How Strong They Are." *Orlando Sentinel.* 24 de febrero de 2017. Revisado el 14 de julio de 2018. http://www.orlandosentinel.com/sports/open-mike/os-jameis-winston-fsu-tampa-bay-bucs-elementary-school-20170223-story.html.

Crosby, F. "The Denial of Personal Discrimination." *American Behavioral Scientist* 27, núm. 3 (1984): 371-386.

Dockterman, Eliana. " 'I Was Angry'. Taylor Swift on What Powered Her Sexual Assault Testimony." *Time.* 6 de diciembre de 2017. Revisado el 14 de julio de 2018. http://time.com/5049659/taylor-swift-interview-person-of-the-year-2017/.

Farmer, Olivia, y Sara Smock Jordan. "Experiences of Women Coping with Catcalling Experiences in New York City: A Pilot Study." *Journal of Feminist Family Therapy* 29, núm. 4 (2 de octubre de 2017): 205-225. doi:10.1080/08952833 .2017.1373577.

Jones, Jeffrey S., Carmen Alexander, Barbara N. Wynn, Linda Rossman y Chris Dunnuck. "Why Women Don't Report Sexual Assault to the Police: The Influence of Psychosocial Variables and Traumatic Injury." *The Journal of Emergency Medicine* 36, núm. 4 (mayo de 2009): 417-424. doi:10.1016/j.jemermed. 2007.10.077.

Karpowitz, Christopher, Tali Mendelberg y Lee Shaker. "Gender Inequality in Deliberative Participation." *American Political Science Review* 106, núm. 3 (agosto de 2012): 533-547. doi:10.1037/e511862012-001.

McClean, Elizabeth, Sean R. Martin, Kyle J. Emich y Todd Woodruff. "The Social Consequences of Voice: An Examination of Voice Type and Gender on Status and Subsequent Leader Emergence." *Academy of Management Journal*, 14 de Septiembre de 2017. doi:10.5465/ amj.2016.0148.

Niemi, Nancy S. "Still Failing at Fairness: How Gender Bias Cheats Girls and Boys in School and What We Can Do about It, by David Sadker, Myra Sadker and Karen Zittleman." *Gender and Education* 22, núm. 1 (enero de 2010): 142-143. doi:10.1080/09540250903464773.

"Perpetrators of Sexual Violence: Statistics." RAINN. Revisado el 14 de julio de 2018. https://www.rainn.org/statistics/perpetrators-sexual-violence.

Sadker, David Miller, Myra Sadker y Karen Zittleman. *Still Failing at Fairness: How Gender Bias Cheats Girls and Boys in School and What We Can Do about It*. Nueva York: Scribner, 2009.

Schad, Tom. "Jameis Winston Suspended for Three Games, Apologizes for Uber Incident." *USA Today*. 28 de junio de 2018. Revisado el 5 de agosto de 2018. https://www.usatoday.com/story/sports/nfl/bucca-neers/2018/06/28/jameis-winston-suspended-tampa-bay-buccaneers-uber/742691002/.

Wagner, Laura. "FSU Pays $950,000 to Woman Who Accused Jameis Winston of Sexual Assault." NPR. 25 de enero de 2016. Revisado el 14 de julio de 2018. https://www.npr.org/sections/thetwo-way/2016/01/25/464332250/ fsu-pays-950-000-to-woman-who-accused-jameis-winston-of-se-xual-assault.

Wanless, S. B., M. M. McClelland, X. Lan *et al.* "Gender Differences in Behavioral Regulation in Four Societies: the United States, Taiwan, South Korea, and China." *Early Childhood Research Quarterly* 28 (2013): 621-633. doi:10.1016/j. ecresq.2013.04.002.

"Women in Elective Office 2017." CAWP: Center for American Women and Politics. Instituto de política de Eagleton, Universidad Rutgers. Revisado el 14 de julio de 2018. http://www.cawp.rutgers.edu/women-elective-office-2017.

Capítulo 12: No se sienten mal por reinventarse

"About." Lorraine Pascale. Revisado el 14 de julio de 2018. https://www. lorrainepascale.com/about/.

Bryan, C. J., G. M. Walton, T. Rogers y C. S. Dweck. "Motivating Voter Turnout by Invoking the Self." *PNAS: Proceedings of the National Academy of Sciences of the United States of America* 108, núm. 31 (2011): 12653-12656. http://dx.doi.org/10.1073/pnas.1103343108.

Gersick, Connie J. G., y Kathy E. Kram. "High-Achieving Women at Midlife." *Journal of Management Inquiry* 11, núm. 2 (junio de 2002): 104-127. doi:10.1177/10592602011002005.

Helson, Ravenna, Constance Jones y Virginia S. Y. Kwan. "Personality Change over 40 Years of Adulthood: Hierarchical Linear Modeling Analyses of Two Longitudinal Samples." *Journal of Personality and Social Psychology* 83, núm. 3 (septiembre de 2002): 752-766. doi:10.1037//0022-3514.83.3.752.

Kelly, M. M., A. R. Tyrka, L. H. Price y L. L. Carpenter. "Sex Differences in the Use of Coping Strategies: Predictors of Anxiety and Depressive Symptoms." *Depression and Anxiety*, 25(10) (2008): 839-846. http://doi.org/10.1002/da.20341.

Lönnqvist, Jan-Erik, Sointu Leikas y Markku Verkasalo. "Value Change in Men and Women Entering Parenthood: New Mothers Value Priorities Shift Towards Conservation Values." *Personality and Individual Differences* 120 (enero de 2018): 47-51. oi:10.1016/j.paid.2017.08.019.

"Meet Annie." Annie Duke. Revisado el 14 julio de 2018. http://annieduke.com/meet-annie-duke/.

Roberts, B. W., R. Helson y E. C. Klohnen. "Personality Development and Growth in Women Across 30 Years: Three Perspectives." *Journal of Personality* 70 (2002): 79-102.

Webber, Rebecca. "Reinvent Yourself." *Psychology Today.* 6 de mayo de 2014. Revisado el 1º de octubre de 2018. https://www.psychologytoday.com /us/articles/201405/reinvent-yourself.

Wu, Qiong, Natasha Slesnick y Jing Zhang. "Understanding the Role of Emotion-oriented Coping in Women's Motivation for Change." *Journal of Substance Abuse Treatment* 86 (febrero de 2004): 1-8. doi:10.1016/j.jsat.2017.12.006.

Capítulo 13: No minimizan su éxito

Bertrand, Marianne, Claudia Goldin y Lawrence F. Katz. "Dynamics of the Gender Gap for Young Professionals in the Financial and Corporate Sectors." *American Economic Journal: Applied Economics* 2, núm. 3 (2010): 228-255.

Bertrand, Marianne, Emir Kamenica y Jessica Pan. "Gender Identity and Relative Income within Households." *Quarterly Journal of Economics* 130, núm. 2 (2015): 571-614.

Bowley, Rachel. "Women's Equality Day: A Look at Women in the Workplace in 2017." Blog oficial de LinkedIn. Revisado el 28 de agosto de 2017. https://blog.linkedin.com/2017/agoust/28/womens-equality-day-a-look-at-women-in-the-workplace-in-2017.

Brown, Stephanie L., y Brian P. Lewis. "Relational Dominance and Mate-Selection Criteria: Evidence That Males Attend to Female Dominance." *Evolution and Human Behavior* 25, núm. 6 (2004): 406-415.

Bursztyn, Leonardo, Thomas Fujiwara y Amanda Pallais. "Acting Wife: Marriage Market Incentives and Labor Market Investments." *American Economic Review* 107, núm. 11 (2017): 3288-3319. doi:10.3386/w23043.

Cokley, K., L. Smith, D. Bernard *et al.* "Impostor Feelings as a Moderator and Mediator of the Relationship between Perceived Discrimination and Mental Health among Racial/Ethnic Minority College Students." *Journal of Counseling Psychology* 64, núm. 2 (2017): 141-154.

Cokley, Kevin, Shannon McClain, Alicia Enciso y Mercedes Martinez. "An Examination of the Impact of Minority Status Stress and Impostor Feelings on the Mental Health of Diverse Ethnic Minority College Students." *Journal of Multicultural Counseling and Development* 41, núm. 2 (abril de 2013): 82-95. doi:10.1002/j.2161-1912.2013.00029.x.

Cuddy, Amy Joy Casselberry. *El poder de la presencia. Autoestima, seguridad, poder personal: utiliza el lenguaje del cuerpo para afrontar las situaciones más estresantes.* Editorial Urano, España: 2016.

Fisman, Raymond, Sheena S. Iyengar, Emir Kamenica y Itamar Simonson. "Gender Differences in Mate Selection: Evidence from a Speed Dating Experiment." *Quarterly Journal of Economics* 121, núm. 2 (2006): 673-697.